Tobias Escher

Der Schlüssel zum Spiel

Wie moderner Fußball funktioniert

Rowohlt Taschenbuch Verlag

8. Auflage April 2025
Veröffentlicht im Rowohlt Taschenbuch Verlag
Rowohlt Verlag GmbH, Kirchenallee 19, 20099 Hamburg
Originalausgabe
Zuerst veröffentlicht im Rowohlt Verlag, Hamburg, Mai 2020

Innengestaltung Daniel Sauthoff
Covergestaltung zero-media net, München
Coverabbildung FinePic®, München
Satz ScalaSans und Serif bei Dörlemann Satz, Lemförde
Druck und Bindung CPI books GmbH, Leck
ISBN 978-3-499-00198-7

Kontaktadresse nach EU-Produktsicherheitsverordnung:
produktsicherheit@rowohlt de

ro
ro
ro

Tobias Escher ist Mitbegründer des Taktikblogs «Spielverlagerung.de», das zahlreiche Auszeichnungen erhalten hat. In der Internetsendung «Bohndesliga», einer Produktion von Rocket Beans TV, analysiert er die Spiele der Bundesliga. Als freier Journalist schreibt Escher für die «WELT» sowie für das Fußball-Magazin «11 Freunde». Das Medium-Magazin wählte ihn 2013 unter die besten zehn Sportjournalisten. Bei Rowohlt erschienen zuletzt seine Bücher «Vom Libero zur Doppelsechs» und «Die Zeit der Strategen» sowie «Der Abstieg», das er zusammen mit Daniel Jovanov schrieb.

«Escher vollbringt das Kunststück, Laien nicht zu überfordern und Experten nicht zu langweilen.» *Der Tagesspiegel*

«Niemand in Deutschland kann derzeit ein Fußballspiel besser lesen und erklären.» *Meedia*

«Männer, wenn ihr das einfache Spiel beherrscht, dann seid ihr Weltklasse. Aber das ist sehr schwer.»

SEPP HERBERGER

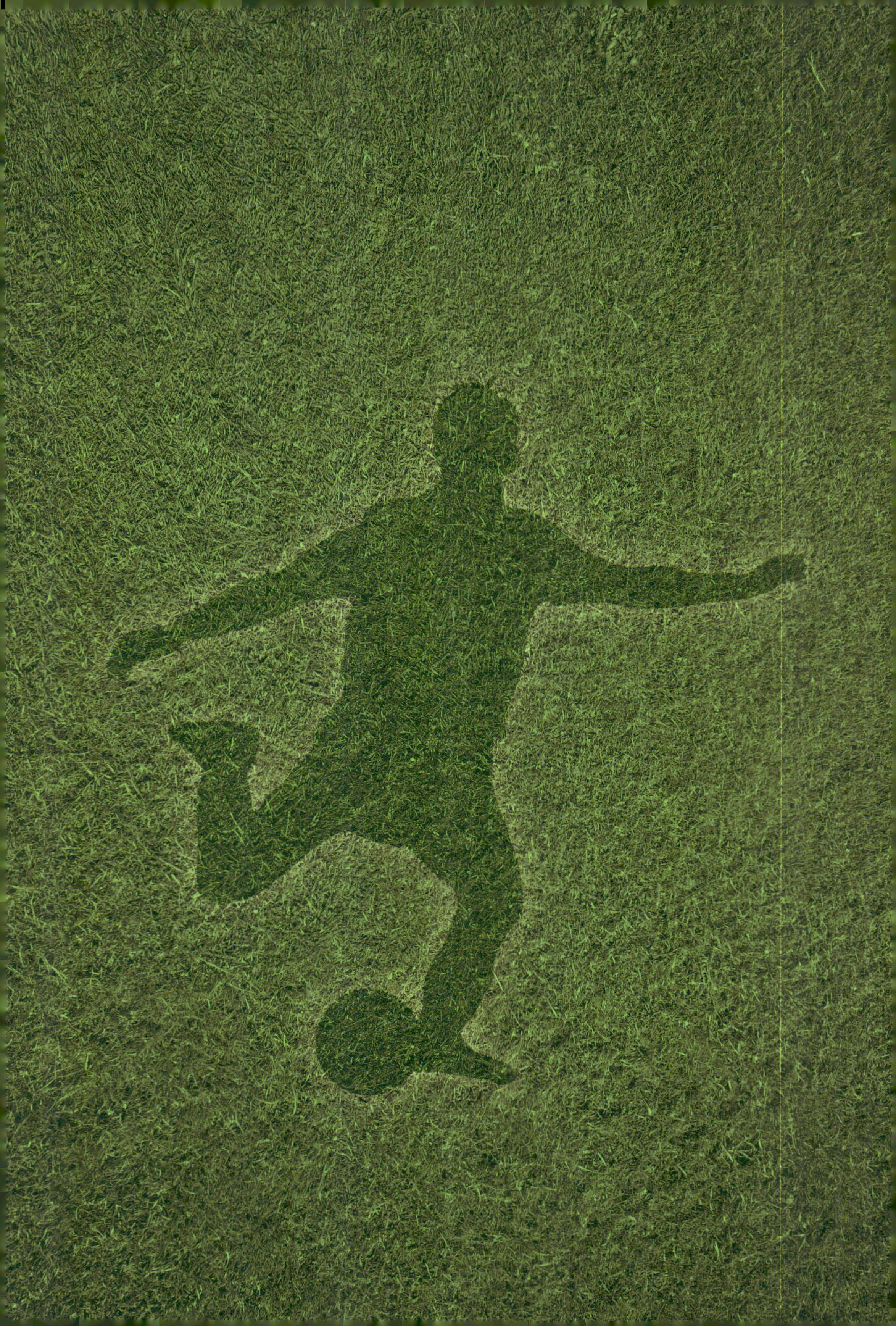

Inhalt

Einleitung 8

Die Phase des gegnerischen Ballbesitzes 20
Theoretische Grundlagen des Verteidigens 24
Pressing 45
Den hohen Ball verteidigen 64
Formation 70
Zusammenfassung Phase gegnerischer Ballbesitz 84

Die Phase des eigenen Ballbesitzes 86
Positionsspiel 91
Positionen innerhalb des Positionsspiels 106
Vom Ballhalten zum Toreschießen 117
Lange Bälle und Flanken 138
Zusammenfassung Phase Ballbesitzspiel 146

Umschalten nach Ballgewinn 148
Der Moment der Balleroberung 153
Prinzipien des Konterns 159
Zusammenfassung Phase nach Ballgewinn 172

Umschalten nach Ballverlust 174
Der Moment des Ballverlusts 181
Gegenpressing 186
Zusammenfassung Phase nach Ballverlust 198

Standardsituationen 200
Ecken defensiv 203
Ecken offensiv 208
Freistöße defensiv 213
Freistöße offensiv 217
Einwürfe defensiv 220
Einwürfe offensiv 222
Abstöße und Anstöße 224

Schluss 227
Danksagung 231
Infokästen 233

Einleitung

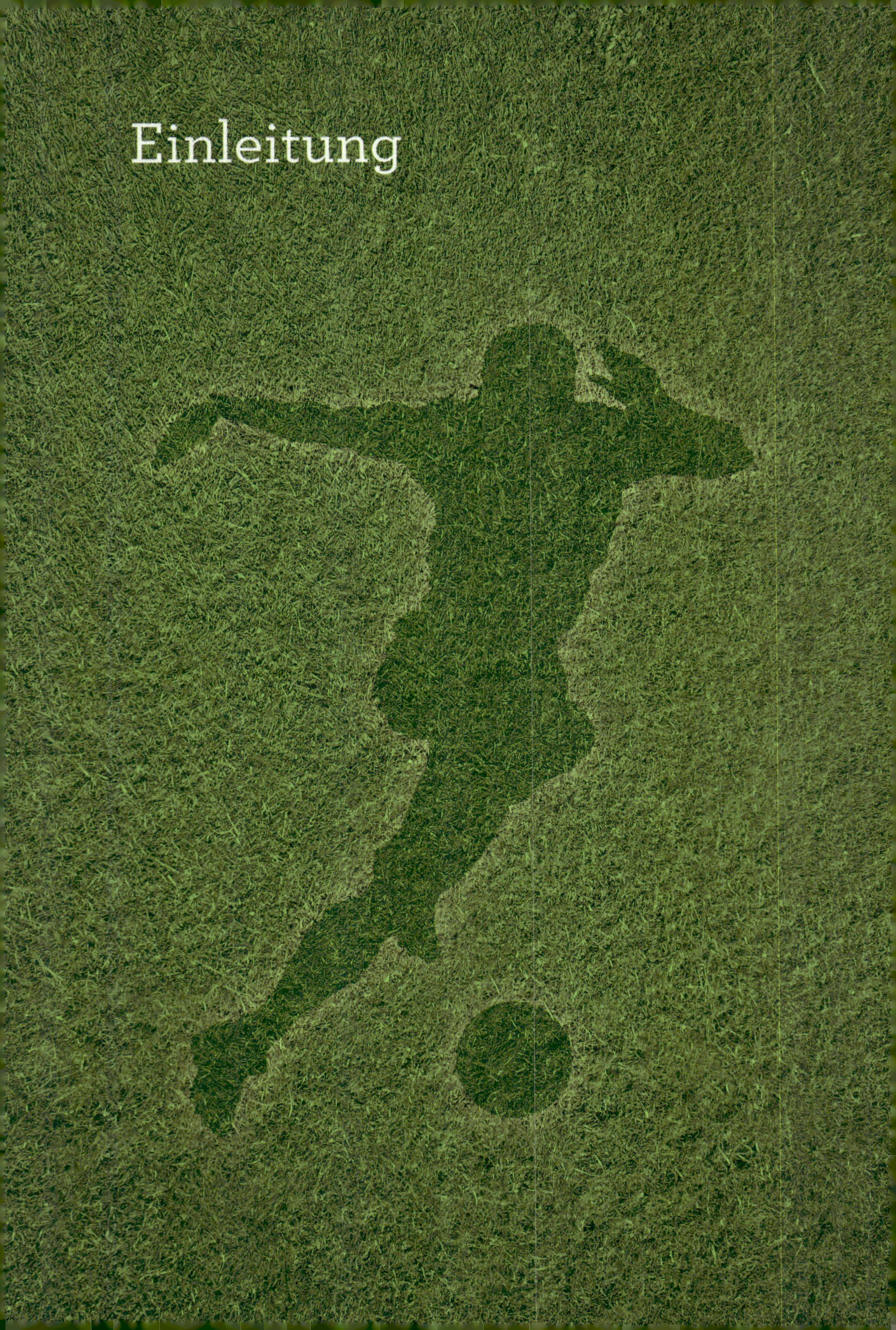

Fußball ist ein einfacher Sport. Das Runde muss ins Eckige. Dazu darf der Ball mit jedem Körperteil berührt werden, außer mit der Hand. Verkompliziert wird das Ganze durch einige weitere Bestimmungen wie dem Abseits. Im Grunde sind die Regeln aber leicht verständlich. Anders als beim American Football oder beim Baseball benötigt man keine lange Einweisung, wenn man den Sport zum ersten Mal in seinem Leben sieht oder spielt. Man kann einfach loslegen. Das reizt Milliarden Menschen auf der Welt am Fußball.

Die recht simplen Regeln des Fußballs verleiten zu der Annahme, dass auch das Spiel an sich simpel sei. «Geht's raus und spielt's Fußball!», sagte Bundestrainer Franz Beckenbauer 1990 zu seinem Weltmeister-Team. Warum sollte man etwas so Einfaches wie den Fußball verkomplizieren? Ja, wozu braucht es überhaupt Bücher wie dieses?

Das Problem: So simpel ist der Fußball nicht. Ironischerweise liegt in der Einfachheit des Spiels auch seine Komplexität. Es gibt kaum Restriktionen für die Spieler. Auf dem rund 7000 Quadratmeter großen Feld dürfen sie sich frei bewegen. Einschränkungen gibt es lediglich durch die Auslinien und die Abseitsregel. Man vergleiche das nur mit dem Handball mit seinem weitaus kleineren Feld, der geringeren Anzahl an Spielern und dem Verbot, den Strafraum zu betreten. Hier sorgen Regeln für Beschränkungen, was auf dem Feld passieren kann. Nicht so im Fußball.

Dementsprechend vielfältig sind die Möglichkeiten für Fußballspieler. Sie können sich auf zig unterschiedliche Arten auf dem Feld aufstellen und bewegen. Sie sind frei in der Frage, wie sie ein Tor erzielen wollen. Sie können den Ball hoch, halbhoch oder flach spielen. Sie können aus dreißig Metern Entfernung auf das Tor schießen oder aus drei. Sie können Tore erzielen mit dem Fuß, mit dem Kopf oder sogar mit dem Po. Theoretisch könnten sämtliche Spieler einer Mannschaft auf der eigenen Torlinie verweilen und so das eigene Tor sichern. Sie könnten beschließen, den Ball in die Luft zu schießen und anschließend nur noch per Kopfball vor das Tor zu gelangen. Sie dürften sogar permanent im Abseits stehen, wenn sie das wollten.

Regeltechnisch mag es legal sein, sechs Angreifer im Abseits versauern zu lassen, genauso wie es legal wäre, an der Eckfahne einen Regentanz aufzuführen. Doch sonderlich erfolgversprechend ist es nicht. Genau um diese Frage geht es in diesem Buch: Wie nutzen Fußballspieler und -teams die Bedingungen des Fußballsports optimal, um ein Spiel zu gewinnen? Wie nutzen sie den vorhandenen Raum des Fußballfeldes, wie spielen sie den Ball, wie schießen sie Tore, wie verhindern sie gegnerische Tore? Seit der Erfindung des Fußballs machen sich kluge Leute über diese Fragen Gedanken. Die Antworten auf diese Fragen sind das, was den Fußballsport so komplex macht. Denn es gibt unzählige Möglichkeiten, Fußball zu spielen. Wer verstehen will, wie der Fußball von heute funktioniert, sollte diese Ideen, Strategien und Taktiken kennen.

Alles kann, nichts muss

Die Möglichkeiten auf dem Feld mögen nahezu unbegrenzt sein; in vielen Fällen hat sich aber gezeigt, dass bestimmte Vorgehensweisen erfolgversprechender sind als andere. Im Laufe der langen Geschichte des Fußballs haben sich Konventionen etabliert. Einige dieser Konventionen möchte ich Ihnen in diesem Buch vorstellen. Sie sollen helfen, die Taktik von Profiteams zu entschlüsseln.

Ein Beispiel: Im Verlaufe dieses Buchs werde ich beschreiben, wie Abwehrreihen im heutigen Fußball den eigenen Strafraum verteidigen. Allein in diesem 16,5 Meter mal 40,3 Meter großen Raum gäbe es unzählige Möglichkeiten, wie sich die Verteidiger aufstellen könnten. Doch wer Spiele der Fußball-Bundesliga oder bei der Weltmeisterschaft schaut, merkt schnell: Fast alle Teams nutzen ähnliche Varianten. Es gibt bestimmte Räume, die Spieler abdecken sollen, und bestimmte taktische Mittel, die sie dazu nutzen. Die meisten Trainer weisen ihre Spieler offenbar an, auf diese Art zu verteidigen. Deshalb erkläre ich in diesem Buch diese verbreiteten Varianten und nicht die Dutzend möglichen Alternativen.

Das ist aber keine in Stein gemeißelte Weisheit, kein «So und nicht anders darf es sein!». «Modern ist, wer Erfolg hat», sagte Otto Rehhagel einst – und ganz unrecht hat er damit nicht. Die Taktik eines Teams misst sich immer daran, wie gut die Spieler diese ausführen, ob diese sich darin wohlfühlen und ob man sich einen Vorteil gegen den jeweiligen Gegner erarbeiten kann. Kluge Köpfe haben im Laufe der Jahre neue taktische Mittel hinzugefügt, neue Formationen ersonnen, ihre Spieler auf ganz besondere Art eingesetzt. Taktische Mittel kommen und gehen; was vor fünfzig Jahren Sinn gemacht hat, muss heute nicht mehr funktionieren, und was heute richtig ist, kann morgen schon wieder falsch sein. Wenn Sie dieses Buch in den Händen halten, könnte manche Erkenntnis bereits veraltet sein. Seien Sie also kritisch und schauen Sie genau hin. Wie schrieb der *kicker* bereits im Jahr 1923: «Liebe Leser, habt Misstrauen zu euren Sportkritikern! Seht euch die Spiele selbst an.»

Warum Taktik?

Natürlich kann dieses Buch nicht alle Facetten umfassen, die ein Fußballspiel ausmachen. Wenn ein Team etwa den eigenen Strafraum verteidigt, ist nicht nur entscheidend, wie die Spieler sich aufstellen. Ob sie eine Hereingabe verteidigen können oder nicht, hängt von vielen Faktoren ab: Sind sie technisch in der Lage, den Ball zu klären? Sind sie schnell genug, um den Ball vor dem Gegner zu erreichen? Haben sie die nötige mentale Bereitschaft, sich in den Zweikampf zu werfen? All diese Faktoren sind wichtig – und all diese Faktoren spielen in die Taktik hinein. Ein Team, dessen Spieler allesamt zwei Meter groß sind, wird den Strafraum anders verteidigen als ein Team voller kleinwüchsiger Verteidiger.

Dass sich dieses Buch auf den Faktor Taktik beschränkt, hat gute Gründe. Zum einen ist dies der Teilbereich des Fußballs, in dem ich mich am besten auskenne. Seit Jürgen Klopp während der Weltmeisterschaft 2006 Fußballspiele im ZDF analysiert hat, fasziniert mich dieses Thema. Zum anderen ist die Taktik auch im Jahr 2019 noch immer ein Bereich, der in der Öffentlichkeit sträflich unterschätzt wird. Einen Fehlpass kann jeder als Fehlpass ausmachen. Bei taktischen Fehlern fällt dies schwerer. Da wird schnell dem Verteidiger die Schuld am Gegentor gegeben, der am nächsten am Torschützen dran war – er hätte ihn schließlich enger decken müssen! Zu häufig bleibt die Fehleranalyse im oberflächlichen Detail stecken. Ich hoffe, dass Sie nach der Lektüre des Buchs verstehen, dass Fußball nicht immer ganz so einfach ist.

Wer den modernen Fußball verstehen will, muss also auch den Teilbereich Taktik verstehen. Immer mal wieder streift dieses Buch andere Teilbereiche, seien es mentale Prozesse, die zur Entscheidungsfindung beitragen, oder technische Themen. Um es in den Worten des früheren Bayern-Trainers Dettmar Cramer auszudrücken: «Es hängt alles irgendwie zusammen. Sie können sich am Hintern ein Haar ausreißen, dann tränt das Auge.» Im Kern soll dieses Buch sich aber um das Haar am Hintern drehen – das Thema Taktik.

Spielern helfen und nicht in ein Korsett zwängen!

Mir wurde in der Vergangenheit in Interviews immer wieder die Frage gestellt, welches denn meine Lieblingstaktik sei. Gäbe es eine Formation, die ich für die stärkste halte? Irgendein Spielsystem, das mich besonders beeindruckt? Nein. Denn Taktik hat keinen Wert an sich. Sie ist immer nur dann gut, wenn sie mit allen anderen Aspekten einer Mannschaft harmoniert.

Das Ziel einer guten Taktik ist es, den Spielern zu helfen. Die Optionen, die Spieler während eines Fußballspiels haben, sind vielfältig. Entsprechend schwer fällt es den Spielern, die richtigen Entscheidungen zu treffen. Sie müssen die Situation zunächst beurteilen (Wahrnehmung), dann eine Handlungsoption auswählen (Entscheidung) und diese dann in die Tat umsetzen (Ausführung).

Eine gute Taktik schafft für die eigenen Spieler Handlungsoptionen. Sie hilft den Spielern, Situationen korrekt wahrzunehmen und die richtigen Entscheidungen zu treffen. Sie kann aber eben nur dann funktionieren, wenn sie auf die einzelnen Spieler abgestimmt ist. Einen Spieler wieder und wieder in Situationen zu bringen, die er nicht beherrscht, ist das Gegenteil von einer guten Taktik. So macht es etwa keinen Sinn, das eigene System auf lange Bälle auf den Stürmer auszurichten, wenn dieser die langen Bälle gar nicht verwerten kann. Das beste Pressing der Welt bleibt wirkungslos, wenn die Spieler nicht die konditionellen Voraussetzungen haben, es durchzuführen.

Die Taktik einer Mannschaft sollte sich entsprechend an einer einzigen Frage messen lassen: Holt sie das Optimum aus den eigenen Spielern raus? Folgerichtig gibt es auch nicht das eine «Wundersystem», das allen anderen überlegen ist. Taktik zwängt Spieler im Idealfall nicht in ein Korsett, im Gegenteil: Sie ermöglicht erst, die Stärken der Spieler zur Geltung zu bringen und ihre Schwächen zu kaschieren. Ein Trainer müsse, so Erfolgstrainer José Mourinho, die Stärken der eigenen Mannschaft kennen – und deren Schwächen. Nur so könne er die Schwächen vor dem Gegner kaschieren.

Der Gegner

«Bei einem Fußballspiel verkompliziert sich alles durch die Anwesenheit der gegnerischen Mannschaft.» Dieser berühmte Satz des Autors Jean-Paul Sartre trifft natürlich auch auf das Thema Taktik zu. Selbst wenn die eigene Taktik perfekt abgestimmt ist auf die eigenen Spieler, selbst wenn die Spieler einen perfekten Tag erwischen und sämtliche ihrer Entscheidungen richtig sind: Sie hätten es schwer, wenn der Gegner die eigene Taktik perfekt kontern würde. Fußball ist immer ein Zusammenspiel zwischen eigener und gegnerischer Mannschaft.

So erinnern Profi-Spiele heutzutage manches Mal an Schachpartien: Wie zwei Meister am Brett belauern sich die Trainer, auf kleinste taktische Veränderungen des Gegners reagieren sie sofort. Spieler werden zur Trainerbank gewunken oder Zettel auf das Spielfeld gereicht, um die eigene Taktik anzupassen. So wollen die Trainer Einfluss nehmen auf das Spielgeschehen. Taktik wird manches Mal auch reduziert auf diese kleinen, aber feinen Veränderungen während des Spiels.

Diese Art des Taktierens ist aber nur ein Aspekt des weiten Themas Taktik. Viele Faktoren lassen sich vom Spielfeldrand nicht beeinflussen. Wenn alles nur darauf ankäme, die richtigen Worte auf das Feld zu brüllen, wären Training, Matchpläne und Talent gleichgültig. Es wäre eine unnötige Reduktion des Themas auf eine kleine Facette. Der taktierende Trainer am Spielfeldrand: Er kommt in diesem Buch eher selten vor.

Von Plänen, Handlungsanweisungen und Prinzipien

Wie definiere ich den Begriff Taktik? Im Fußball wird der Begriff häufig mit Trainern in Verbindung gebracht. Sie bestimmen die Taktik eines Teams, so die häufig gehörte Weisheit. Tatsächlich ist die Wahl der Taktik einer Mannschaft eine wesentliche Aufgabe eines Trainers.

Meine Definition der Taktik geht jedoch weiter. Wenn der Trainer einem Spieler sagt, er solle heute auf der rechten Seite spielen, ist dies eine taktische Anweisung. Diese taktische Anweisung sagt zunächst wenig darüber aus, wie der Spieler auf dem Feld agiert. Der Trainer könnte nun weitere Anweisungen geben: «Passe den Ball nur flach. Laufe viel nach vorne. Bleibe nahe bei der Auslinie und gehe nicht ins Zentrum.» Diese Anweisungen werden das Verhalten des Spielers beeinflussen. Es ist aber nicht gesagt, dass der Spieler sie auf dem Feld auch umsetzt. Unter Taktik fällt also nicht nur das, was der Trainer sagt (Plan), sondern auch das, was der Spieler tut (Ausführung).

Der Fußball ist so komplex, dass der Trainer seinen elf Spielern unmöglich für jede Situation einen Plan mitgeben kann. Immer wieder werden Spieler mit Situationen konfrontiert, die man nicht einstudieren kann. Sollen sie den Gegenspieler, der auf sie zustürmt, umdribbeln? Oder lieber einen Pass zu einem Mitspieler wagen?

Genau aus diesem Grund sind die Konventionen, von denen ich eingangs geschrieben habe, so wichtig: Ein Profitrainer muss seine Spieler heutzutage nicht mehr darauf hinweisen, wie sie sich etwa im eigenen Strafraum zu verhalten haben. Die Spieler lernen das bereits im Jugendalter. Sie haben diese Verhaltensweisen also über Jahre hinweg erprobt – oder wie es im Fußballdeutsch so schön heißt: Die Verhaltensweisen sind zu Automatismen geworden.

Nicht immer sind diese Konventionen derart konkrete Handlungsanweisungen, wie dies beim Verteidigen des eigenen Strafraums der Fall ist. Wer Fußball spielt und von diesem Buch erhofft, exakte Anweisungen zu bekommen, was er in jeder Situation eines Spiels zu tun hat, wird enttäuscht werden. Es gibt schlicht keine Bauanleitung für den Fußball.

Was es aber sehr wohl gibt, sind taktische Prinzipien, die sich wiederholen. Prinzipien etwa, wie man die eigenen Erfolgschancen in einem Konter maximiert. Es gibt Prinzipien, die in solchen Situationen helfen: Welcher Spieler soll in welchen Raum laufen? Wohin soll der Ball ungefähr gespielt werden? Wie viel Risiko darf man eingehen? Diese Prinzipien sagen nicht, wie sich der einzelne Spieler konkret zu entscheiden hat in einer solchen Situation. Sie dienen aber als Hilfestellungen, damit die Spieler gute Entscheidungen treffen. Wie sie konkret diese Hilfestellungen umsetzen, bleibt ihnen überlassen.

Individual-, Gruppen- oder Mannschaftstaktik?

Fußball ist kein Einzelsport. Wenn Spieler nur sich selbst im Kopf haben bei den Entscheidungen, die sie auf dem Feld treffen, wird ihre Mannschaft kaum Erfolg haben. «Elf Freunde sollt ihr sein!», hieß das bekannte Motto des 1954er-Weltmeister-Trainers Sepp Herberger. Die meisten taktischen Maßnahmen auf dem Feld betreffen nicht nur einen, sondern mehrere Spieler. Es erscheint daher sinnvoll, unterschiedliche Teilgebiete der Taktik voneinander abzugrenzen. Der DFB unterscheidet in seiner Ausbildung und in seinen Publikationen zwischen drei Teilbereichen:

- **Individualtaktik** umfasst Entscheidungen, die Aktionen eines einzelnen Spielers betreffen. Steht ein Spieler beispielsweise vor der Wahl, ob er einen Pass spielen oder lieber ins Dribbling gehen möchte, steht er vor einer individualtaktischen Entscheidung. Seine Entscheidung beeinflusst wiederum das gesamte Spiel.
- **Gruppentaktik** umfasst sämtliche Entscheidungen, die von mehr als einem Spieler, aber nicht von der gesamten Mannschaft ausgeführt werden. Das klassische Beispiel wäre ein Doppelpass: Zwei Spieler stimmen ihre Aktionen so miteinander ab, dass sie den Ball hin- und wieder zurückpassen können. Auch Ballstaffetten über

mehrere Stationen können unter die Gruppentaktik fallen.

- **Mannschaftstaktik** sind taktische Maßgaben, die sämtliche Spieler auf dem Feld betreffen. Der wohl bekannteste Teil der Mannschaftstaktik ist die Wahl der Formation. Beispiel: Ein Trainer stellt seine Mannschaft mit vier Verteidigern, vier Mittelfeldspielern und zwei Stürmern auf. Im Sprachgebrauch würde man sagen, das Team spiele 4-4-2. Klugscheißerisch-korrekt heißt es: Die mannschaftstaktische Formation des Teams ist ein 4-4-2.

Die **Formation** bezeichnet die Aufstellung einer Mannschaft auf dem Feld. Eine Mannschaft mit vier Verteidigern, vier Mittelfeldspielern und zwei Stürmern spielt in einer 4-4-2-Formation.

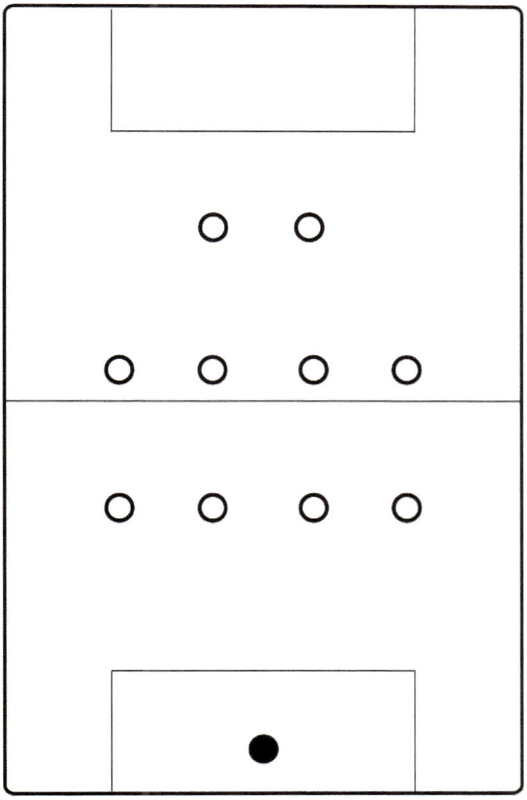

1. Eine Formation am Beispiel der 4-4-2-Formation: vier Verteidiger, vier Mittelfeldspieler, zwei Stürmer

Der Unterschied zwischen Taktik und Strategie

Taktik-Nerds sind ein ebenso klugscheißerisches wie penibles Volk. Während in der Diskussion um Fußball-Taktik häufig Begriffe vertauscht oder vermengt werden, verlangen Taktik-Nerds voneinander, Begriffe exakt zu benutzen. Taktik, Strategie, Philosophie, System, Formation: Diese Begriffe sind keineswegs Synonyme. Sie haben allesamt eine eigene Bedeutung.

Am deutlichsten wird dies bei der Unterscheidung zwischen Strategie und Taktik. Wie so viele Fußballbegriffe stammen auch diese Vokabeln aus dem Militärischen. Carl von Clausewitz, ein einflussreicher Militärwissenschaftler aus dem 19. Jahrhundert, definierte die Taktik als «die Lehre vom Gebrauch der Streitkräfte im Gefecht». Die Strategie hingegen sei «die Lehre vom Gebrauch der einzelnen Gefechte zum Zweck des Krieges».

Im Fußball ist das einzelne Gefecht ein Spiel, der Krieg hingegen streckt sich über eine ganze Saison. Taktische Fragen beziehen sich somit immer auf das einzelne Spiel. Mit welcher Formation läuft eine Mannschaft auf? Welcher Gegenspieler muss unbedingt aus dem Spiel genommen werden? Über welche Räume lässt sich ein Tor einleiten? Strategische Fragen beziehen sich auf das große Ganze: Möchte eine Mannschaft mehr Ballbesitz haben als der Gegner, oder will sie über Konter zum Erfolg kommen? Soll der Gegner überall auf dem Feld aggressiv gestört werden, oder möchte die Mannschaft eher tief verteidigen? Möchte sie lieber viele kurze Pässe spielen oder das Feld mit hohen, langen Pässen überbrücken?

Wie sich eine Mannschaft taktisch aufstellt, kann von Spiel zu Spiel wechseln. Die Strategie des Teams sollte dagegen über mehrere Spiele hinweg erkennbar sein. Gerade im hektischen Profifußball wird dieser Idealfall selten bis nie erreicht. Trainer kommen und gehen, damit einher geht meist ein Wechsel der Strategie. Dieses Buch fokussiert sich vor allem auf den Bereich der Taktik, also der konkreten Anwendung der taktischen Mittel in einem Fußballspiel.

Der Unterschied zwischen Formation und System

Bei der Definition der Mannschaftstaktik trafen wir bereits auf den Begriff der Formation. Auch er stammt aus dem militärischen Sprachgebrauch und bezeichnet die Aufstellung einer Kriegsarmee auf dem Feld. Nichts anderes bezeichnet er auch im Fußball. Wenn ein Trainer also seine Mannschaft mit vier Verteidigern, vier Mittelfeldspielern und zwei Stürmern auf das Feld schickt, spielt sie mit einer 4-4-2-Formation.

Kommentatoren sprechen in diesem Fall häufig von einem 4-4-2-System. Streng genommen bezeichnet der Begriff des Systems aber etwas anderes. Die Formation beschreibt, wie Spieler den Raum besetzen. Der Begriff System hingegen bezieht sich auf die Frage, wie die Spieler diese Formation ausführen. So können zwei Teams mit derselben Formation auflaufen, aber dennoch auf dem Rasen völlig unterschiedliche Systeme spielen.

Ein gutes Beispiel ist das Finale der Fußballweltmeisterschaft 2010 zwischen Spanien und den Niederlanden. Beide Teams stellten sich in derselben Formation auf: In der Abwehr agierten jeweils vier Spieler, davor zwei defensive und drei offensive Mittelfeldspieler. Vorne lauerte ein einsamer Stürmer. Beide Teams nutzten also eine 4-2-3-1-Formation. Doch sie interpretierten die Formation völlig

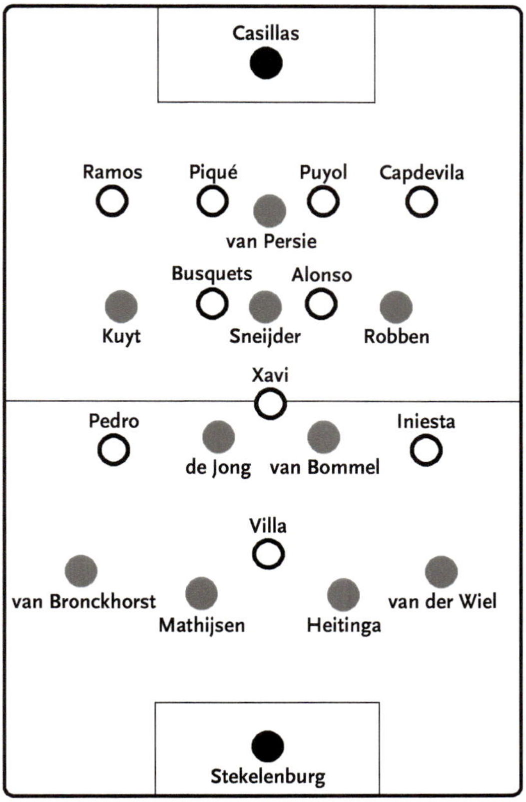

2. Unterschied zwischen Formation und System anhand des WM-Finals 2010

unterschiedlich: Während die Spanier den Ball lange in den eigenen Reihen laufen ließen, suchten die Niederländer den schnellsten Weg zum Tor. Und während die Spanier Zweikämpfen eher aus dem Weg gehen wollten, warfen sich die Niederländer in den Gegner – im wahrsten Sinne des Wortes, man denke nur an Nigel de Jongs Kung-Fu-Tritt gegen Xabi Alonso. Kurz gesagt: Außer der Formation hatten beide Teams nur wenige Gemeinsamkeiten. Die körperlich robusten Niederländer wählten eine andere Strategie und ganz andere taktische Mittel als die Spanier. Wie die Spieler ihre Formation auf dem Feld interpretieren, bezeichnet man als Spielsystem.

Van Gaals Vier-Phasen-Modell

Bereits mehrfach habe ich angemerkt, dass Fußball ein komplexes Spiel ist. Wie also soll man nun die Taktik eines solch komplexen Sports in verdauliche Häppchen zerstückeln, damit am Ende ein halbwegs verständliches und dennoch fachlich korrektes Buch entsteht?

Zur Gliederung des Buchs habe ich ein Modell gewählt, das der niederländische Trainer Louis van Gaal entworfen hat. Laut ihm ist ein Fußballspiel eine stetige Abfolge von vier Phasen, die sich vom Anstoß bis zum Abpfiff immer wiederholen. Wenn der Gegner den Anstoß ausführt, befindet sich die eigene Mannschaft in der Defensivformation. Das ist die erste Phase: Der Gegner ist im Ballbesitz, die eigene Mannschaft versucht organisiert, ein Gegentor zu verhindern und den Ball zu erobern. Sobald ein Spieler den Ball erobert, beginnt die zweite Phase: das Umschalten auf eigenen Ballbesitz. Nun bietet sich die Chance, den Ballbesitz zu sichern oder mit einem Konter den Gegner zu überraschen. Sobald die Mannschaft den Ball gesichert hat, startet die dritte Phase: der eigene Ballbesitz. Ein defensiv organisierter Gegner soll nun ausgespielt und ein Tor erzielt werden. Verliert die Mannschaft den Ball, folgt die vierte Phase: das Umschalten von Offensive auf Defensive. Und dann geht das Spiel wieder von vorne los.

Dieses Modell ist keineswegs optimal. Erneut spielt die Komplexität des Sports mit hinein: Kaum eine Situation im Fußball lässt sich beschreiben, ohne indirekt auf eine andere Situation einzugehen. Das Fußballspiel befindet sich ständig im Fluss: Die Spieler bewegen sich frei, es gibt außer bei Ausbällen, Freistößen oder Toren keine Pausen. Ein Ball, der sich in einem Moment im Strafraum von Team A befindet, kann zehn Sekunden später im Strafraum von Team B sein. Die Übergänge zwischen den vier Phasen sind fließend. Juanma Lillo, spanischer Trainer und ein Vorbild für Pep Guardiola, sagte einst: «Das Spiel ist eine unteilbare Einheit, es gibt keinen defensiven Moment ohne angreifenden Moment. Beide kreieren eine funktionale Einheit.»

Und doch macht es Sinn, diese Aufteilung als Grundlage zu wählen. Zum einen aus Gründen der Übersichtlichkeit: Gerade Fans, die bislang nicht mit Taktik in Berührung kamen, erleichtert dies den Einstieg. Wer die vier Phasen eines Fußballspiels zu erkennen vermag, hat einen großen Schritt getan, die Taktik einer Mannschaft zu analysieren. Zum anderen ist es in den meisten Fällen noch immer so, dass es für die einzelnen Phasen ganz bestimmte taktische Prinzipien

3. Die vier Phasen nach Louis van Gaal

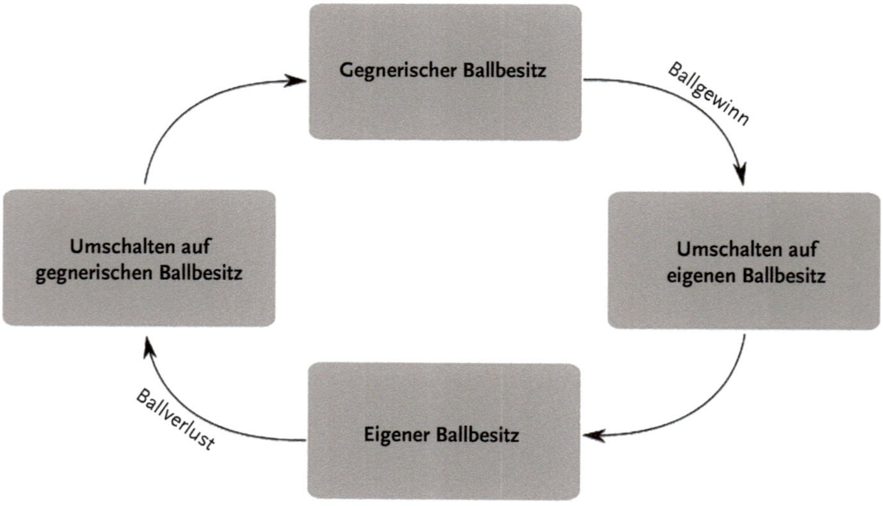

gibt, die man wieder und wieder im Profifußball entdecken kann. Diese Prinzipien werden in diesem Buch vorgestellt.

Zunächst werde ich die Phasen des geordneten Ballbesitzes erläutern. Wie verteidigen Teams den gegnerischen Ballbesitz? Welche Prinzipien gelten bei eigenem Ballbesitz? Es folgen die Phasen, die sich während des Umschaltmoments abspielen. Wie sollten Teams auf einen Ballgewinn reagieren, wie auf einen Ballverlust? Im abschließenden Kapitel geht es um Situationen im Fußball, die außerhalb des klassischen Phasenmodells stattfinden: die Standardsituationen.

Die einzelnen Kapitel in diesem Buch sind jeweils nach einem ähnlichen Muster strukturiert. An erster Stelle kommt die Theorie. Ich erkläre die wichtigsten Begriffe und beantworte die Grundfragen, die jede Phase betreffen. Eine wiederkehrende Grundfrage lautet, welche Ziele Teams in den einzelnen Phasen verfolgen. Was will ein Team erreichen, wenn es selbst den Ball hat, was sind seine Ziele, wenn der Gegner den Ball hat? (Spoiler-Alarm: Die Antwort ist komplexer, als es zunächst scheint.) Auf die abstrakte Theorie folgt in jedem Kapitel die konkrete Praxis. Die taktischen Prinzipien und Verhaltensweisen von Teams wie Spielern versuche ich so gut es geht an Beispielen aus dem Profi-Fußball zu erläutern. Dieses Buch soll also kein Lexikon voller Definitionen sein. Allseits bekannte Trainer wie Jürgen Klopp oder Pep Guardiola sowie Weltklasse-Fußballer wie Kevin De Bruyne oder Eden Hazard werden Ihnen mehr als einmal begegnen. Auch wenn Taktik aus viel grauer Theorie besteht, gilt im Fußball stets die alte Weisheit von Trainer Otto Rehhagel: «Die Wahrheit liegt auf dem Platz.»

Die Phase des gegnerischen Ballbesitzes

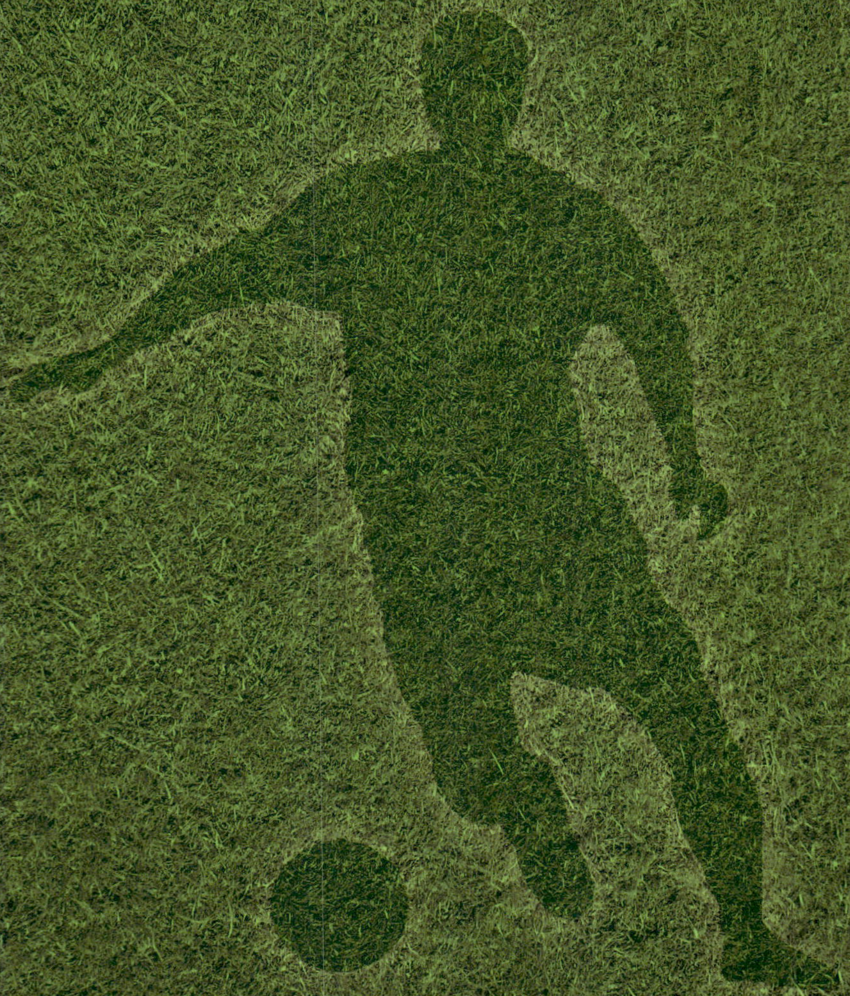

Die Defensive ist wohl der Bereich, den die meisten Fans mit Taktik in Verbindung bringen. Wenn Defensivpapst José Mourinho, wie er so schön zu sagen pflegt, «den Bus parkt» und den Gegner mit einem grandiosen Verteidigungsplan schachmatt setzt, loben ihn die Journalisten am nächsten Tag als «taktisches Genie». Nicht umsonst lautet eine Weisheit des Fußballs: Die Offensive gewinnt Spiele, die Defensive gewinnt Meisterschaften.

Trainer profilieren sich gerne über ihre Defensivtaktik. Sie klingen klug, wenn sie in Pressekonferenzen über kompaktes Verschieben zum Ball und Pressingsignale referieren. In den vergangenen Jahren verkamen diese Aussagen jedoch immer stärker zur Phrasendrescherei. Kaum ein Reporter hinterfragt im Interview, wenn der Trainer seine «kompakt stehenden Abwehrketten» lobt. Was steckt hinter dieser Aussage? Verteidigt jedes Team, das kompakt steht, auch automatisch gut? Welche Abwehrketten sind gemeint? Was die Floskeln in der Praxis bedeuten, bleibt häufig offen. Taktik hat auch immer etwas von einer Geheimwissenschaft.

In diesem Kapitel wird die Geheimwissenschaft Defensivtaktik entschlüsselt: Was bedeuten all die hochtrabenden Begriffe? Wie verhalten sich Teams, wenn der Gegner den Ball hat? Welche Prinzipien beachten Verteidiger? Viele Begriffe mögen kompliziert klingen, die dahinterstehenden Konzepte sind jedoch meist gut verständlich.

Tor verhindern oder Ball erobern?

Die Ausgangssituation dieser Phase ist simpel: Der Gegner hat den Ball. Was ist nun das Ziel des verteidigenden Teams? «Na klar!», würde man sagen. «Kein Gegentor kassieren!» Schalkes früherer Trainer Huub Stevens brachte es einst auf den Punkt: «Die Null muss stehen!»

In diesem Buch trenne ich über die Begriffe **Verteidiger** und **Angreifer** das Team, das den Ball hat, vom Team, das den Ball nicht hat. Ein Verteidiger ist folglich ein Spieler der Mannschaft, die den Ball nicht hat. Ein Angreifer gehört zum Team, das den Ball hält. Die verteidigende Mannschaft ist das Team, das den Ball nicht hat. Die angreifende Mannschaft hat den Ball.

Ganz so einfach ist es jedoch nicht. Die Phase des gegnerischen Ballbesitzes endet mit der Balleroberung. Ohne Ball kann ein Team kein Tor erzielen. Ohne Balleroberung erhält das verteidigende Team folglich nie die Chance, ein Tor zu schießen. Der Gegner könnte im schlimmsten Fall neunzig Minuten den Ball in den eigenen Reihen halten. Ein 0:0, das niemandem gefallen dürfte. Ist der Gegner im Ballbesitz, bewegt sich das verteidigende Team also in einem Spannungsfeld: Auf der einen Seite möchte man den Gegner davon abhalten, ein Tor zu erzielen. Auf der anderen Seite möchte man selbst den Ball erobern.

Der Begriff *Pressing* grenzt diese zwei Facetten des Defensivspiels voneinander ab. In der Öffentlichkeit wird der Begriff meist falsch oder zumindest verkürzt benutzt. Wenn ein Team den Gegner in dessen Hälfte jagt, rufen Kommentatoren entzückt: «Was für ein Pressing!» Meist wird der Begriff nur dann verwendet, wenn eine Mannschaft die Balleroberung weit in der gegnerischen Hälfte anstrebt. Das ist aber nur ein Teilaspekt des Pressings. Die eigentliche Definition, wie sie auch vom DFB gelehrt wird, greift weiter: Pressing bezeichnet *jeden* Versuch, dem Gegner über direkte Zweikämpfe den Ball wegzunehmen, egal wo und egal von wie vielen Spielern er ausgeübt wird. Selbst wenn eine Mannschaft den Gegner erst kurz vor dem eigenen Strafraum stört, betreibt sie Pressing – eben dann nur weit in der eigenen Hälfte.

Pressing bezeichnet den Versuch eines verteidigenden Teams, dem Gegner über einen oder mehrere direkte Zweikämpfe den Ball abzunehmen.

Stört eine Mannschaft den Gegner nicht, agiert sie passiv. In dem Fall versuchen die Spieler, die Chancen des Gegners zu minimieren, vor das eigene Tor zu gelangen. Dazu versucht die Mannschaft, möglichst viele Spieler zwischen den Ball und das eigene Tor zu bekommen. Der Gegner wird nicht attackiert, es wird kein Druck ausgeübt. Die Verteidiger stellen den Gegner nur. Hier steht nicht das Erobern des Balls im Fokus, sondern das Verhindern eines Gegentors.

Baut sich ein Verteidiger nur vor dem ballführenden Spieler auf, geht aber nicht in den Zweikampf, **stellt** er ihn.

Die erste wichtige Lehre dieses Kapitels lautet: Eine gute Defensivtaktik hat nicht nur das Ziel, kein Gegentor zu kassieren. Der Fußball von Trainer Jürgen Klopp ist der beste Beweis: Er möchte, dass seine Mannschaft den Gegner jagt, unter Druck setzt, den Ball weit in der gegnerischen Hälfte erobert. Wenn möglich soll diese Balleroberung in einer Situation geschehen, welche die Chance auf einen schnellen Gegenangriff bietet. Je näher der Ball am gegnerischen Tor erobert wird, umso kürzer ist der Weg zum Tor – und umso leichter ist ein Konter möglich. Deshalb jagen Klopps Mannschaften den Gegner auf dem gesamten Feld. Auch das ist im Kern defensiver Fußball; wir befinden uns schließlich in der Phase, in der der Gegner den Ball hat. Der Unterschied liegt darin, dass bei Klopp die Eroberung des Balles im Vordergrund steht und nicht ausschließlich das Verteidigen des eigenen Tors.

In diesem Kapitel wird sich viel um die Frage drehen, wie man das Verteidigen des eigenen Tores und das Erobern des Balls in Einklang bringen kann. Wann macht es Sinn, sich zurückzuziehen und passiv zu verteidigen? Wann gehen Teams zu einem aktiven Pressing über? Kaum eine Mannschaft verfügt über die Kondition, den Gegner über neunzig Minuten durchgehend zu jagen und in Zweikämpfe zu verwickeln. Es gibt immer Phasen, in denen ein Team passiv agiert. Genauso muss selbst das defensivste Team zum Pressing übergehen, um den Ball zu erobern. Eine erfolgreiche Balleroberung trägt schließlich wesentlich bei zur Sicherung des eigenen Tors: Wenn man selbst den Ball hat, kann der Gegner keinen Treffer erzielen.

Theoretische Grundlagen des Verteidigens

18. Dezember 2018. Nur noch eine Woche warten, dann ist Weihnachten – und damit auch Winterpause im Fußball. Zuvor muss die heimische Fortuna aber noch gegen den Tabellenführer antreten. Die Düsseldorfer Arena war vor dem Spiel gegen Borussia Dortmund bis auf den letzten Platz gefüllt – und bitterkalt. Das Thermometer zeigte knapp über null Grad an. Die Aussicht auf das Spiel wärmte die Herzen der Zuschauer nur bedingt: Der BVB hatte in dieser Saison noch keine einzige Partie verloren, 41 Tore waren ihm in 15 Spielen gelungen. Es gab keinen Grund zu glauben, dass die Borussia ausgerechnet gegen den Aufsteiger mit dem Toreschießen aufhören würde.

Es geschah das Unerwartete. Nach 22 Minuten ging Fortuna Düsseldorf in Führung. Nach 56 Minuten schossen sie das zweite Tor. Mit der Führung im Rücken zogen sie sich zurück. Weit zurück. Die Düsseldorfer formierten einen engen Block vor dem eigenen Strafraum. Zehn Spieler stellten sich zwischen das eigene Tor und Dortmunds Angreifer. Borussia Dortmund hatte fast 70 Prozent der Ballbesitzanteile, die Fortuna befand sich praktisch nur in der Verteidigung.

Doch die so torhungrige Offensive der Dortmunder fand einfach keinen Weg vorbei an den Abwehrketten. Immer wieder versuchte sie, eine Lösung zu finden gegen Düsseldorfs Defensive. Die Angreifer spielten den Ball nach links, zurück, nach rechts, wieder nach links. Doch egal, wie häufig sie den Ball von einer Seite zur anderen spielten: Nie öffnete sich eine Lücke im Düsseldorfer Defensivverbund. Der Gegner stand wie eine Mauer.

Fortuna-Trainer Friedhelm Funkel sagte nach dem Spiel: «Das Wichtigste war, den Dortmundern die Passwege zu schließen, damit sie ihren Hochgeschwindigkeits-Fußball nicht entwickeln konnten.» Dieses Zitat zeigt, wie mächtig eine gut funktionierende Defensive sein kann: Wer den Raum in der Defensive optimal besetzt, kann selbst den stärksten Gegner matt setzen. Genau das gelang den Düsseldorfern an diesem Winterabend. Es sollte die erste Niederlage der Dortmunder dieser Saison sein.

Was Düsseldorf in diesem Spiel optimal geschafft hat: Sie haben verhindert, dass der Gegner in Räume kommt, in denen er gefährlich werden kann. Gemeinschaftlich haben sie sich über den Platz bewegt, um die Passwege für den Gegner zu schließen. Dortmund durfte den Ball nie in gefährliche Zonen spielen.

Doch wie gelang ihnen das? Im ersten Teil des Kapitels werden die Grundlagen des modernen Verteidigens vorgestellt. Es dreht sich um die Frage, wie aus zehn Feldspielern und einem Torhütern eine Einheit entsteht, die optimal die Räume auf dem Feld besetzt. Dazu müssen wir zunächst tief in die Theorie eintauchen – und verstehen, wie Verteidiger ein Fußballspiel wahrnehmen.

Die vier Referenzpunkte eines Verteidigers

Die Art, wie Profi-Teams heutzutage verteidigen, weckt Erinnerungen an das Synchronschwimmen. In beiden Sportarten sind die Bewegungen der Sportler derart synchronisiert, dass der Betrachter sie als Einheit wahrnimmt. Wenn Profi-Fußballer gemeinsam das eigene Tor verteidigen, weiß jeder Spieler genau, was zu tun ist. Wie von unsichtbarer Hand gelenkt bewegen sie sich über den Platz. Rückt der Ball auf eine Seite, rücken sämtliche Spieler mit. Wie machen die Spieler das nur?

In der Taktikanalyse neigt man dazu, den Vogelblick einzunehmen. Teams werden als eine untrennbare Einheit betrachtet. Zehn Feldspieler und ein Torwart verteidigen gemeinsam das eigene Tor. Die Wahrheit liegt jedoch auf dem Platz, und hier sieht das Bild ganz anders aus: Elf individuelle Spieler müssen sich auf dem Feld zurechtfinden. Wo sollen sie stehen? Wie sollen sie verteidigen? Welche Räume sollen sie abdecken? Wann sollen sie zum Zweikampf übergehen?

Betrachten wir die Defensivarbeit aus den Augen eines Fußballers, gibt es für ihn auf dem Feld vier Referenzpunkte, an denen sich sein Verhalten ausrichtet. Diese vier Referenzpunkte sind:

- **Die eigene Position im Raum**. Wo befindet sich der Spieler auf dem Feld? In der gegnerischen Hälfte? In der eigenen? Auf dem Flügel? Oder im Zentrum?
- **Die Position seiner Mitspieler**. Wo stehen seine Kollegen? Wie groß ist der Abstand zu ihnen? Welche Mitspieler sind nahe bei ihm, welche weiter entfernt?
- **Die Position der Gegenspieler**. Wo befinden sich die Gegenspieler? Welche Räume besetzen sie? Wie weit entfernt sind sie? Und wie weit entfernt sind sie vom eigenen Tor?
- **Die Position des Balls**. Wo befindet sich der Ball? Ist er nahe oder weit entfernt? Ist er in der Luft oder am Boden? In welche Richtung bzw. zu welchem Gegenspieler könnte der Ball gespielt werden?

Die Entscheidungen, die ein Verteidiger trifft, finden immer im Zusammenspiel dieser Referenzpunkte statt. Ein Beispiel: Der Gegner möchte einen Pass von Spieler A zu Spieler B spielen. Der Verteidiger sieht eine Möglichkeit, den Pass abzufangen. Soll er das Risiko eingehen? Er muss sich orientieren. Wie ist seine Position im Raum? Wie weit ist er vom Ball entfernt? Wohin könnte der Ball rollen? Befindet sich ein Gegner in der Nähe, der früher als er am Ball sein kann? Es bestehen noch weitere Risiken. Was passiert, wenn er den Ball nicht erreicht? Wie groß wäre die Lücke, die er auf seiner aktuellen Position hinterlässt? Wäre ein Mitspieler in der Nähe, um für ihn abzusichern? Könnte ein Gegenspieler diese Lücke ausnutzen? Es gibt also ganz schön viel zu beachten! Solche Entscheidungen treffen Verteidiger ständig auf dem Feld. Ihnen mag nicht bewusst sein, dass ihre Entscheidung derart komplex ist und von den vier Referenzpunkten beeinflusst wird; es ist aber so.

Wie der Spieler diese Referenzpunkte gewichtet, entscheidet er nicht allein. Hier kommt die taktische Ausrichtung ins Spiel: Der Trainer bestimmt, wie sich die Mannschaft in der Defensive zu verhalten hat. Er gibt vor, ob sich die Verteidiger eher am Gegenspieler oder am Mitspieler orientieren sollen, wie weit die Verteidiger von ihren Mitspielern entfernt sein und wann sie den Ball erobern sollen. Über das Training verinnerlichen die Spieler die taktischen Vorgaben des Trainers, und im Idealfall erfüllen sie sie später auf dem Feld.

Die **vier Referenzpunkte eines Verteidigers** sind seine eigene Position im Raum, die Position seiner Mitspieler, die Position der Gegenspieler sowie die Position des Balls.

Mann- oder Raumorientierung statt Mann- oder Raumdeckung

Früher unterschied man in der Defensive zwei Arten der Verteidigung: Mann- und Raumdeckung. Die erwähnten Referenzpunkte verraten die Unterschiede: Bei der Manndeckung ist der wichtigste Referenzpunkt für die Verteidiger der Mann, sprich: der Gegenspieler. Im Idealfall deckt jeder Verteidiger einen gegnerischen Angreifer. Bei der Raumdeckung hingegen ist die eigene Position im Raum der wichtigste Referenzpunkt, gerade in Bezug auf die Position der Mitspieler und des Balls. Das Ziel ist es, die Räume auf dem Feld abzudecken und dem Gegner Optionen zu versperren, vor das Tor zu gelangen.

Bei einer **Mannorientierung** orientiert sich ein Verteidiger in erster Linie an einem Gegenspieler. Bei der **Raumorientierung** ist seine

Position im Raum im Verhältnis zu seinen Mitspielern und dem Ball entscheidend.

Sie werden schnell feststellen, dass ich die Begriffe Manndeckung und Raumdeckung nicht benutze. Der Grund ist simpel: Die Idee, dass eine Mannschaft ausschließlich den Mann oder ausschließlich den Raum deckt, ist in der Praxis nie gegeben. Stellen Sie sich eine reine Manndeckung vor: Würde jeder Verteidiger stur seinem Gegenspieler folgen, könnte der Gegner einfach mit sämtlichen Spielern an die Eckfahne rennen. Der Weg wäre frei für ein Dribbling des Torhüters. Das klingt wie eine absurde Idee – wäre aber genau der Fall, wenn jeder Verteidiger einzig den Gegenspieler als Referenzpunkt hätte. In der Praxis lassen die Verteidiger ihren Gegenspieler ziehen und orientieren sich an anderen Referenzpunkten, sobald sich

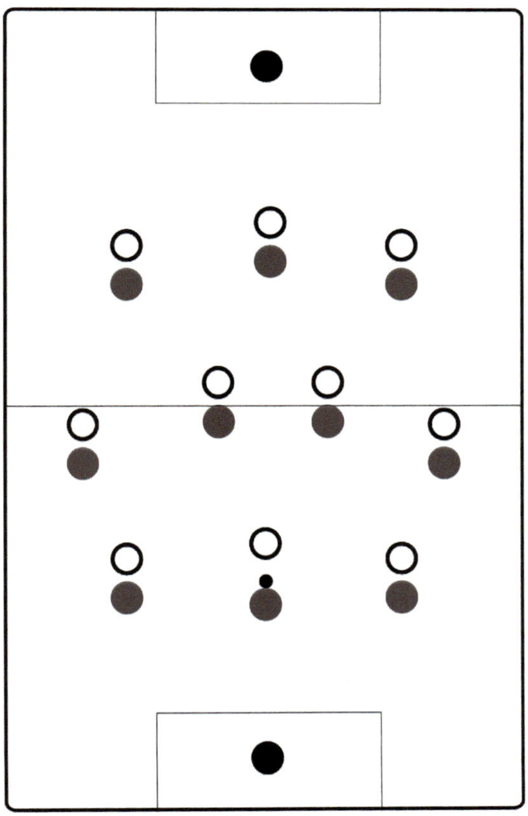

4. Mannorientierung

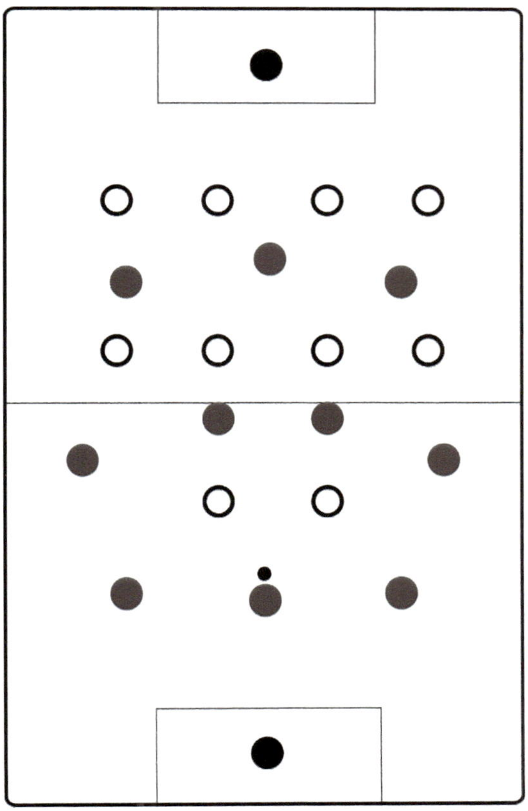

5. Raumorientierung

ihr Gegenspieler zu weit von ihnen wegbewegt.

Ähnlich kann man gegen den Begriff der Raumdeckung argumentieren. In einer reinen Raumdeckung wäre der Referenzpunkt Gegner unbedeutend. Ein Verteidiger bekommt einen Raum zugeteilt. Er verteidigt diesen Raum, passiere, was wolle. Wie soll er reagieren auf das, was der Gegner tut? Wie soll er je in einen Zweikampf mit einem Gegenspieler gelangen, wenn er sich ausschließlich am Raum und nicht zumindest ein bisschen am Gegenspieler orientiert?

Sie merken: Es braucht immer eine Mischung aus allen Referenzpunkten. Deshalb spricht man heutzutage nicht mehr von Mann- oder Raumdeckung, sondern von Mann- oder Raumorientierung. Damit trägt man der Tatsache Rechnung, dass die Referenzpunkte relative Begriffe sind. Beispiel Mannorientierung: Je höher ein Spieler den Referenzpunkt Gegenspieler gewichtet, desto mannorientierter agiert er. An der «Je ... desto»-Konstruktion erkennt man: Mannorientierung ist kein absoluter Zustand. Man kann mehr oder weniger mannorientiert agieren. Dieses Spielchen lässt sich ebenfalls betreiben mit der Raumorientierung, der Ballorientierung und der Mitspielerorientierung.

Vorteile der Raumorientierung

Gerade in Deutschland wird der Fußball häufig als Duell Mann-gegen-Mann gesehen. Fehleranalysen nach Gegentoren beschränken sich auf die Floskel: «Der Verteidiger stand nicht nah genug an seinem Gegenspieler!» Solche Analysen wären korrekt – wenn jede Mannschaft vorwiegend mannorientiert verteidigen würde. Das war tatsächlich bis vor rund dreißig Jahren der Fall. Der wichtigste Referenzpunkt war der nächste Gegenspieler. Jeder Verteidiger bekam einen gegnerischen Stürmer zugeteilt, an dem er sich orientieren sollte. Nur wenn der Gegenspieler sich allzu weit wegbewegte, beispielsweise in die eigene Hälfte oder auf die Flügel, ließ man ihn ziehen und orientierte sich am Raum. Diese Spielweise erscheint intuitiv: Deckt jeder Verteidiger einen Gegenspieler, steht kein Gegenspieler frei. Der Verteidiger kann sofort zum Pressing übergehen, sobald sein Gegenspieler den Ball erhält. Tatsächlich strukturieren auch heute noch manche Teams ihre Defensive auf diese Art. Aber nicht mehr die Mehrheit.

Wieso ist das so? In den vergangenen Jahrzehnten setzte sich die Erkenntnis durch, dass die Orientierung am Raum ebenfalls Vorteile hat. Bei einer rein mannorientierten Spielweise *reagiert* eine Mannschaft ausschließlich auf das, was der Gegner tut. Sie bestimmt nicht selbst, wie sie aufgestellt ist und welche Räume verteidigt werden sollen.

Bei der Mannorientierung kann man Zugriff auf Gegenspieler herstellen; bei der Raumorientierung Zugriff auf Räume. Ziel der Raumorientierung ist es, die wichtigsten Räume zu kontrollieren. Was bedeutet Kontrolle? Zunächst einmal nichts anderes, als dass die Verteidiger in einem Raum den Ball früher erreichen können als die gegnerischen Angreifer. In diesem Fall kann der Gegner den Ball nicht in diesen Raum spielen. Der Verteidiger kann den Ball hier schließlich zuerst erreichen und damit erobern.

Eine Methode, Raumkontrolle zu visualisieren, sind sogenannte Voronoi-Diagramme. Man legt hierbei ein Gitter über das Feld. Die einzelnen Linien trennen die Räume ab, welche die Verteidiger und welche die Angreifer zuerst erreichen können. So zeigt sich, welche Räume die angreifende Mannschaft kontrolliert und welche Räume die verteidigende Mannschaft kontrolliert.

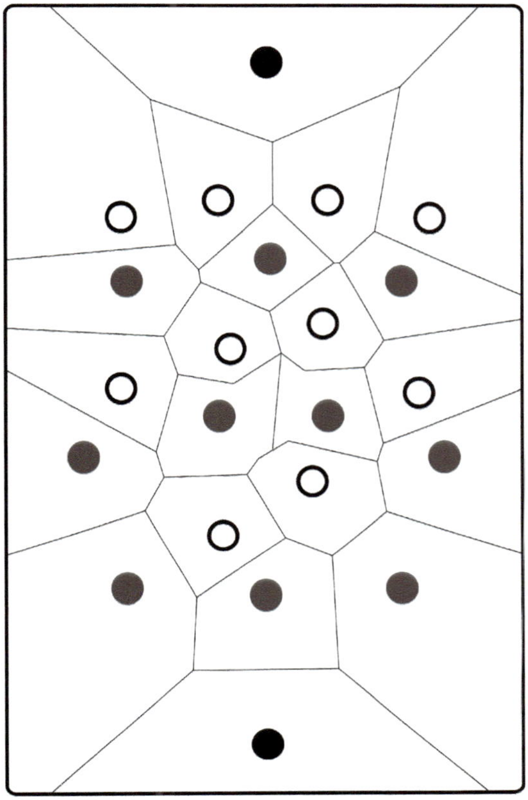

6. Voronoi-Diagramm

Der Vorteil einer raumorientierteren Spielweise: Man selbst bestimmt, wie man das Feld besetzt. Die verteidigende Mannschaft kann exakt die Räume absichern, die sie absichern will. Wichtige Räume können von mehreren Spielern gemeinsam verteidigt werden. So kann man, sollte der Ball in diesen Raum gelangen, den Zweikampf mit mehr als einem Verteidiger führen. Überzahlbildung, Absicherung, Unterstützung: Das sind die Eckpfeiler einer Raumorientierung. Wichtiger Referenzpunkt sind die eigenen Mitspieler: Nur wenn die Abstände zwischen den einzelnen Spielern passend sind, können sie sich gegenseitig unterstützen. Nur so lassen sich die Räume auf dem Feld effektiv abdecken.

Kontrolle der entscheidenden Räume

Ziel einer guten Raumaufteilung in der Defensive lautet, die größten Gefahrenherde des Gegners zu neutralisieren. Dem Gegner soll es erschwert werden, das eigene Tor zu erreichen. Aus manchen Räumen auf dem Feld droht mehr Gefahr, in anderen weniger. Was sind die wichtigsten Räume, die man absichern muss, wenn man dem Gegner das Toreschießen erschweren will?

Der Begriff **Breite** beschreibt die horizontale Ausdehnung eines Fußballfeldes. Die Breite eines Fußballfeldes erstreckt sich von einer Einwurflinie zur anderen. Der Begriff **Tiefe** bezieht sich auf die Länge eines Fußballfeldes. Er beschreibt den vertikalen Weg zum Tor. Ein Pass in die Tiefe ist demnach ein Pass der angreifenden Mannschaft, der in Richtung des gegnerischen Tors gespielt wird.

- Der Albtraum einer jeden Verteidigung ist der Pass in die Tiefe. Gemeint ist ein Pass hinter die letzte Linie, also hinter die Abwehrkette. Es gibt kaum eine bessere Torgelegenheit, als wenn der gegnerische Stürmer hinter die Abwehrkette gelangen und allein auf den Torhüter zulaufen kann. Deshalb gilt: **Die verteidigende Mannschaft muss die Tiefe absichern**.
- **Das Verteidigen des Zentrums hat Vorrang**. Hier steht das Tor, und von hier aus hat der Gegner die beste Möglichkeit, ein Tor zu erzielen. Ein Torschuss aus sechzehn Metern ist gefährlicher, wenn er aus zentraler Position kommt, als wenn er von der Torauslinie abgegeben wird. Je stärker sich der Gegner dem eigenen Strafraum nähert, umso wichtiger ist es, das eigene Zentrum zu sichern.
- **Das Verteidigen der Flügel ist hingegen eher sekundäres Ziel.** Auf dem Flügel ist der Gegner vom Tor entfernt: Er muss den Ball zunächst ins Zentrum bringen, um zum Torerfolg zu gelangen. Zudem sind seine Optionen hier beschränkt: Während im Zentrum das Spiel in alle Richtungen fortgeführt werden kann, beschränkt auf den Flügeln die Auslinie die Handlungsoptionen des Gegners. Von hier droht also selten eine direkte, sondern meist höchstens eine indirekte Gefahr für das Tor.

Aus diesen drei Punkten lässt sich ein goldenes Prinzip ableiten: *Das Zentrum und die Tiefe müssen so gut wie möglich abgesichert werden, die Breite so gut wie nötig.*

Deckungsschatten

Voronoi-Diagramme haben in dieser Form eine große Schwachstelle. Es fehlt ein gewichtiger Referenzpunkt: der Ball. Nehmen wir einmal an, der Torhüter hat in Bild 6 den Ball. Er kann gar nicht sämtliche Mitspieler direkt anspielen. Gegenspieler befinden sich zwischen ihm und den eigenen Mitspielern. Die Verteidiger kontrollieren damit mehr Raum, als das Voronoi-Diagramm zeigt.

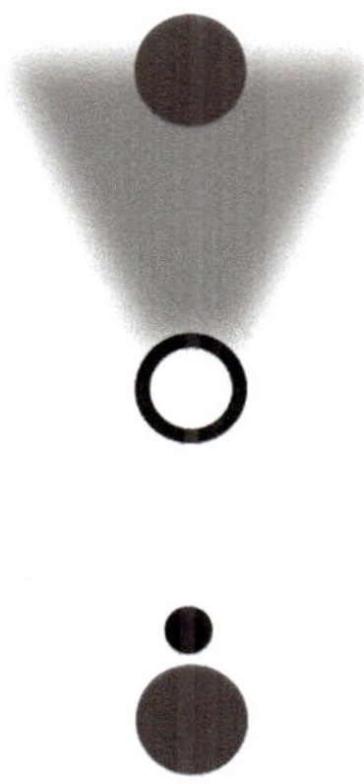

7. Der Deckungsschatten

Das dahinterliegende Konzept ist das vielleicht wichtigste bei der Raumorientierung. Bild 7 erläutert das Konzept: In diesem Fall stehen sich der ballführende Angreifer und ein Verteidiger gegenüber. Der Angreifer hat nun zig Möglichkeiten, einen Pass zu spielen: nach links, nach rechts, neben den Verteidiger, über den Verteidiger. Nur durch den Verteidiger hindurch kann er keinen Pass spielen. Die Gesetze der Physik sind da recht eindeutig. Der Raum, der sich hinter dem Verteidiger befindet, ist für den Gegenspieler durch einen direkten Pass nicht zugänglich. (Es sei denn natürlich, er spielt den Pass durch die Beine des Verteidigers. Aber wir gehen einfach mal davon aus, dass der Verteidiger sich nicht so einfach blamieren lässt.)

Den Raum hinter dem Verteidiger bezeichnet man als Deckungsschatten. Bildlich gesprochen wirft er einen Schatten nach hinten, der den Raum hinter ihm abdeckt. Das Konzept des Deckungsschattens ist entscheidend bei der Raumorientierung. Auf diese Art kann eine Mannschaft den Raum des Feldes bestmöglich kontrollieren; sie kombiniert den Deckungsschatten ihrer einzelnen Spieler. Spieler, die nebeneinanderstehen, können weite Teile des Feldes mit Hilfe ihrer Deckungsschatten abdecken. Damit verhindern sie mögliche Pässe des Gegners.

Der **Deckungsschatten** bezeichnet den Raum hinter einem Verteidiger, der nicht über einen direkten Pass zu erreichen ist. Jeder Verteidiger wirft einen solchen trichterförmigen Schatten nach hinten.

Verschieben

Fußball ist kein statischer Sport. So ist der Raum, der kontrolliert wird, immer nur eine Momentaufnahme. Drei der vier Referenzpunkte bewegen sich ständig: Ball, Gegenspieler, Mitspieler. Es würde also wenig bringen, sich einfach in einer Defensivformation aufzustellen, die entscheidenden Räume über eine raumorientierte Besetzung zu kontrollieren und auf die eigenen Deckungsschatten zu vertrauen. Man muss auf die Aktionen des Gegners reagieren.

Zurück zu unserem theoretischen Beispiel: Der Angreifer möchte einen Mitspieler anspielen, der sich hinter einem Verteidiger im Deckungsschatten befindet. Die Lösung ist simpel: Er bewegt sich mit dem Ball am Fuß einfach fünf Meter nach links. Der ballführende Spieler verschiebt damit den

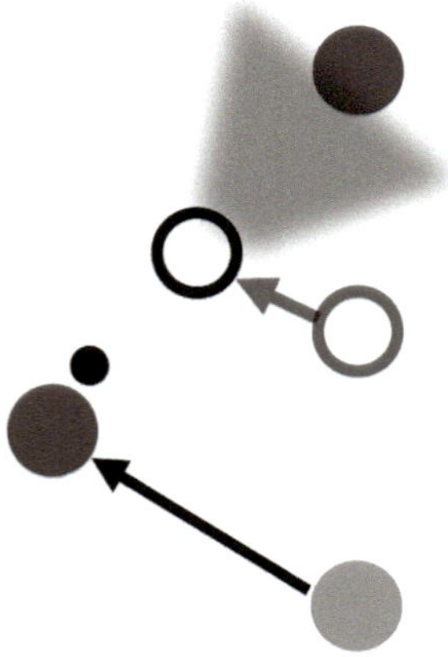

8. Der Verteidiger verschiebt, um den Gegner im Deckungsschatten zu behalten

Deckungsschatten, den der Verteidiger wirft. Der Gegenspieler, der zuvor hinter dem Verteidiger im Deckungsschatten verschwand, ist nun anspielbar. So einfach macht es der Verteidiger dem Gegner aber nicht. Bewegt der Gegner sich nach links, folgt er ihm ebenfalls auf diese Seite – siehe Bild 8. Somit bleibt der Raum hinter ihm versperrt. Der Gegenspieler hinter ihm steht wieder in seinem Deckungsschatten.

Dies ist das vielleicht wichtigste Defensivkonzept im modernen Fußball: das Verschieben. Wenn der Gegner fünf Meter nach links geht, geht der Verteidiger mit – und sein Deckungsschatten damit auch. Ein Verteidiger orientiert sich also nicht nur an den Referenzpunkten Raum und Mitspieler, sondern ebenso am Referenzpunkt Ball. Wenn der Ball nach links gespielt wird, bewegt sich der Spieler auf diese Seite. Er versperrt damit den Passweg.

Als **Verschieben** bezeichnet man die raumorientierte Bewegung über den Platz. Die Verteidiger verändern ihre Position, um den Raum auf dem Feld mit ihren Deckungsschatten optimal abzudecken.

In dieser Situation verändern sich wiederum die Referenzpunkte für seine Mitspieler: Ein Mitspieler befindet sich an einem anderen Ort, der Ball und die Gegenspieler ebenfalls. Sie müssen nun also auf die neue Situation reagieren. Alle Spieler müssen verschieben, damit sich keine Räume öffnen. Aus einer individualtaktischen Aktion – das Verschieben zum Ball – wird somit eine mannschaftstaktische Maßnahme: Alle Spieler bewegen sich synchron über den Platz – siehe Bild 9.

Früher nannte man diese Art des Verteidigens ballorientierte Raumdeckung. Da ich aber den Begriff Raumdeckung wie beschrieben nicht nutze, nenne ich diese taktische Maßnahme schlicht Verschieben. Je nach Situation kann ein Spieler horizontal verschieben (von einer Seite zur anderen) oder vertikal (von vorne nach hinten).

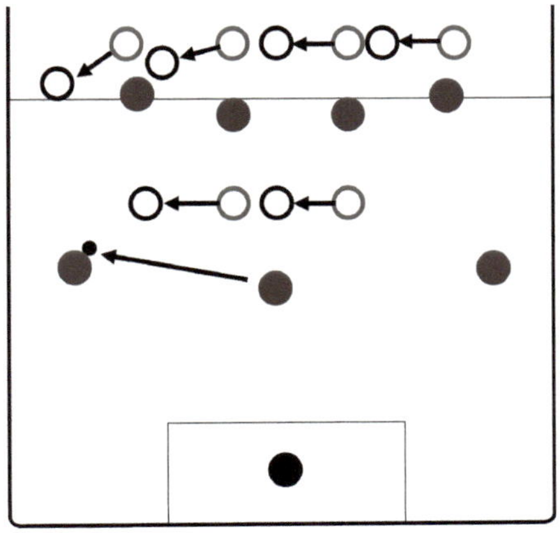

9. Das verteidigende Team verschiebt zum Ball

Verteidigung in Ketten

1998 sorgte Ralf Rangnick mit einem Auftritt im *ZDF Sportstudio* für Aufsehen. Moderator Michael Steinbrecher bat ihn, an einer Taktiktafel die Viererkette zu erklären. Der damalige Zweitliga-Trainer Rangnick machte sich daran, das in Deutschland unbekannte Phänomen Viererkette zu erläutern. Dieser Auftritt wurde zum Inbegriff der Taktik-Erklärungen im deutschen Fernsehen. Noch heute verbinden viele Fans den Begriff «Viererkette» mit moderner Taktik, auch wenn Rangnicks Auftritt mittlerweile mehr als zwanzig Jahre her ist.

Was bedeutet also der Begriff der Viererkette? Zunächst einmal nicht mehr, als dass vier Verteidiger auf einer Höhe stehen und eine Linie bilden, die parallel zur Mittellinie verläuft. Die Abstände zwischen den Verteidigern sind in etwa gleich groß. Sie versuchen, diese Abstände gleichmäßig zu

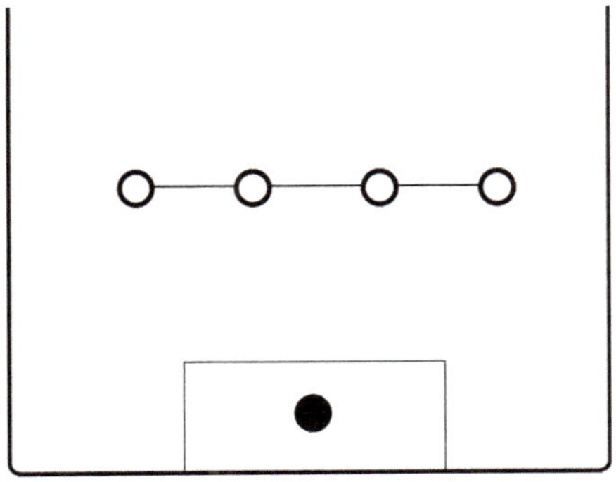

10. Eine Abwehrkette, in diesem Fall eine Viererkette

halten. Hier kommt das Verschieben zum Einsatz: Geht der Ball nach links, verschieben alle Verteidiger einer Kette zusammen auf diese Seite. Geht der Ball auf die andere Seite, müssen sie wieder gemeinsam verschieben. Gleiche Abstände lautet das Zauberwort.

In einer **Abwehrkette** agieren mehrere Verteidiger auf einer Höhe. Sie verschieben gemeinsam von einer Seite zur anderen, je nachdem, wo sich der Ball befindet. Die Bezeichnung variiert, je nachdem, wie viele Verteidiger in einer Kette spielen. So gibt es Dreier-, Vierer-, Fünfer- oder gar Sechserketten.

Warum aber verteidigen Teams überhaupt in Ketten? Was ist der Vorteil? Ein Gedankenexperiment: Stellen Sie sich vor, alle Spieler einer Mannschaft würden sich auf einer vertikalen Linie postieren, vom eigenen bis zum gegnerischen Strafraum. Das wäre eine ziemlich dumme Art, den Raum zu verteidigen. Auf den Flügeln wären riesige Freiräume. Der Gegner könnte einfach außen an der Verteidigung vorbeirennen.

Nun stellen Sie sich vor, alle zehn Verteidiger postieren sich nebeneinander auf der Mittellinie. Das ist schon intelligenter: Wenn sich die Verteidiger auf einer Höhe befinden, steht jeder Gegner hinter ihnen automatisch im Abseits. Damit würde man den Raum verkleinern, auf dem der Gegner spielen kann, schließlich müsste sich nun auch jeder gegnerische Spieler in der eigenen Hälfte positionieren, sonst stünde er im Abseits. Wenn alle Verteidiger sich auf der Mittellinie aufreihen, hätte man jedoch ein anderes Problem: Verliert man einen Zweikampf an der Mittellinie, könnte der Gegner einfach auf das Tor zumarschieren. Es steht ja kein Verteidiger mehr dahinter, der den ballführenden Stürmer aufhalten kann. Die Tiefe des Raums wäre also schlecht verteidigt. Man erzeugt in diesem Fall keine Kontrolle über die entscheidenden Räume.

Warum nun also Ketten? Es gilt, Breite *und* Tiefe des Raums zu verteidigen. Es ist quasi ein Kompromiss aus den beiden oben beschriebenen Varianten. Die Idee dahinter lautet: Der Gegner soll möglichst wenig Raum bekommen, auf dem er spielen kann – und der Raum, den er bespielen kann, soll möglichst gut abgedeckt werden. Die Spieler wiederum bekommen klare Referenzpunkte an die Hand: Sie wissen, welcher Spieler sich neben ihnen befinden soll. Sie kennen die Abstände, die zwischen den Spielern sein sollen. Das erleichtert die Verteidigungsarbeit in der Praxis ungemein.

Das verteidigende Team kann dabei selbst bestimmen, wie die eigene Formation aussehen soll. Sollen drei, vier,

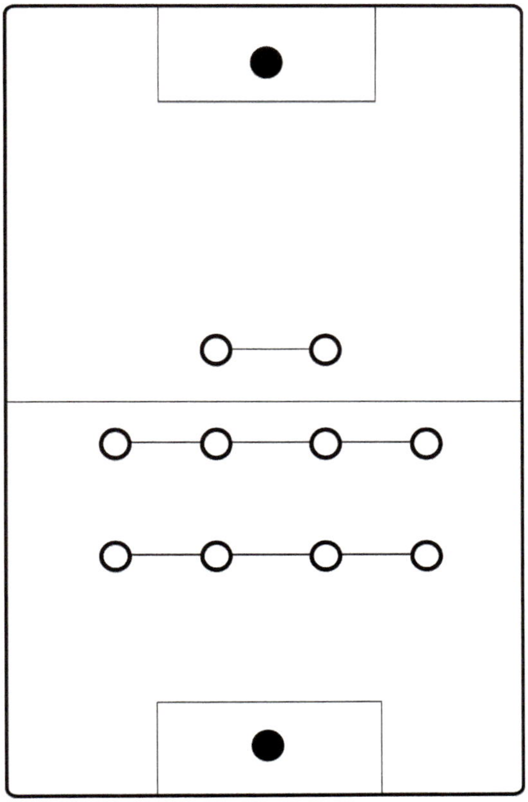

11. Verteidigung in Ketten in einer 4-4-2-Formation

fünf oder gar sechs Spieler die Breite des Feldes abdecken? Wie viele Ketten sollen verteidigen? Wie groß sollen die Abstände zwischen den Spielern sein? Das bleibt dem Team überlassen. Wie die Teams den Raum in der Verteidigung besetzen, sagt wiederum manches aus über ihre Taktik. Die Formation einer Mannschaft bestimmt, in welchen Räumen sie wie viel Präsenz zeigt. (Dieses Thema wird behandelt im Abschnitt zu den defensiven Formationen. Zum jetzigen Zeitpunkt ist zunächst nur wichtig zu verstehen, warum Teams überhaupt in Ketten verteidigen.)

Raumverknappung

Marcelo Bielsa, früher Trainer der argentinischen Nationalmannschaft, sagte vor einigen Jahren, der bespielbare Raum im Fußball werde immer kleiner. «Der einzige Raum im Fußball, der größer wird, ist der Raum zwischen Verteidiger und Torhüter.» In der Tat: In den vergangenen zwei Jahrzehnten haben sich Abwehrketten weiter nach vorne verschoben. Teilweise verteidigt die hinterste Verteidigungslinie an der Mittellinie.

Hier kommt ein Vorteil der Verteidigung in Ketten zum Tragen: Eine Mannschaft kann auf Abseits spielen. Agieren die Verteidiger auf einer Höhe, befinden sich alle Spieler hinter ihnen im Abseits. Der Raum hinter den Verteidigern ist somit nicht direkt nutzbar für den Gegner. Je höher eine Abwehrkette steht, umso kleiner wird der Raum, der für den Gegner bespielbar ist. Rückt eine Abwehrkette also bis an die Mittellinie, kann sich kein Gegner in der Hälfte der Verteidigung positionieren, ohne im Abseits zu stehen. Der Raum für den Gegner wird verknappt: Ein riesiger Bereich des Feldes wird somit kontrolliert.

Die **Raumverknappung** hat das Ziel, den Raum möglichst klein zu halten, den der Gegner bespielen kann. Es ist ein wichtiges Ziel für die Defensive, erschwert es doch dem Gegner das Offensivspiel. Je weniger Raum dieser zur Verfügung hat, umso schwerer ist es, Aktionen wie Pässe oder Dribblings auszuführen.

Tatsächlich ist dieses Konzept der Raumverknappung entscheidend für die Defensivreihen: Der Raum, auf dem der Gegner spielen kann, soll möglichst klein gehalten werden. Je weniger Raum der Gegner zur Verfügung hat, umso schwieriger wird es, eine gute Lösung für das Offensivspiel zu finden.

Kompaktheit

Wie gelingt diese Raumverknappung? Ein Begriff, den man im Zusammenhang mit Abwehrketten häufig hört, ist der Begriff der Kompaktheit. Oder besser gesagt: Man hört den Begriff mittlerweile in jedem Zusammenhang des Fußballs. Wenn ein Kommentator, Experte oder Trainer die Defensivleistung einer Mannschaft loben will, hebt er stets die «Kompaktheit» eines Teams hervor, als gäbe es im Fußball nichts Heiligeres, als kompakt zu stehen. «Eine kompakte Defensive» ist zum Synonym verkommen für eine starke Defensive.

In der Theorie hat der Begriff Kompaktheit eine gänzlich andere Bedeutung. Kompaktheit misst per Definition den Abstand zwischen den einzelnen Spielern einer Mannschaft. Je näher aneinander die Spieler einer Mannschaft stehen, umso kompakter agiert das Team – siehe Bild 12.

Kompaktheit beschreibt die Abstände der Spieler einer Mannschaft. Je geringer die Abstände zwischen den Spielern sind, umso kompakter steht ein Team.

Kompaktheit funktioniert in zwei Richtungen:

- Die **vertikale Kompaktheit** beschreibt den Abstand zwischen dem am tiefsten postierten Abwehrspieler und dem am weitesten vorne postierten Stürmer. Je geringer dieser Abstand, desto höher die vertikale Kompaktheit.
- Die **horizontale Kompaktheit** beschreibt den Abstand zwischen den beiden äußersten Spielern eines Teams. Stehen die beiden äußersten Spieler jeweils an der Einwurflinie, nutzt die Mannschaft die gesamte Breite des Feldes. Damit steht sie horizontal nicht kompakt. Je näher

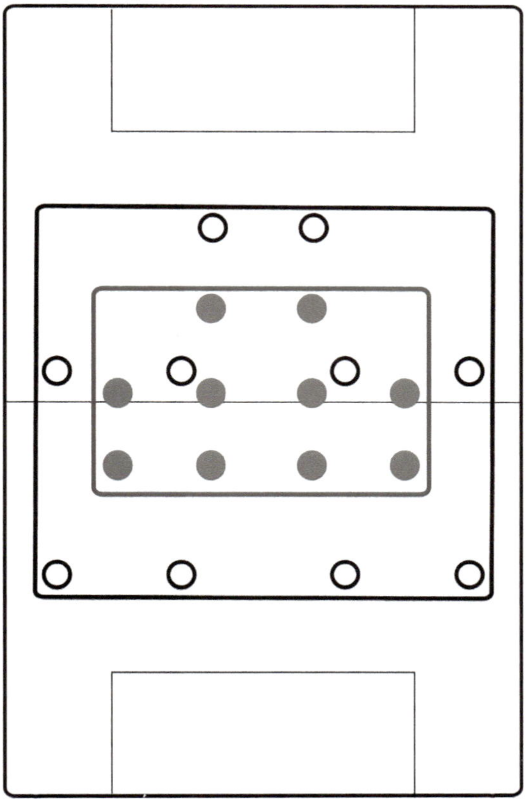

12. Kompaktheit. Das schwarze Team steht kompakter als das weiße

die beiden äußeren Spieler aneinander agieren, desto kompakter steht die Mannschaft.

Der Begriff Kompaktheit beschreibt also Abstände. Er bewertet sie nicht. Es *kann*, *muss* aber nicht erstrebenswert sein, besonders kompakt zu verteidigen. Ich kann es nicht oft genug betonen: Es ist kein automatisches Lob für eine Mannschaft, kompakt zu stehen. Die kompakteste Defensive nützt wenig, wenn über die entscheidenden Räume auf dem Feld keine Kontrolle erzeugt werden kann. Die Prinzipien eines guten Defensivspiels sind vorrangig vor der Kompaktheit. Tiefe und Zentrum sollen so gut wie möglich, Breite so gut wie nötig verteidigt werden.

Im Zuge der Raumverknappung wiederum ist Kompaktheit ein hohes Gut. Wenn eine Abwehrkette weit vorrückt, hat sie das Ziel, den Abstand zu den Mitspielern kompakt zu halten. Das wiederum sorgt dafür, dass gegnerische Stürmer ins Abseits gestellt werden. Der bespielbare Raum für den Gegner wird damit minimiert.

Schnittstellen

Obwohl man mit einer Abwehrkette den Raum in der Breite ganz gut abdecken kann, wird es immer offene Lücken geben. Selbst wenn eine Abwehrkette mit sechs Mann verteidigt, gibt es Räume zwischen den Spielern, die offen stehen; Räume, in die der Gegner einen Pass spielen kann. Diese Räume nennt man Schnittstellen.

Die Räume zwischen den Verteidigern einer Kette nennt man **Schnittstellen**, einen Pass durch diese imaginäre Linie nennt man **Schnittstellenpass**.

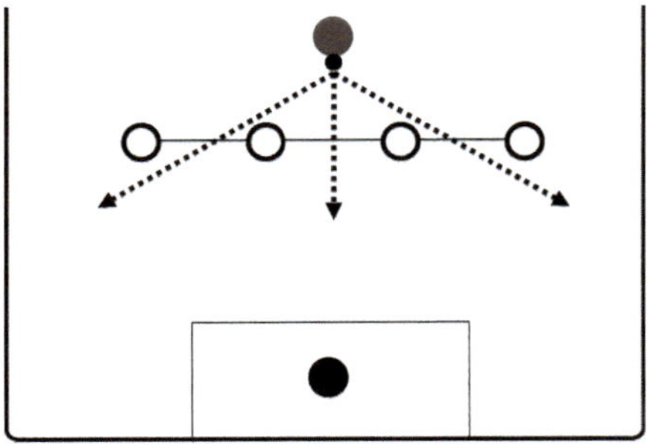

13. Schnittstellen einer Abwehrkette und Schnittstellenpässe

Je größer diese Schnittstellen sind, umso leichter ist es für den Gegner, einen Pass hindurchzuspielen. Jedoch bedeutet das nicht automatisch, dass die Schnittstellen möglichst klein sein sollten. Stellen Sie sich vor, die Verteidiger einer Vier-Mann-Abwehr hielten nur zwei Meter Abstand zueinander. Sie würden nicht einmal zehn Meter des 45 Meter breiten Fußballfeldes abdecken. Es entstünden riesige Räume auf den Flügeln, die sie nicht kontrollieren könnten. Die optimale Breite zu finden, ist entscheidend. Jeder Trainer und jede Abwehr hat ihre eigene Antwort auf diese Frage. Manche halten den Abstand gering, andere verteidigen die gesamte Breite des Feldes.

Grundsätzlich gilt aber: Je näher sich die Abwehr am eigenen Strafraum befindet, umso kleiner sollten die Schnittstellen der Abwehrkette sein. Obwohl auch ein Pass an der Mittellinie hinter die Abwehr gefährlich ist, kann der Gegner nicht sofort abschließen. Am eigenen Strafraum wiederum führt ein Pass durch die Schnittstelle höchstwahrscheinlich direkt zu einem Torabschluss, sollte ein Angreifer den Ball erreichen. Dementsprechend darf dem Angreifer keine Möglichkeit geboten werden, hinter die Abwehr zu passen.

Schnittstellen und Zwischenräume schließen über Deckungsschatten

Beim Punkt der Schnittstellen zeigt sich noch einmal, welchen Vorteil die Verteidigung mit mehreren Ketten hat. Mit Hilfe der Deckungsschatten der Mittelfeldspieler lassen sich die Schnittstellen der Abwehr decken: Die vordere Reihe steht leicht versetzt vor der hinteren Reihe. Ihr Deckungsschatten sichert die Schnittstelle zwischen den Verteidigern dahinter – siehe Bild 14.

Dieses Prinzip machen sich die meisten Teams beim Verschieben

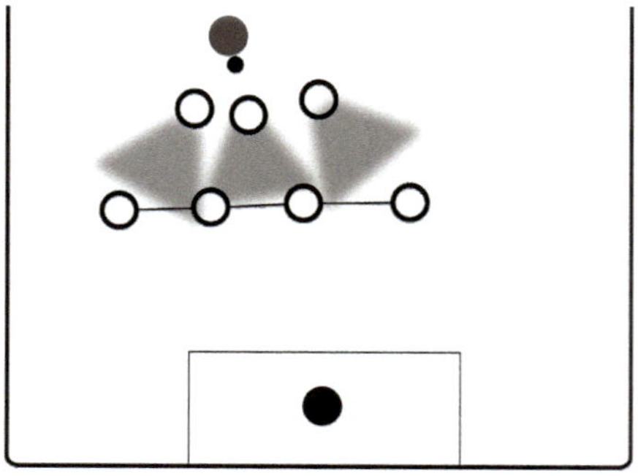

14. Verteidigung der Schnittstellen der Abwehrkette mit Hilfe des Deckungsschattens der Mittelfeldkette

über das Feld zunutze. Die Ketten stehen immer leicht versetzt zueinander. So verhindert ein Team, dass die Schnittstellen für den Gegner geöffnet werden.

Dies hat einen weiteren positiven Effekt: Die vordere Reihe sichert mit ihrer Positionierung auch den Raum zwischen den beiden Ketten. Dieser Zwischenlinienraum ist für den Gegner besonders attraktiv, steht hier doch im für ihn besten Falle kein Verteidiger, der in den Zweikampf gehen kann. Die Angreifer können hier den Ball vor den Verteidigern erreichen. Damit dieser Raum nicht anspielbar ist, muss die Mittelfeldkette auf ihre Deckungsschatten achten. Auch hier besteht wieder die Gefahr, dass der Gegner über die Schnittstellen in den Raum zwischen den Linien gelangt.

Der **Zwischenlinienraum** bezeichnet jenen Raum zwischen zwei Abwehrketten, in dem kein Verteidiger steht. Der Begriff wird häufig genutzt für den freien Raum zwischen Abwehr- und Mittelfeldkette einer Mannschaft.

Das Abwehrdreieck

Bei der Verteidigung in Ketten befinden sich die Verteidiger wieder in einem Spannungsfeld: Einerseits müssen sie auf Raum und Mitspieler achten. Andererseits müssen sie auch den Gegenspieler beachten. Wer sich ausschließlich am Raum und den Abständen zum Mitspieler orientiert, wird den Gegner nie in direkte Zweikämpfe verwickeln können. Eine rein raumorientierte Mannschaft würde dem Gegner automatisch Räume öffnen, die dieser zunächst erreichen kann; er muss die Lücken nur finden. Deshalb macht es Sinn, zumindest vereinzelt eher mannorientiert zu agieren. Über Körperkontakt und mannorientierte Deckung lässt sich zudem verhindern, dass ein Gegner einen bestimmten Laufweg nehmen oder Tempo aufnehmen kann.

So kann es vorkommen, dass einzelne Verteidiger die Kette verlassen müssen, um einen Angreifer zu verfolgen. Es gibt bestimmte taktische Muster, die sich bei Ketten beobachten lassen, sobald ein Spieler sich an einem Gegner orientiert. Folgendes Beispiel: Ein Verteidiger rückt aus der Abwehrkette heraus, um einen

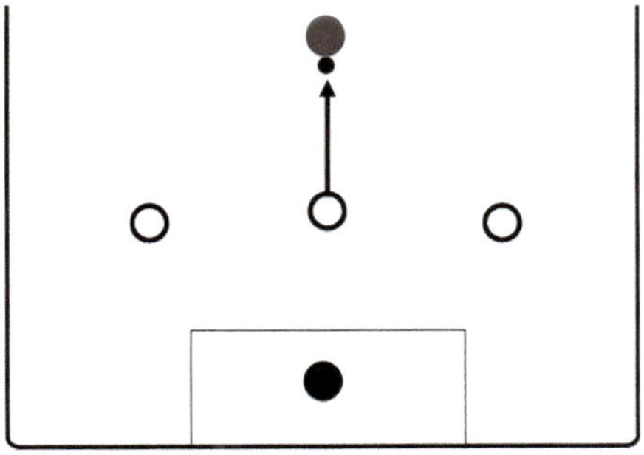

15. Verteidiger rückt aus der Abwehrreihe heraus

Spieler im Zentrum zu stellen. Er rückt dazu nach vorne – siehe Bild 15.

Es gibt aber ein Problem: Der Raum, den der herausrückende Verteidiger vorher besetzt hat, steht plötzlich offen. In der Kette entsteht eine Lücke – und damit eine ziemlich große Schnittstelle. Es wäre kontraproduktiv, wenn einfach ein Mitspieler den frei gewordenen Raum besetzt; in diesem Fall würde an einer anderen Stelle ein Raum frei werden. Die meisten Teams sichern das Herausrücken eines Spielers anders ab. Zusammen mit dem herausrückenden Verteidiger bilden seine Mitspieler ein sogenanntes Abwehrdreieck. Die beiden Spieler, die sich neben dem herausrückenden Verteidiger befanden, rücken etwas ein in Richtung des verlassenen Raums – siehe Bild 16. Sie bilden ein Dreieck mit ihm und achten darauf, dass die Schnittstelle nicht zu groß wird.

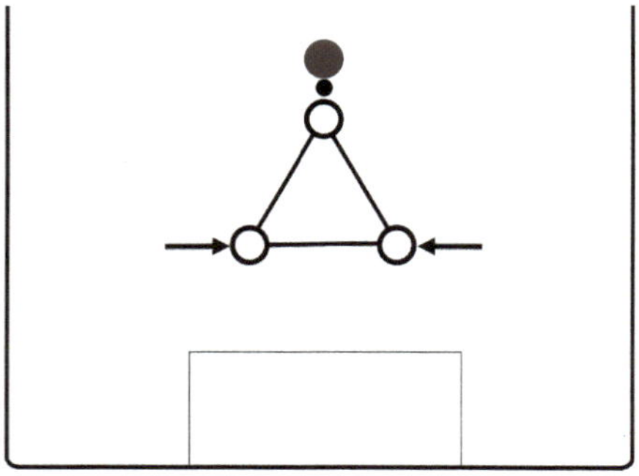

16. Die Verteidiger bilden ein Abwehrdreieck

Rückt ein Spieler aus einer Abwehrkette heraus, bilden die Verteidiger ein **Abwehrdreieck**. Dazu rücken die Verteidiger, die sich neben dem herausrückenden Spieler befinden, in Richtung der frei werdenden Lücke. Gemeinsam mit dem herausrückenden Spieler bilden sie ein Dreieck, bei dem die Winkel nicht zu groß werden.

Leicht anders verhält es sich, sobald der äußerste Spieler einer Abwehrkette herausrücken muss. In diesem Fall muss kein Dreieck gebildet werden; es befindet sich schließlich nur auf einer Seite ein Spieler neben dem herausrückenden Verteidiger. Allerdings muss nun die Tiefe zusätzlich gesichert werden, um einen diagonalen Pass hinter die Abwehr zu verhindern. Die Abwehrkette stellt sich dazu in einer Sichelform auf.

Das Abwehrdreieck als gruppentaktische Maßnahme ist Standard im modernen Fußball. Die Verteidiger wissen in so einer Situation genau, was zu tun ist. Häufig wird das Herausrücken in Verbindung mit dem Abwehrdreieck genutzt, um den Zwischenlinienraum zu verteidigen. Erhält ein Gegner hier den Ball, kann es vorkommen, dass kein Gegenspieler diesen Raum sichert. Ein Verteidiger muss die hintere Kette verlassen, um den Gegner in

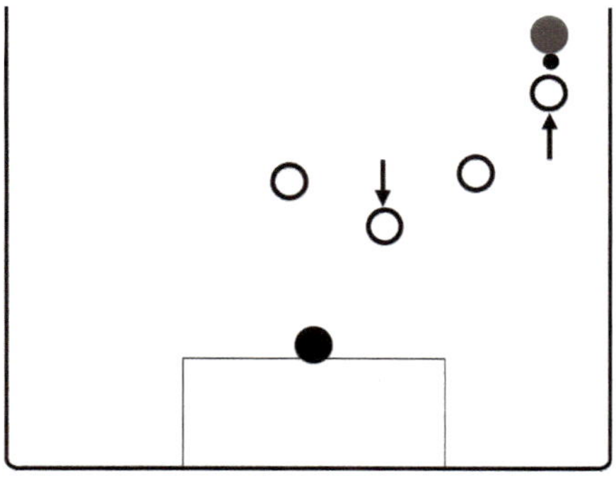

17. *Abwehrsichel*

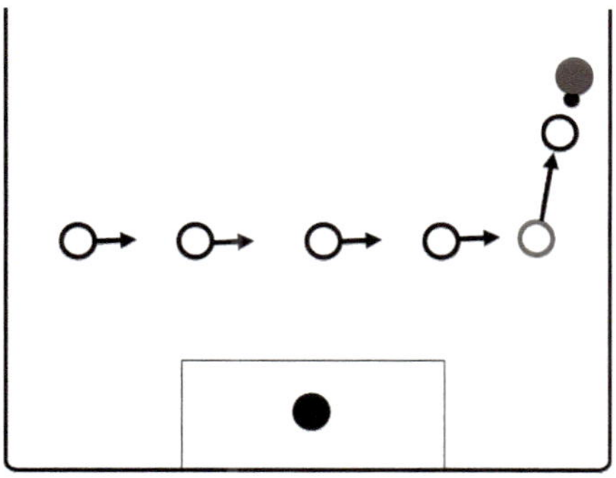

18. *Die pendelnde Abwehrkette*

einen Zweikampf zu verwickeln. Hier greift das Abwehrdreieck.

Wie häufig Verteidiger aus einer Abwehrkette herausrücken, unterscheidet sich wiederum von Mannschaft zu Mannschaft. Manche Trainer weisen ihre Spieler an, mannorientierter zu agieren, andere fordern eine höhere Orientierung am Raum. Agiert eine Abwehrkette zu mannorientiert, ist sie irgendwann keine Kette mehr. Die Vorteile der Kettenverteidigung – gleiche Höhe, abgestimmte Abstände – wären dahin.

Die pendelnde Abwehrkette

Nicht jedes Team interpretiert die Kettenverteidigung statisch. Die Spieler befinden sich nicht immer auf einer Höhe. Immer wieder kommt es vor, dass einzelne Spieler herausrücken – und das nicht nur im Zentrum. Eine weitverbreitete Form der flexiblen Kettenverteidigung ist die sogenannte *pendelnde Abwehrkette.*

Ein konkretes Beispiel: Der Ball befindet sich auf der linken Außenseite. Kein Spieler befindet sich in der Nähe des gegnerischen Spielers am Ball. Das verteidigende Team möchte ihm jedoch nicht die Möglichkeit geben, mit dem Ball nach vorne zu dribbeln. Der Außenverteidiger der verteidigenden Mannschaft rückt also heraus und geht zum Pressing über. Aus der Fünfer-Abwehrreihe wird in dieser Situation eine Vierer-Abwehrreihe. Passt der gegnerische Spieler den Ball, kehrt der Verteidiger zurück in die Abwehrkette. Gelangt der Ball auf den anderen Flügel, rückt nun der andere Außenverteidiger auf den ballführenden Spieler. Die Mannschaft pendelt also zwischen Vierer- und Fünfer-Abwehrkette.

Wie bereits angedeutet, gibt es keine feste Vorgabe, wie viele Spieler in einer pendelnden Abwehrkette spielen müssen. Es kann als Vierer-, Fünfer- oder gar Sechserkette praktiziert werden. Mit dieser Variante findet die Verteidigung eine ausgewogene Balance zwischen der Orientierung am Raum und am Gegenspieler. Es können sowohl der Gegner als auch der Raum gedeckt werden.

Defensivverhalten am Beispiel Fortuna Düsseldorf gegen Borussia Dortmund

Die meisten der in diesem Unterkapitel besprochenen Konzepte musste Friedhelm Funkel seinen Spielern vor dem Spiel gegen Borussia Dortmund nicht mehr beibringen. Schon im Jugendalter bekommen Fußballer heutzutage beigebracht, wie man über das Feld verschiebt. Sehr wohl aber musste Funkel bestimmen, wie genau seine Spieler antreten sollten gegen den BVB. Die Formation, die genauen taktischen Mittel: All das gehört zum Aufgabengebiet eines Trainers.

Gegen Dortmund setzte die Fortuna Funkels Matchplan um. Die Spieler stellten sich in einer engen 4-4-2-Formation auf. Durch die punktgenaue Besetzung der Räume nervten sie den Gegner. Wie sah dies in der Praxis aus? Eine Szene aus der Partie belegt, wie die Fortuna die besprochenen Konzepte in der Praxis umgesetzt hat. Ausgangspunkt ist ein Dortmunder Pass auf die halblinke Seite. Die Fortuna hatte sich bereits in einer kompakten 4-4-2-Formation aufgestellt. Ihre Abwehrreihen standen dicht gestaffelt: Die Viererketten hielten den Abstand gering. Eingangs der Szene stehen zwei Dortmunder im Abseits – siehe Bild 19. Sie sind damit nicht anspielbar.

Nachdem der BVB den Ball auf den Flügel gespielt hat, verschiebt die gesamte Abwehr der Fortuna hier hinüber. Die Verteidiger zeigen Präsenz auf der Seite, auf der sich der Ball befindet. Von hier droht die unmittelbare Gefahr für das Tor. Vor allem aber sichern sie das Zentrum: Hier möchten sie den Raum kontrollieren. Den gegenüberliegenden Flügel las-

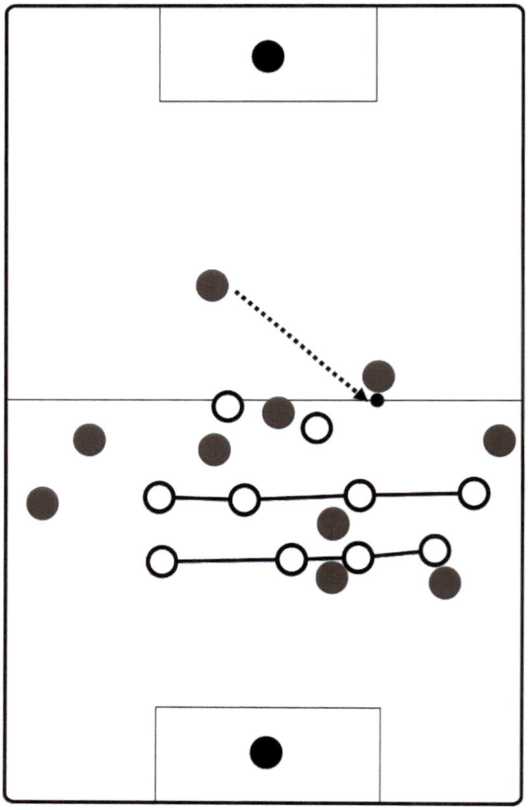

19. Düsseldorf gegen Dortmund, Teil eins

sen sie dabei bewusst etwas frei; nach einer Verlagerung können sie wieder auf die andere Seite verschieben. BVB-Angreifer Mario Götze versucht, sich zwischen den Linien zu befreien. Fortunas Verteidiger Kaan Ayhan rückt jedoch aus der Abwehrkette, um ihn zu decken. Sein Kollege Marcin Kamiński rückt ein, um den Raum neben ihm zu schließen – siehe Bild 20. Der BVB muss den Angriff mangels Anspieloption wieder abbrechen.

Wenige Sekunden später erhält Dortmunds Thomas Delaney den Ball im Zentrum. Er befindet sich in einer guten Position: Er kann frei auf das gegnerische Tor zulaufen. Doch er hat nicht wirklich eine Möglichkeit, Raumgewinn zu erzielen. Fortunas Mittelfeldkette deckt alle Passwege ab: Ihr Deckungsschatten schließt die Schnittstellen der Abwehr – siehe Bild 21. Delaney bleibt nur die Verlagerung auf den gegenüberliegenden Flügel. Der ungenaue Ball landet im Seitenaus.

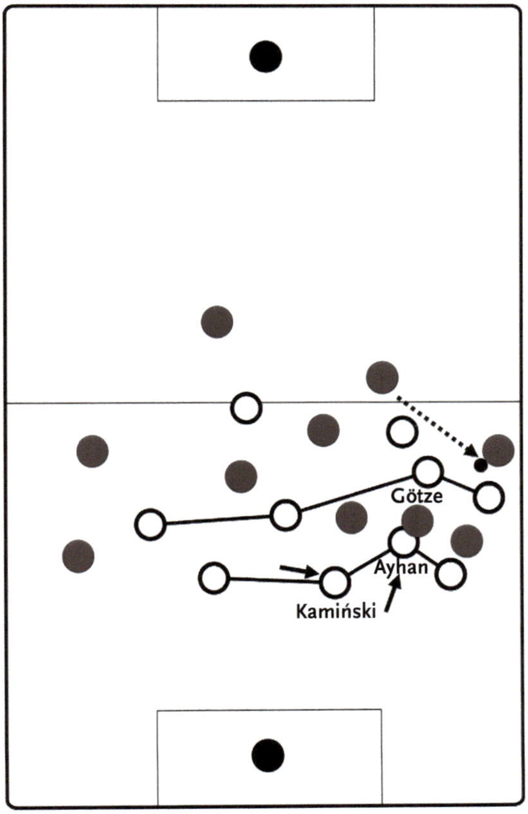

20. *Düsseldorf gegen Dortmund, Teil zwei*

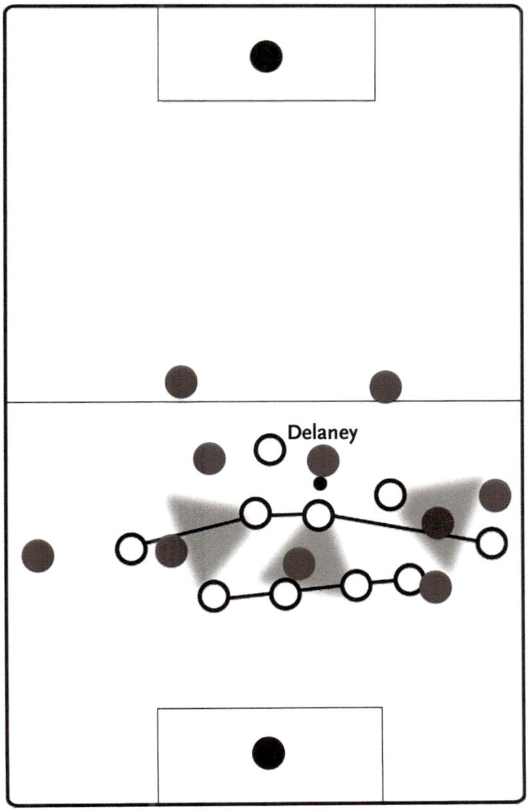

21. *Düsseldorf gegen Dortmund, Teil drei*

Wieder und wieder versuchte der BVB in dieser Partie, die Verteidigung der Fortuna auszuhebeln. Vergeblich. Nur einmal bezwang der BVB die Defensivreihen. Die Fortuna gewann mit 2:1.

Wieso fiel es dem BVB so schwer, die Defensive der Fortuna zu knacken? In diesem Beispiel kommen zahlreiche Konzepte vor, die in diesem Unterkapitel behandelt wurden:

- Die Düsseldorfer kontrollierten die entscheidenden Räume: Ihre Formation sicherte **das Zentrum und die Tiefe** ab.
- Ihre Formation war **kompakt**. Sie **verknappten den Raum** für den BVB: Sie hielten den **Zwischenlinienraum** so klein wie möglich. In der Tiefe wurden Gegner ins Abseits gestellt.
- Düsseldorfs Spieler **verschoben konsequent zum Ball**. Sie gerieten damit nie in eine Unterzahl in der Nähe des Balls. Die Passwege für den BVB blieben stets versperrt.
- Düsseldorf nutzte die **Deckungsschatten** der Spieler, um die Passwege für den BVB zu schließen. Das Mittelfeld sicherte mit Hilfe der eigenen Deckungsschatten die **Schnittstellen der Abwehrkette**. Man lief damit nicht Gefahr, dass der Gegner beide Abwehrketten überspielen konnte.
- Düsseldorf kombinierte eine **raumorientierte Defensive** mit einzelnen **mannorientierten** Momenten. Als Götze im Zwischenlinienraum freistand, orientierte sich Ayhan konsequent an seinem Gegenspieler. Somit gewährleistete die Fortuna, dass sie Zugriff erzeugen konnte. Um dieses mannorientierte Herausrücken abzusichern, bildete die Fortuna **Abwehrdreiecke**.

Mit einer starken Defensive kann selbst eine individuell unterlegene Mannschaft einen Top-Verein schlagen: Um die Räume in der Defensive zu besetzen, braucht man weder besondere Fähigkeiten am Ball noch eine kräftige Körperstatur. Fortunas Sieg in diesem Spiel war nicht eingeplant. Der BVB ging als haushoher Favorit in die Partie. Um dennoch zu gewinnen, benötigte Fortuna taktisches Wissen gepaart mit der Disziplin, den eigenen Plan zu verfolgen. Düsseldorf tat dies an diesem kalten Winterabend – und wärmte damit die Herzen der eigenen Fans.

Pressing

Jeder Fußballzuschauer kennt die Situation: Der gegnerische Innenverteidiger hat den Ball. Er spielt einen Pass zum Rechtsverteidiger. Die gesamte verteidigende Mannschaft rückt auf diese Seite, aber niemand stört den Angreifer am Ball. Der stellt fest: Ich habe keine Möglichkeit, einen Pass nach vorne zu spielen. Er passt zurück zum Innenverteidiger. Der wiederum spielt den Ball auf die andere Seite zum Linksverteidiger. Nun rückt die gesamte verteidigende Mannschaft auf diese Seite, um zu verhindern, dass der Linksverteidiger nach vorne spielt. Und wenn sie nicht gestorben sind, dann verschieben sie noch heute.

Irgendwann sollte die verteidigende Mannschaft aufhören, darauf zu hoffen, dass der Gegner von sich aus einen Fehler macht. Irgendwann sollte der Moment kommen, an dem eine Mannschaft nicht mehr einfach nur von einer Seite auf die andere verschiebt. Irgendwann sollte sie zum Pressing übergehen. Die entscheidende Frage lautet: Wann? Und vor allem: Wie stellt sie das an?

Der Übergang ins Pressing birgt Risiken in sich: Um den Ballführenden unter Druck zu setzen, muss sie häufig an anderer Stelle Räume preisgeben; Räume, die der Gegner zum Toreschießen nutzen kann. Die Verteidiger müssen in Zweikämpfe gehen, wobei immer das Risiko besteht, dass der Gegner den Zweikampf gewinnt. Spieler einer Mannschaft sollten sich also gut überlegen, wann und wie sie zum Pressing übergehen.

Tatsächlich ist dieser Übergang ins Pressing jener Teil der Defensivtaktik, in den Trainer heutzutage besonders viel Arbeit investieren. Pressing bietet nämlich großartige Möglichkeiten: Im Idealfall erobert das verteidigende Team den Ball, erwischt den Gegner auf dem falschen Fuß und kann sofort einen Gegenangriff starten. Risiken und Chancen sind beim Pressing beiderseits hoch. Dementsprechend stürmt kaum ein Team einfach unsystematisch nach vorne, in der Hoffnung, irgendwie den Ball zu erobern. Aggressivität mit System – das ist das Gebot der Stunde.

Höhe des Pressings

Da Pressing – wie eingangs erklärt – auf der ganzen Fläche des Feldes stattfinden kann, ist es sinnvoll, die unterschiedlichen Pressing-Arten daran zu unterscheiden, wo sie stattfinden. Dabei hat sich die Aufteilung des Feldes in drei Drittel durchgesetzt – siehe Bild 22. Das vordere Drittel befindet sich weit in der gegnerischen Hälfte. Das mittlere Drittel erstreckt sich über den Bereich direkt vor und hinter der Mittellinie. Das hintere Drittel findet sich in der eigenen Hälfte. So unterscheidet der DFB zwischen drei verschiedenen Arten des Pressings:

- Wird der Gegner nur im hinteren Drittel attackiert, in den vorderen zwei Dritteln aber nicht, spricht man von einem **Abwehrpressing**.
- Lässt eine Mannschaft den Gegner in dessen Drittel das Spiel aufbauen, geht dann aber im mittleren Drittel zum Pressing über, spricht man von einem **Mittelfeldpressing**.
- Stört ein Team den Gegner auf dem ganzen Feld, spricht man von einem **Angriffspressing**. Der Gegner soll keine Zeit am Ball erhalten, er soll auf dem ganzen Feld in Zweikämpfe verwickelt werden.

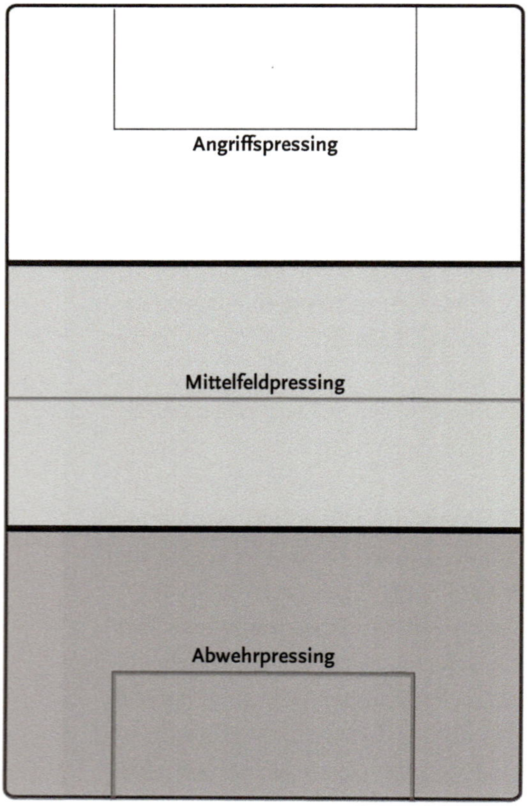

22. *Pressinghöhen*

Wie so viele Konzepte im Fußball ist auch dieses eher grob angelegt. Man könnte es wesentlich kleinteiliger ausführen. So kann ich in einem Angriffspressing den gegnerischen Torhüter attackieren, ich kann ihn jedoch auch in Ruhe lassen. Bei einem Mittelfeldpressing kann ich den Zweikampf kurz vor oder kurz hinter der Mittellinie suchen. Und ein Abwehrpressing kann sich sogar darauf beschränken, im eigenen Strafraum Flanken zu klären und Schüsse zu blocken. An dieser Stelle soll die grobe Einteilung jedoch genügen.

> Beim Pressing unterscheidet man zwischen **Abwehrpressing**, **Mittelfeldpressing** und **Angriffspressing**, je nachdem, auf welcher Höhe ein Team zum Pressing übergeht.

So funktioniert ein gutes Pressing

Nun geht es ans Eingemachte. Das Team möchte nicht mehr nur hinterherlaufen, nicht mehr nur im Raum verschieben oder die Gegenspieler mannorientiert verfolgen. Es will aktiv werden, angreifen, den Ball erobern! Welche Faktoren gilt es nun zu beachten?

- **Druck auf den ballführenden Gegner ausüben**: Eigentlich hat der Angreifer am Ball stets einen Vorteil. Er kann agieren, der Verteidiger muss reagieren. Jeder Fußballer kennt das: Wenn man Zeit und Raum hat, lassen sich leicht gute Entscheidungen treffen. Lässt einem der Gegner dagegen weder das eine noch das andere, gerät man leicht in Panik und macht Fehler. Wer hohen Druck auf den Gegner ausübt, steigert die Wahrscheinlichkeit, den Ball zu gewinnen. Pressing soll Unruhe stiften und ist immer auch ein Stück weit psychologische Kriegsführung.
- **Handlungsoptionen nehmen**: Je mehr Optionen sich dem ballführenden Spieler bieten, desto wahrscheinlicher ist es, dass er eine erfolgreiche Option wählt. Befinden sich drei freie Mitspieler in seinem Umfeld, wird er wohl einen dieser drei Spieler wahrnehmen und anspielen können. Steht nur einer frei, besteht die Chance, dass er ihn übersieht oder dass der Pass danebengeht. Und steht kein Mitspieler frei, regiert schnell die Panik. Je weniger Optionen der Spieler am Ball hat, desto besser für die verteidigende Mannschaft.
- **Überzahl herstellen**: Um dem Spieler am Ball die Optionen zu nehmen, sollte das Team im Pressing eine Überzahl in der Nähe des Balls herstellen. Je mehr Verteidiger den ballführenden Spieler attackieren, umso höher der Druck. Und umso mehr Verteidiger die nahen Anspielstationen abdecken, umso weniger Handlungsoptionen hat der Spieler am Ball. Eine Überzahl in Ballnähe hat aber natürlich einen negativen Nebeneffekt: In anderen Bereichen gerät das verteidigende Team in Unterzahl. Die Balance zu finden, ist entscheidend.
- **Der Ort des Pressings**: Wie eben definiert, unterscheidet man zwischen Abwehr-, Mittelfeld- und Angriffspressing. Grob gesagt: Je weiter vorne ein Team den Ball erobert, desto höher sind die Chancen auf einen guten Konter. Wer den Ball fünf Meter vor dem gegnerischen Strafraum erobert, kann sofort zum Torschuss ansetzen. Wer ihn hingegen fünf Meter vor dem eigenen Strafraum erobert, hat noch eine weite Strecke vor sich bis zum gegnerischen Tor. Andererseits steigt mit der Pressinghöhe auch das Risiko: Greift ein Team mit mehreren Spielern in der gegnerischen Hälfte an, besteht die Chance, in

der eigenen Hälfte in Unterzahl zu geraten, sollte das Pressing schiefgehen. Dann wäre das primäre Ziel der Verteidigung, das Verhindern eines Gegentors, in Gefahr. Nirgendwo sonst zeigt sich das Spannungsfeld zwischen Balleroberung und Torverhinderung so deutlich wie in der Wahl des Orts des Pressings.

- **Absichern und durchsichern:** Nicht immer führt das Pressing auf Anhieb zu einem Ballgewinn. Umso wichtiger ist es, dass sich die Verteidiger in diesem Fall unterstützen. Hinter den Spielern, die zum Zweikampf übergehen, sollten die Kollegen absichern. Wenn eine Mannschaft etwa Angriffspressing spielt, sollte die Abwehr nicht am eigenen Strafraum verharren: Der Gegner hätte große Räume im Mittelfeld, die er bespielen könnte. Die Teamkollegen rücken also vor, halten die Abstände gering und sichern für die Kollegen ab. Und auch hinter der Absicherung sollte im Idealfall eine weitere Absicherung aushelfen. Das Absichern der Absicherung nennt man Durchsichern.

Pressingsignal

Entscheidend ist, dass alle Spieler einer Mannschaft genau wissen, wann die Mannschaft aus einer passiven Spielweise zum Pressing übergeht. Rücken beispielsweise acht Spieler auf, zwei schlafen aber, ist die Absicherung nicht mehr gegeben. Dann erhöht sich das Risiko, dass das Pressing schiefgeht.

Wann also schalten die Spieler auf Pressing um? Wie wissen sie, welche Situation die richtige ist? Jede Mannschaft hat ihre eigenen Abläufe. Meist beginnt das Pressing nach einem Signal. Gemeint ist nicht etwa ein akustisches Signal, schließlich laufen die Spieler nicht mit einer Pfeife im Mund herum. Vielmehr handelt es sich um eine bestimmte Aktion des Gegners oder einen bestimmten Raum, in den der Ball gespielt wird.

Man nennt Situationen, die das Pressing eines Teams einleiten, Pressingsignale. Mannschaften üben im Training, bei welchen Aktionen des Gegners sie zum Pressing übergehen und bei welchen sie passiv bleiben. Diese Idee lässt sich gut nachvollziehen anhand eines Beispiels.

Ein **Pressingsignal** (bzw. ein Pressingtrigger) bezeichnet das abgesprochene Zeichen für eine Mannschaft, zum Pressing überzugehen. Dieses Pressingsignal ist zumeist eine bestimmte Aktion des Gegners: ein Pass zu einem bestimmten Spieler etwa oder das Vorstoßen in einen bestimmten Raum.

Praxisbeispiel Prinzipien des Pressings: Arrigo Sacchis AC Milan

Arrigo Sacchi arbeitete in den siebziger und achtziger Jahren in der Schuhfabrik seines Vaters, ehe er sich einen Namen als Amateur-Trainer machte. Obwohl er selbst nie eine Karriere als Profispieler vorzuweisen hatte, vertraute ihm der AC Milan 1987 den Trainerposten an. Der Klub hatte selbst erlebt, wozu Sacchi fähig war: Mit dem Zweitliga-Team AC Parma hatte dieser im Jahr zuvor die großen Mailänder aus dem nationalen Pokal geworfen. Milans Präsident Silvio Berlusconi hatte das Gefühl, als hätte Parma einen Mann mehr auf dem Platz gehabt, so gut hatte Sacchis Team verteidigt.

Grund dafür war das ausgefeilte taktische System von Sacchi. In einer Zeit, da fast alle Teams hauptsächlich mannorientiert agierten, ließ er seine Teams raumorientiert verteidigen. Seine Ideen waren nicht komplett neu. Er fügte die einzelnen taktischen Elemente aber so zusammen, dass sie das Defensivspiel auf eine neue Stufe hoben. Zugleich ebnete er den Weg für eine intellektuelle Revolution des Fußballs. Die vier Referenzpunkte für Verteidiger – Gegner, Mitspieler, Raum und Ball – stammen aus Sacchis Feder.

In Milan machte er sich daran, das Pressing des Teams zu verbessern. Gemeinschaftlicher sollte das Team agieren, geschlossen den Gegner attackieren und den Ball möglichst weit in der gegnerischen Hälfte erobern. Sacchi hatte eine genaue Vorstellung, wo und wie sein Team zum Pressing übergehen sollte.

Grundlage von Sacchis Taktik war eine raumorientierte Defensive. Die Spieler sollten gemeinschaftlich über das Feld verschieben und die Abstände zueinander gleichmäßig halten. Wenn der Gegner den Ball zwischen den Innenverteidigern passte, verschob

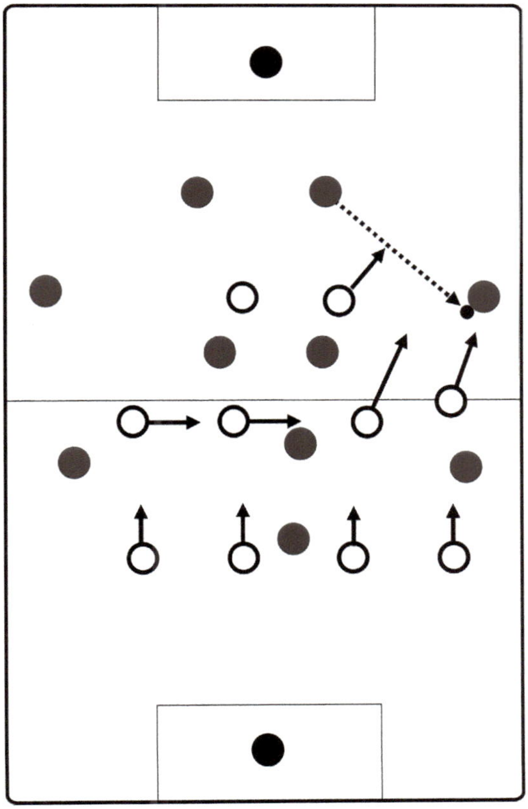

23. Sacchis Pressing, Teil eins

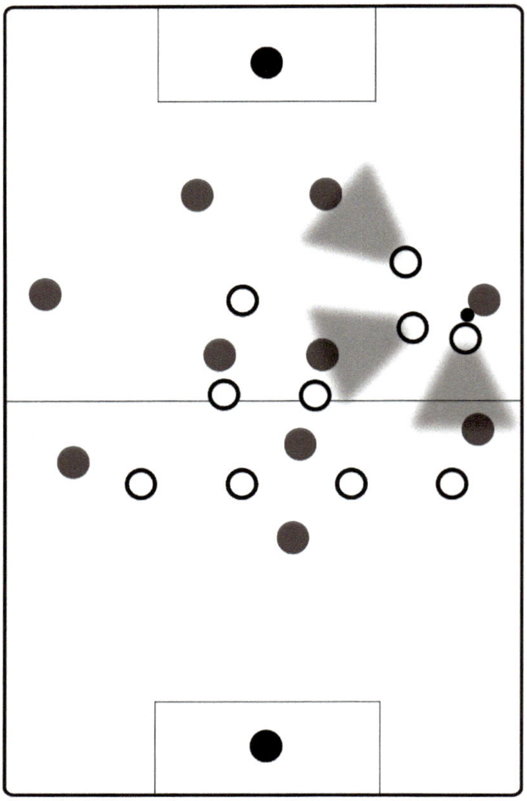

24. Sacchis Pressing, Teil zwei

Sacchis Team nur hinterher. Doch sobald der Gegner einen Pass auf die Außenverteidiger spielte, gingen sie zum Pressing über – siehe Bild 23. Dieser Pass war das Signal, aggressiv auf den Ball zu rücken; er war ihr Pressingsignal.

Wieso wählte Sacchi genau diesen Pass auf den Außenverteidiger als Pressingsignal, und wieso funktionierte das Pressing seiner Milan-Elf so gut? Hier empfiehlt sich ein Blick auf die Prinzipien eines guten Pressings:

- Der Flügel ist ein interessanter Ort, um zum Pressing überzugehen. Im Zentrum kann ein Spieler theoretisch den Ball in alle Richtungen passen – nach vorne, hinten, links, rechts. Auf dem Flügel ist die Auslinie eine natürliche Barriere. Die **Handlungsoptionen für den Gegner** werden durch die Auslinie beschränkt. Sacchis Team musste also weniger mögliche Handlungsoptionen abdecken. Es genügte, die Passwege zurück vom Flügel ins Zentrum und direkt nach vorne und hinten abzudecken.
- Um **eine Überzahl herzustellen**, rückten gleich mehrere Spieler von Sacchis Team in Richtung des Flügels. Ein bis zwei Spieler attackierten den Gegner am Ball. Weitere Akteure versuchten, den Passweg zurück ins Zentrum zu verschließen. Die Überzahl hatte also den konkreten Zweck, die Handlungsoptionen des Spielers am Ball weiter zu begrenzen.
- Um den **Gegner unter Druck zu setzen**, rückte die gesamte Mannschaft im Vollsprint auf diese Seite. Vor allem der Spieler, der in den Zweikampf ging, lief in vollem Tempo auf den ballführenden Außenverteidiger zu. Der Außenverteidiger, seiner Handlungsoptionen beraubt, musste unter Druck eine Entscheidung treffen. Das war zu Sacchis Zeiten Ende der Achtziger eine blendende Idee, da Außenverteidiger zumeist die technisch schwächsten Spieler einer Mannschaft waren. Viele begingen

unter dem Druck Fehler. Sacchis Team konnte also nicht nur über gewonnene Zweikämpfe den Ball gewinnen, sondern auch über Fehlpässe des Gegners.
- Den ersten Pass des Gegners auf den Flügel zu attackieren, sorgte zudem dafür, dass der Ball um, teilweise sogar weit vor der Mittellinie erobert wurde. Der Weg zum gegnerischen Tor war relativ klein, ein guter Konter damit sofort möglich. Es ist also ein passabler **Ort für eine Balleroberung**.
- Die gesamte Mannschaft zog sich um den Ball zusammen. Die Abwehr rückte auf, der Außenspieler von der anderen Seite in die Mitte. Die **Absicherung** in Ballnähe war immer gegeben. Zwar ließ Sacchis Mannschaft den Raum auf dem anderen Flügel frei. Ein langer Pass auf die andere Seite konnte dieses Pressing aushebeln. Aber auch das war Kalkül: Ein kurzer Pass ist leichter zu spielen als ein langer. Kaum ein Gegenspieler konnte unter Druck den langen Pass auf den freien Flügel präzise spielen. Hinzu kam wie erwähnt, dass zu Sacchis Zeiten Außenverteidiger zu den technisch schwächeren Akteuren gehörten.

Mit dieser Taktik gewann Milans Sacchi einmal die italienische Meisterschaft sowie zwei Europapokale der Landesmeister. Sacchi selbst mag es nicht, auf die defensive Komponente seines Fußballs reduziert zu werden. Auch im offensiven Bereich habe er innovativ gearbeitet, betont der Italianer. Sein Pressing war jedoch jene Facette des Milan-Spiels, die am häufigsten kopiert wurde. Noch heute nutzen viele Teams den Pass auf die Außenverteidiger als Signal, um zum Pressing überzugehen.

Pressingfalle

Nach dem Praxisbeispiel stellt sich die Frage: Wenn die angreifende Mannschaft genau weiß, wie das Pressingsignal lautet – wieso vermeidet sie die Aktion nicht einfach? Wieso spielten Gegner von Sacchi überhaupt den Ball auf die Außenverteidiger? Irgendwann dürften sie ja kapiert haben, dass diese Aktion genau das war, was Sacchis Team wollte.

Das lag begründet in der Vorbereitung, die Sacchis Team in das Pressing steckte. Schon beim Verschieben achteten sie darauf, den Gegner in die gewünschte Richtung zu lenken. Die Verteidiger positionierten sich so, dass die gegnerischen Verteidiger gar keine andere Wahl hatten, als den Ball zum Außenverteidiger zu passen. Sacchis Spieler deckten alle übrigen Passwege mit ihrem Deckungsschatten ab. Sie zwangen dem Gegner geradezu auf, welchen Pass er zu spielen hatte. Und sobald der Pass kam, schnappte ihre Falle zu.

Wer den Gegner in einen bestimmten Raum leitet, um daraufhin zum Pressing überzugehen, baut eine **Pressingfalle** auf.

Das Bild 25 veranschaulicht dieses Prinzip: Ohne aktiv zum Pressing überzugehen, zwingen die Milan-Spieler den Passweg dem Außenverteidiger auf. Er hat schlicht keine andere

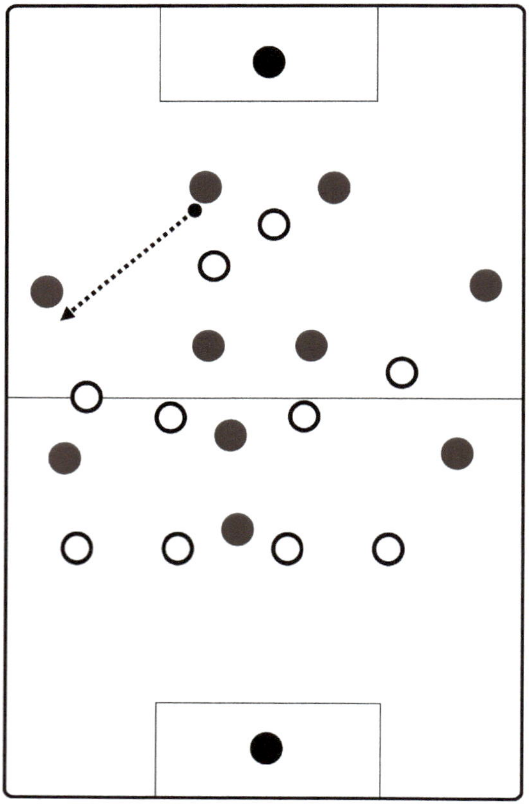

25. Pressingfalle am Beispiel von Sacchis Pressing

Option für einen Pass. Im modernen Fußball spielen diese Pressingfallen eine große Rolle; über sie lenkt man den Gegner, um anschließend den Ball zu erobern.

Anlaufverhalten

Um den Gegner unter Druck zu setzen, haben die Verteidiger unterschiedliche Optionen. Im Milan-Beispiel wurde der Außenverteidiger in vollem Sprint attackiert. Der verteidigende Spieler lief in diesem Fall direkt auf den Außenverteidiger zu. Er konnte abbremsen, um in den Zweikampf zu gelangen, oder im Vollsprint auf ihn zulaufen (und riskieren, mit ihm zu kollidieren). Beides sind mögliche Wege, den Gegner anzulaufen.

Anlaufen bezeichnet im Fußball einen Laufweg, mit dem ein Spieler ins Pressing übergehen soll.

Der direkte Sprint auf den Gegner ist nur eine Option. Eine weitere Option wäre es, den Gegner im Bogen anzulaufen. Der Außenstürmer läuft ihn leicht versetzt an – siehe Bild 26. So kann er mit seinem Deckungsschatten arbeiten und einen Passweg für den Gegner absperren. Möchte er den Gegner beispielsweise zurück ins Zentrum lotsen, wird er ihn leicht von der Seite

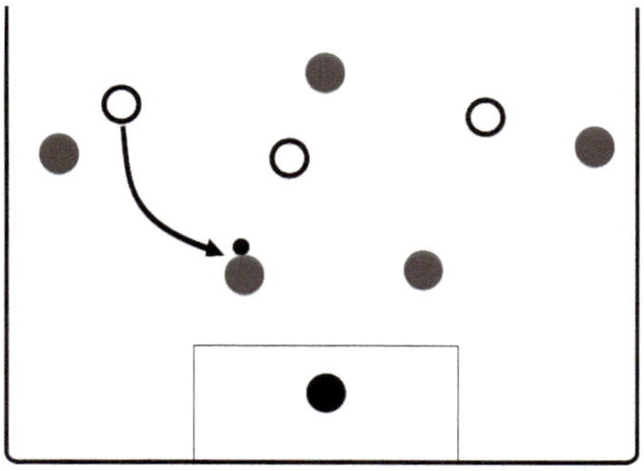

26. Bogenlauf im Pressing

anlaufen. Diese Art, den Gegner anzulaufen, nennt man bogenförmiges Anlaufen.

Dieses Wissen über die unterschiedlichen Formen des Anlaufens ist wichtig, um das zweite Praxisbeispiel zu verstehen.

Praxisbeispiel Komplexes Pressing: Jürgen Klopps FC Liverpool

Jürgen Klopp hat dem deutschen Fußball nicht nur viel Freude geschenkt, sondern auch zahlreiche Vokabeln. Seine Teams bezeichnet er wahlweise als Pressingmaschine oder Pressingmonster. Ja, Klopp liebt das Wort Pressing. Das ist kein Zufall: Kaum ein Trainer hat sich derart intensiv mit den Eigenheiten eines guten Pressings auseinandergesetzt wie Klopp. Schon bei Borussia Dortmund war dies ein Markenzeichen seines zweifachen Meisterteams. Auch in Liverpool ist das Pressing ein Eckpfeiler seines Erfolgs. In der Saison 2018/19 war Klopps ausgefeiltes Pressingsystem ein Grund, warum Liverpool die Champions League gewinnen konnte. Es ist ungleich komplexer als Sacchis System. Dieses Beispiel verbindet die Idee des Pressingsignals mit der Idee der Pressingfallen.

Die drei vordersten Spieler rückten weit in die gegnerische Hälfte, bis hinan an den gegnerischen Strafraum. Sie stellten dort die Anspielstationen zu. Ins Pressing gingen sie aber zunächst nicht über. Auf der kleinen Fläche rund um den eigenen Strafraum durfte der Gegner zunächst Pässe spielen. Vielleicht würde er ja gar nicht versuchen, sich gegen die hochpostierten Liverpooler durchzukombinieren, sondern stattdessen sofort den Ball lang spielen? Das taten Liverpools Gegner aber nur selten. Liverpool traf in der Champions League auf Klubs wie Bayern München, den FC Barcelona und Tottenham Hotspur. Es waren allesamt Teams, die auf flache Pässe setzen. Dementsprechend versuchten diese drei Teams, auch gegen Liverpool das Spiel nicht mit langen Bällen, sondern mit kurzen, flachen Pässen zu eröffnen.

Die wichtigste Aufgabe für Liverpool war es also, diese flachen Pässe des Gegners in die richtigen Bahnen zu lenken. Im wahrsten Sinne des Wortes: Über ausgeklügelte Pressingfallen zwang Liverpool dem Gegner die Passwege auf. Begann der Gegner den Spielaufbau mit einem Pass neben

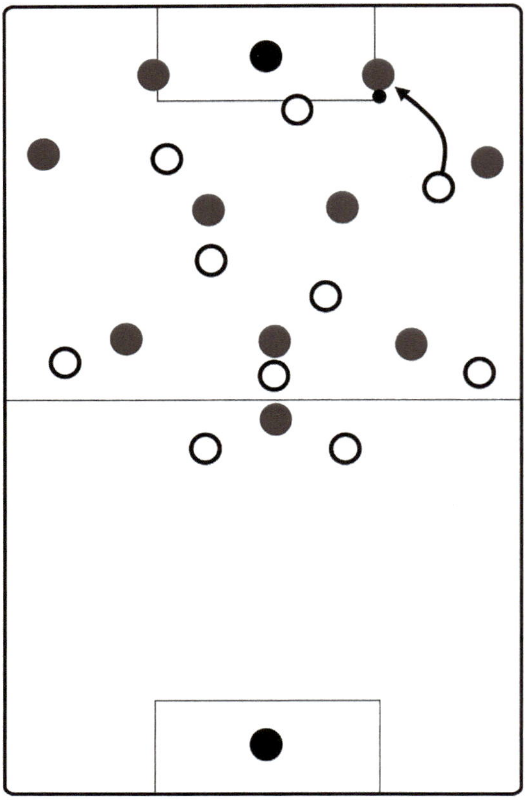

27. Klopps Pressing beim FC Liverpool, Teil eins

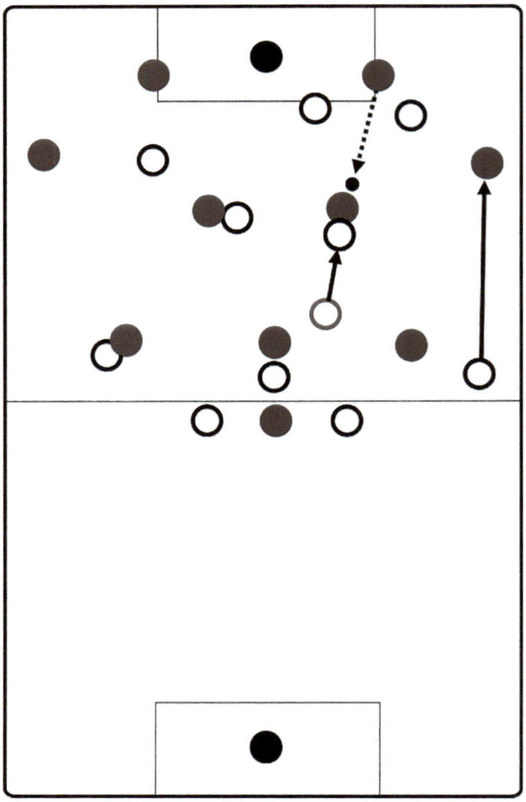

28. Klopps Pressing beim FC Liverpool, Teil zwei

den Strafraum, ging Liverpool zum Pressing über. Jedoch geschah dies keinesfalls überfallartig: Ein Spieler rückte von außen zunächst auf den ballführenden Spieler. Er war darauf bedacht, dass der Spieler am Ball keinen Pass auf die Außenbahn spielen konnte. Dazu lief er den Gegenspieler bogenförmig an, immer darauf achtend, dass der gegnerische Außenverteidiger im Deckungsschatten hinter ihm verschwand – siehe Bild 27.

Liverpool war in diesen Situationen so aufgestellt, dass für den Gegner nur ein Passweg frei blieb: der ins Zentrum. Dort lauerte jedoch schon ein Liverpooler Spieler. Er setzte den angespielten Akteur sofort unter Druck. Dazu lief er ihn im Vollsprint an und suchte den Körperkontakt, sobald der Ball beim Gegner war – siehe Bild 28. Wenn Liverpool so den Ball gewann, war das optimal. Die übrigen Spieler deckten um den Ball herum die Handlungsoptionen für den Gegner

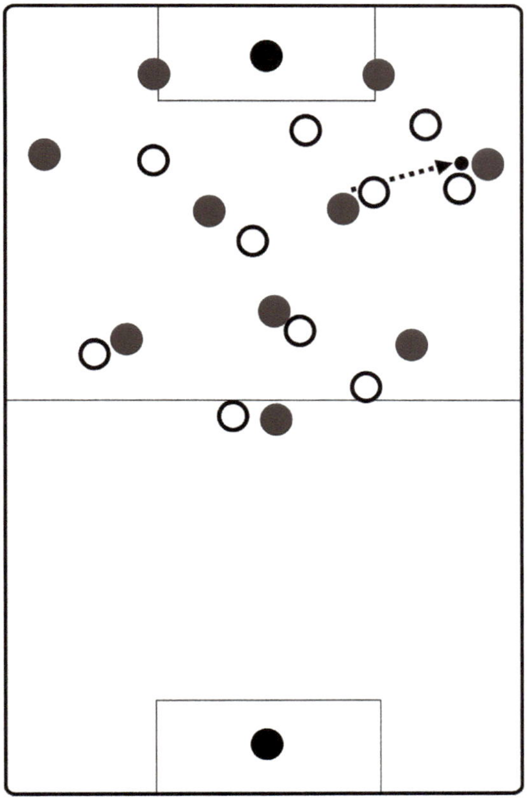

29. Klopps Pressing beim FC Liverpool, Teil drei

ab, stellten aber auch hier eine kleine Pressingfalle: der Ball auf die Außen. Liverpools Außenverteidiger machte sich bereit, nach vorne zu rücken, sobald der Pass gespielt wurde.

Falls der Ball auf die Außen kam, wartete schon die nächste Pressingfalle. Spätestens hier hatte Liverpool den Gegner. Der gegnerische Spieler war auf den Außen isoliert: Der Innenverteidiger hinter ihm wurde abgedeckt von dem Akteur, der das Pressing startete. Der Zentrumsspieler, der den Ball zu ihm gespielt hatte, war ebenfalls gedeckt von dem Spieler, der ihn zuvor attackiert hatte. Und der ballführende Spieler selbst sah sich sofort einem Gegenspieler gegenüber, der ihn im Vollsprint anlief – siehe Bild 29. Liverpool agierte also im Pressing wie eine Schlange, die ihrer Beute nach und nach die Luft abschnürt.

In Klopps Pressingvariante finden sich viele der Begriffe und Konzepte, die wir bereits behandelt haben:

- Der Pass zur Seite war für Liverpool das **Pressingsignal**. Die gesamte Mannschaft wusste, was zu tun war.
- Der Übergang zum Pressing begann mit einem **bogenförmigen Anlaufen** des Liverpooler Spielers. Der Gegner sollte ins Zentrum gelenkt werden. Später wählte Liverpool **direktes Anlaufen**, um hohen Druck zu erzeugen.
- In der Folge baute Liverpool mehrere **Pressingfallen** auf. Sie leiteten das Spiel des Gegners und zwangen ihm bestimmte Passwege auf.
- Liverpool beachtete die **Prinzipien des Pressings**: Schon vor dem Anlaufen achteten sie darauf, die Handlungsoptionen des Gegners zu begrenzen. Nach dem Übergang ins Pressing erhöhten sie sukzessive den Druck. Sie lenkten den Gegner in einen Raum, in dem sie selbst eine Überzahl hatten. Der Ort des Ballgewinns eignete sich für einen schnellen Konter. Zugleich sicherte Liverpool das eigene Pressing gut ab: Die

übrigen Akteure rückten weit nach vorne und konnten sofort in den Zweikampf gehen, sobald der Gegner das eigene Pressing doch überspielen konnte.

Vor allem machte Klopp sich geschickt die Eigenheiten des Gegners zunutze: Da er wusste, dass Liverpools Gegner flach herausspielen wollten, konnten seine Spieler dies zu ihrem Vorteil nutzen. Sie wussten auch, dass der Gegner den direkten Pass auf die Außenverteidiger eigentlich vermeiden wollte; seit Sacchis Tagen wissen Teams, zu was das führen kann. Entsprechend bot Liverpool dem Gegner zunächst einen Pass an, der verlockend aussah: einen Pass direkt ins Mittelfeldzentrum, dort, wo die spielstärksten Akteure postiert waren. Liverpool gab dem Gegner aber nur das, was er haben wollte, weil sie genau wussten, dass sie den Angriff trotzdem verteidigen konnten. Am Ende landete der Ball genau dort, wo Liverpool ihn erobern wollte. In den meisten Fällen endete der gegnerische Angriff abrupt.

Absicherung

Ein Teilaspekt eines guten Pressings kam bisher allenfalls am Rande vor: die Absicherung. Dabei ist diese ein entscheidendes Merkmal eines guten Pressings. Sollte das eigene Pressing nicht sofort zu einem Ballgewinn führen, kann nur eine gute Absicherung verhindern, dass der Gegner vor das eigene Tor gelangt. Die Absicherung beginnt bereits ganz vorne. Wer die Anspielstationen des Gegners zustellt, hat schon einen wichtigen Beitrag geleistet, dass der Gegner sich nicht aus dem eigenen Pressing befreien kann.

Als **Absicherung** bezeichnet man die individual- und gruppentaktischen Maßnahmen, die greifen sollen, sobald eine Mannschaft zum Pressing übergeht. Die Spieler, die absichern, sollen verhindern, dass der Gegner vor das Tor gelangt, sobald das eigene Pressing ausgehebelt wird.

Nun erinnern wir uns zurück an die Prinzipien eines guten Pressings. Diese besagten, dass das verteidigende Team im Pressing möglichst eine Überzahl in Ballnähe herstellen soll. Eine Überzahl in einem Bereich des Feldes führt immer zu einer Unterzahl in einem anderen Bereich. Das verteidigende Team muss einschätzen, welche Räume es besonders gut absichern muss und welche Räume sie vernachlässigen kann.

Entscheidend ist es hierbei, Zugriff auf die wichtigsten Räume zu haben. Zugriff bedeutet, dass die absichernden Spieler in einem Raum vor dem

Gegenspieler am Ball sein können. Zumindest sollte es ihnen aber möglich sein, den Gegner in einem Raum in einen Zweikampf zu verwickeln. Wenn der Gegner in einen Raum gelangt, den kein Verteidiger absichert, kann er nämlich Tempo aufnehmen. So hat die Absicherung der größten Gefahrenherde die höchste Priorität.

Absicherung der Tiefe

Was wäre das schlimmstmögliche Szenario für ein Team, das zum Pressing übergeht? Der Albtraum einer jeden Verteidigung ist der Pass in die Tiefe. Das Pressing geht schief, und der Gegner kann direkt einen Pass hinter die Abwehr spielen? Ein No-Go!

Bei der Verteidigung der Tiefe gibt es für die Abwehr eine Regel, die ihr hilft: die Abseitsregel. Ein gegnerischer Stürmer kann nicht einfach am Strafraum warten und hoffen, einen Ball zu erhalten. Er stünde im Abseits, sobald die Verteidigung aufrückt. Das machen sich die Verteidiger zunutze. Gerade bei einem Angriffspressing sieht man häufig, dass die hintere Abwehrlinie weit vorrückt. Bei mutigen Teams – etwa Klopps Liverpoolern – rücken sie bis zur Mittellinie auf. Damit halten sie das für den Gegner bespielbare Feld klein; Liverpool steht auch im Angriffspressing kompakt. Der Gegner kann weite Teile der gegnerischen Hälfte nicht nutzen.

Nicht alle Teams rücken so mutig nach vorne. Hier entsteht nämlich ein großer freier Raum hinter der Abwehr. Es ist möglich, dass der Gegner mit einem gut abgestimmten Laufweg hinter die Abwehr gelangen kann. Um dies zu verhindern, müssen die Abwehrspieler wachsam sein. Die Abstände zwischen ihnen dürfen nicht zu groß sein, sonst ist ein Pass in die Tiefe möglich. Sie müssen die Schnittstellen klein halten.

Es gibt aber auch Mannschaften, die ihre letzte Sicherungslinie tiefer postieren. Die Abwehrspieler sollen über die Tiefe wachen. Dabei läuft das Team aber Gefahr, dass wiederum Räume vor der Abwehr frei werden. Wie weit die Abwehr also vorrückt im Falle eines Pressings, ist eine Frage der Spielphilosophie.

Abseitsfalle

Eine Möglichkeit, die Tiefe zu sichern, ist die Abseitsfalle. Die Verteidiger rücken hier auf ein abgesprochenes Signal hin gemeinsam einige Meter nach vorne – siehe Bild 30. Ein Gegner, der sich zuvor nicht im Abseits befand, steht plötzlich im Abseits. Das plötzliche Vorrücken der Abwehr ist eine gute Option, die Tiefe abzusichern. Gerade wenn eine Mannschaft zum Pressing übergeht, sieht man dieses taktische Mittel. Dann rückt die Abwehrreihe nach vorne, um die

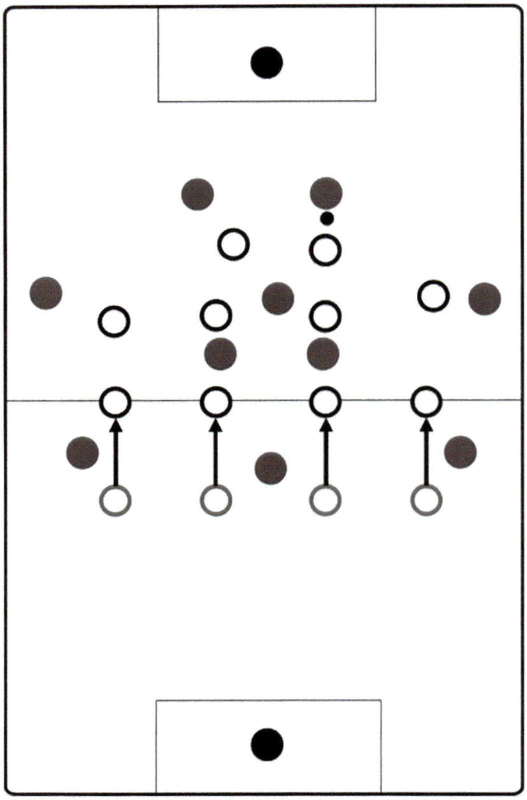

30. Abseitsfalle

Abstände kompakt zu halten. Gegner, die nicht reagieren, stehen nun im Abseits – und ein Pass auf sie ist nicht mehr möglich.

Bei einer **Abseitsfalle** rückt die Abwehrkette geschlossen und gleichzeitig nach vorne. Somit überrascht sie gegnerische Stürmer und stellt diese ins Abseits.

Antizipationstorhüter

Bei der Absicherung der Tiefe kommt einem Spieler eine besondere Rolle zu: dem Torhüter. Allen deutschen Fußballfans dürfte in dieser Hinsicht Deutschlands Achtelfinale bei der WM 2014 in Erinnerung sein. Gegner Algerien gelang es immer wieder, die hochstehende Abwehrkette der Deutschen zu düpieren. Die Abwehrspieler ließen die Schnittstellen offen, das deutsche Mittelfeldpressing war löchrig. So spielte Algerien ein ums andere Mal Bälle hinter die Abwehr. Der Spieler, der verhinderte, dass Algerien vor das Tor gelangte, war kein Abwehrspieler, sondern Torhüter Manuel Neuer. Er sprintete, grätschte, klärte Bälle – und das weit außerhalb des eigenen Strafraums.

In der Absicherung der Tiefe kann ein herausrückender Torhüter den Unterschied machen. Er hat Zugriff auf den Raum hinter der Abwehr und sichert diesen ab – siehe Bild 31. Sein Vorteil: Er hat einen direkten Blick auf den Raum hinter der Abwehr. Die Abwehrspieler haben diesen Raum hingegen im Rücken. So kann der Torhüter rechtzeitig entscheiden, wann er herausrücken und als «elfter Feldspieler» einen gegnerischen Pass abfangen sollte.

Einen Torhüter, der weit außerhalb des eigenen Kastens verteidigt, nennt man in der Fachsprache **Antizipationstorhüter**. Er antizipiert, wenn der Gegner einen Ball hinter die Abwehr spielt, und läuft diesen rechtzeitig ab. Torhüter, die hingegen vor allem den eigenen Strafraum verteidigen und nicht herausrücken, nennt man **Reaktionstorhüter**.

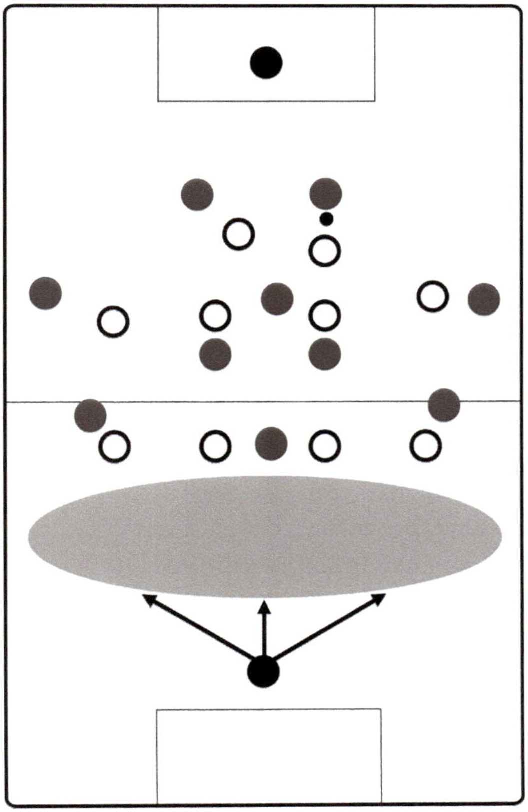

31. Antizipationstorhüter

Gegner nach außen lenken

Gehen wir zurück zum Beispiel des Liverpooler Pressings. Der Außenverteidiger erhält den Ball, ein Pass in die Tiefe ist gut abgesichert. Welcher Passweg wäre nun der gefährlichste? Ein vertikaler Pass die Seitenlinie entlang wäre nicht zu verachten. Jedoch hätte der Gegner dann den Ball weiterhin am Flügel. Seine Handlungsoptionen werden hier durch die Auslinie beschränkt (siehe das Praxisbeispiel zu Sacchis Pressing). Gefährlicher wäre der Pass ins Mittelfeldzentrum. Der Gegner hätte nun eine gute Situation für einen Angriff: Der Ball befindet sich im Zentrum, die Handlungsoptionen sind groß. Ein Großteil des Liverpooler Pressings wäre ausgehebelt, viele Verteidiger überspielt. Liverpool wird also im Zweifel versuchen, vorrangig den Raum im Zentrum abzusichern.

Je näher der Ball dem eigenen Strafraum ist, umso wichtiger ist es, das eigene Zentrum zu sichern. Hier steht das Tor, und von hier aus hat der Gegner die beste Möglichkeit, ein Tor zu erzielen. So arbeiten manche Teams zwar in der gegnerischen Hälfte noch mit Pressingfallen, die den Gegner ins Zentrum locken sollen – siehe Liverpool. Spätestens aber in der eigenen Hälfte lautet das Motto: Der Gegner soll auf die Flügel gelenkt werden. Schließlich gilt: Das

Zentrum und die Tiefe müssen so gut wie möglich abgesichert werden, die Breite so gut wie nötig. Ein Pass auf den Flügel entfernt den Gegner häufig vom Tor. Er ist einem Pass ins Zentrum vorzuziehen.

Weiterpressen oder fallen lassen?

Die Ausführungen bislang könnten den Eindruck vermitteln, als gäbe es eine klare Trennung zwischen pressenden und absichernden Spielern. Das ist jedoch in der Praxis nicht der Fall. Ein Spieler, der in einer Situation die Tiefe absichert, kann in der nächsten Situation bereits zum Pressing übergehen. Spielt Liverpools Gegner etwa einen Ball zu einem Mitspieler, der weit vorne postiert ist, wird sein Gegenspieler vom absichernden zum pressenden Akteur. Der Verteidiger wird den nun ballführenden Angreifer stören. Es gilt: Kann der Gegenspieler unter Druck gesetzt werden, sollte er auch unter Druck gesetzt werden.

Doch nicht immer kann eine Mannschaft den Druck hochhalten. Ein gelungener Trick des ballführenden Spielers oder ein genialer Pass, und selbst das beste Pressing hat keine Chance. Es gibt Situationen, in denen ein Angreifer den Ball erhält und kein Verteidiger in der Nähe ist. In diesen Situationen muss die Restverteidigung verhindern, dass der Gegner einen Pass in die Tiefe spielen kann.

Als **Restverteidigung** bezeichnet man die absichernden Spieler, die sich nach einem überspielten Pressing noch zwischen Ball und eigenem Tor befinden.

Beispielhafte Situation: Ein Gegenspieler kann ohne Druck im Mittelfeld Richtung Tor dribbeln. Gegnerische Angreifer versuchen, hinter die Abwehr zu gelangen. Es kann also kein Abwehrspieler herausrücken, ohne eine Schnittstelle für den Gegner zu öffnen. Nun gebietet es sich für die Abwehr, sich zurückzuziehen. Dieser Rückzug erfolgt im Idealfall trichterförmig: Je näher die Restverteidigung an den eigenen Strafraum rückt, umso enger rückt sie zusammen – siehe Bild 32. Hier gilt wieder die Regel, dass die Schnittstellen umso kleiner sein müssen, je näher ein Team an den eigenen Strafraum gelangt. Den ballführenden Gegenspieler unter Druck zu setzen, ist hier nur das sekundäre Ziel. Der Gegner soll möglichst zu einem Pass auf die Außen verleitet werden.

Erst wenn die Abwehr sich formiert und einen sicheren Abstand zum eigenen Tor erreicht hat, rückt ein Akteur heraus, um den Gegner zu attackieren. Der Grund: Im vollen

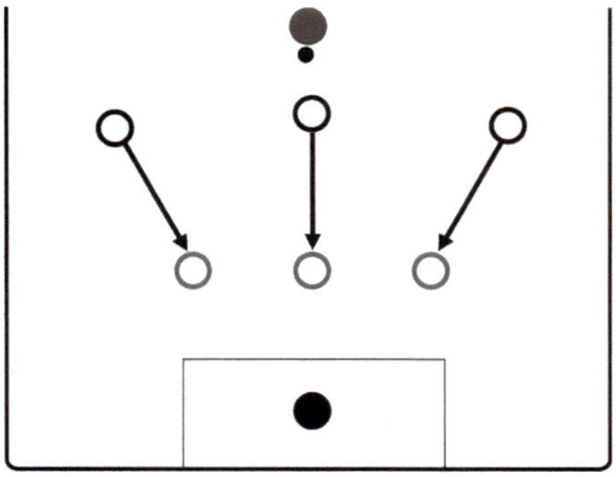

32. Trichterförmiges Fallenlassen der Restverteidigung

Sprint lässt sich kaum ein Abwehrdreieck bilden. Die Schnittstellen müssen klein genug sein, damit das Herausrücken des Abwehrspielers nicht zu einem Pass hinter die Abwehr führt. Die meisten Teams lassen sich sichelförmig bis kurz vor den eigenen Strafraum zurückfallen, ehe ein Verteidiger herausrückt. Im Idealfall wurde der Gegner bereits vorher durch die zurückfallende Restverteidigung zu einem Pass auf die Flügel verleitet. Das ist die beste Lösung für eine verteidigende Mannschaft – siehe das folgende Praxisbeispiel.

Praxisbeispiel Absicherung des Pressings: Diego Simeones Atlético Madrid

Atlético Madrids Trainer Diego Simeone gehört zu den unruhigeren Geistern am Spielfeldrand. Der Argentinier leidet regelrecht an der Seitenlinie: Er schreit, springt, wütet, gestikuliert, schimpft. Jeden Angriff seiner Mannschaft geht er mit dem ganzen Körper mit. Interessanterweise überträgt sich diese Leidenschaft nicht unbedingt auf seine Mannschaft. Atlético Madrid kann ein aggressives Angriffspressing spielen. Nicht selten aber beschränken sie sich auf ein weniger aggressives Mittelfeldpressing.

Was Atlético so besonders macht, ist die punktgenaue Ausführung eines ausgefeilten Pressingsystems. Die Situation, die ich schildern will, kam in der Praxis tatsächlich nur selten vor; Atlético würde es schlicht besser verteidigen und die Situation gar nicht erst aufkommen lassen. Da es hier aber um das Prinzip der Absicherung gehen soll, muss ich an dieser Stelle Atlético schlechter schreiben, als sie sind. Und selbst die fiktiv schlechter gemachte Atlético-Defensive ist noch immer herausragend.

Die Ausgangslage: Atlético hat, in alter Sacchi-Manier, einen Pass auf den Außenverteidiger erzwungen. Da Atlético aber das Risiko scheut, wagt die Mannschaft sich nicht allzu weit auf die ballnahe Seite. Der Spieler, der ins Pressing geht, erhält keine Unterstützung. Der Gegner kann den Pass quer ins Zentrum spielen.

Atléticos Mittelfeldspieler geht im Zentrum sofort zum Pressing über. Er rückt an die Mittellinie vor. Sein Nebenmann erkennt die Situation. Er orientiert sich am gegnerischen

Spieler und sichert so für seinen Kollegen ab. Den Passweg auf den Flügel schließt Atlético nicht direkt, aber indirekt: Dadurch, dass der Linksaußen sich am gegnerischen Außenspieler orientiert, ist dieser nicht anspielbar – siehe Bild 33.

Eigentlich hat Atlético in dieser Situation ein gutes Pressing aufgebaut: In Ballnähe haben sie eine Überzahl, die Stürmer unterstützen die Mittelfeldspieler und nehmen dem Gegner Handlungsoptionen, der Druck ist hoch und die Pressingsituation gut abgesichert.

Gehen wir nun von einem Geistesblitz des gegnerischen Teams aus. Dessen Stürmer kommt dem Spieler am Ball entgegen, dieser spielt ihm einen Pass in den Fuß – siehe Bild 34. In dieser Situation würde Atléticos Verteidiger mannorientiert mitgehen. So lässt sich der Druck aufrechterhalten. Das Problem: Es klafft eine riesige Lü-

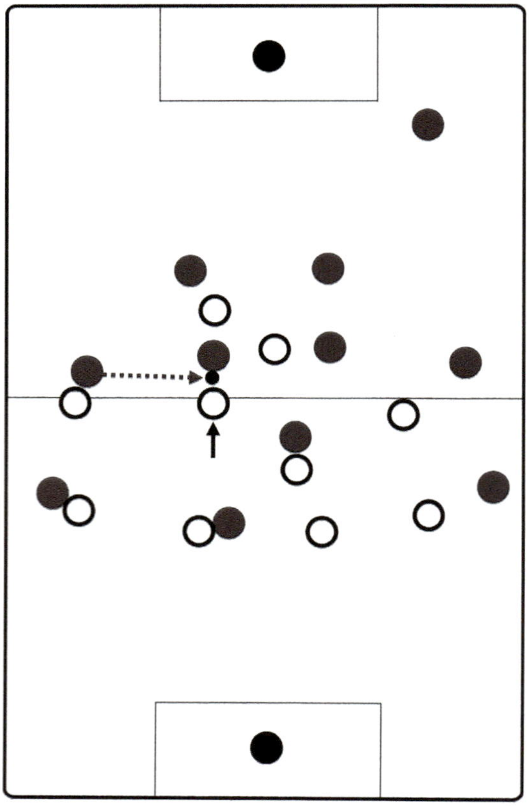

33. Atléticos Absicherung des Pressings, Teil eins

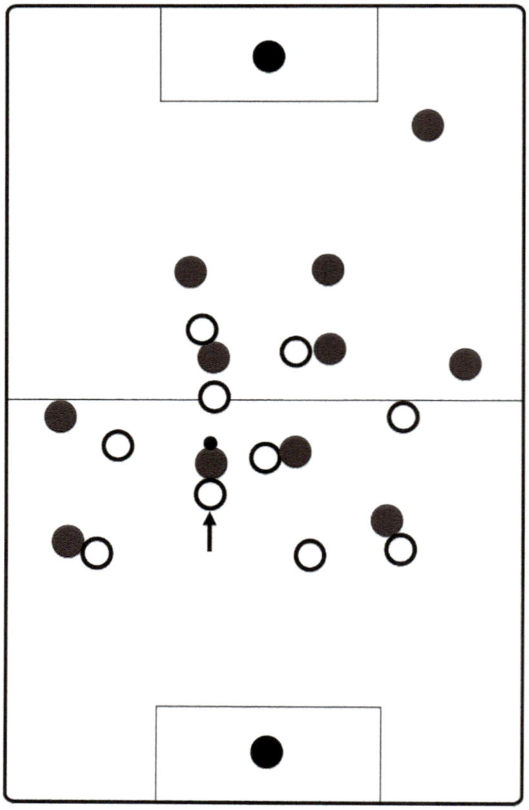

34. Atléticos Absicherung des Pressings, Teil zwei

cke im Zentrum. Das möchte Atlético verhindern, schließlich wäre damit der direkte Weg zum Tor frei. Gewinnt der Stürmer den Zweikampf, kann er direkt auf das Tor zulaufen.

Die beiden Verteidiger neben ihm bilden ein Abwehrdreieck. Dazu rückt der Außenverteidiger in die Mitte. Er orientiert sich nicht mehr am Gegenspieler, sondern an den Mitspielern. Der Grund ist simpel: Die Sicherung des Zentrums hat Priorität gegenüber der Sicherung des Flügels. Ein Pass auf den Spieler auf den Außen wäre weniger gefährlich als ein Pass in die Schnittstelle. Atlético könnte sich fallen lassen, ehe der Gegner eine gute Strafraumbesetzung hat.

Da sie die Pressingsituationen in der Realität besser lösen als in meinem theoretischen Beispiel, geraten die Spieler von Atlético selten in solche Situationen. Aber wenn sie es in der Vergangenheit taten, waren sie gut abgesichert. Sie konnten zwar nicht direkt den Ball erobern. Ihnen gelang es jedoch, die Gefahr für das eigene Tor zu verringern – ihrer guten Absicherung sei Dank.

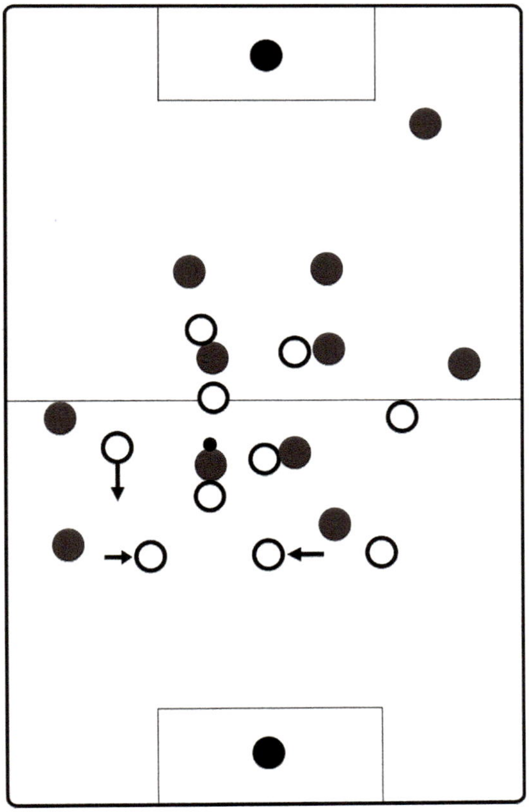

35. Atléticos Absicherung des Pressings, Teil drei

Den hohen Ball verteidigen

Bislang haben die fiktiven Angreifer in den Beispielen stets versucht, den Ball flach zu halten. Spätestens wenn ein Spieler am Ball stark unter Druck gesetzt wird, sucht er jedoch nicht selten den simpelsten Lösungsweg. Wer im Amateurfußball gespielt hat, kennt dieses Motto nur zu gut: Hoch und weit bringt Sicherheit! Nicht nur gegen ein starkes Pressing wählen viele Teams den hohen Ball. So sind hohe Flanken von außen ein bekanntes taktisches Mittel, um eine tiefstehende Verteidigung zu knacken. Wie also werden hohe Bälle verteidigt?

Lange Bälle verteidigen

Der lange Ball aus der Abwehr löst viele Probleme, die durch ein gegnerisches Pressing entstehen. Die Mannschaft am Ball befreit sich aus dem Druck. Sie behält die Chance, ein Tor zu schießen. Selbst wenn sie den Ball verliert, tut sie dies an einem Ort in der gegnerischen Hälfte – und nicht exakt dort, wo der Gegner den Ball gewinnen möchte. Ein Konter des Gegners wird somit erschwert. Der lange Ball ist entsprechend eine oft praktizierte Antwort auf ein starkes Pressing. Manche Teams wenden jedoch auch gegen geordnete Defensiven den langen Ball an.

Für die verteidigende Mannschaft bietet der lange Ball eine Chance: Sie kann ihn erobern. Entscheidend ist, dass die Verteidiger im Vorteil sind, sobald es zu einem Kampf um den langen Ball kommt. Daher ist es wichtig, dass sie den Zweikampf gut vorbereiten. Die Verteidiger müssen rechtzeitig die Intention des Gegners erkennen, den Ball lang zu spielen. Anhand der

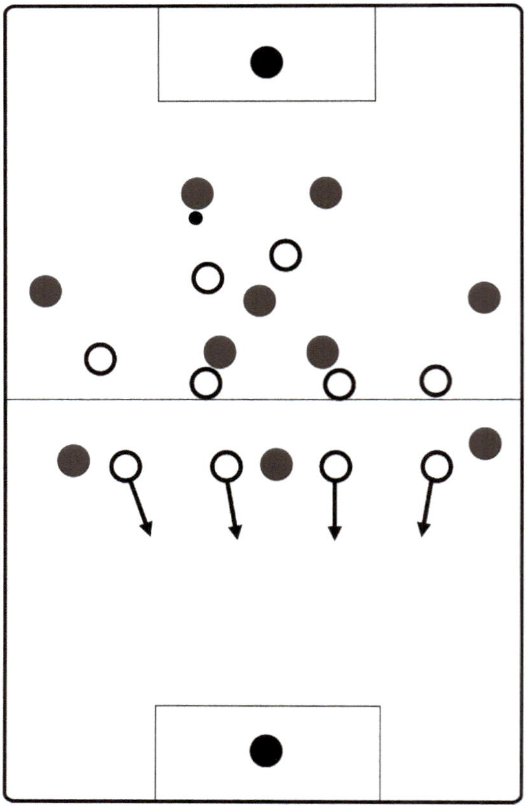

36. Absetzen vor einem langen Ball

Position der Gegenspieler und des Balls können sie erahnen, dass ein langer Ball folgt. Die Referenzpunkte sind also auch hier entscheidend. Sobald sich andeutet, dass der Gegner einen langen Ball spielen wird, setzen sie sich nach hinten ab. Sie stellen sicher, dass der Ball nicht hinter ihnen landet, sondern dass sie ihn mindestens mit dem Kopf erreichen können.

Befindet sich kein Gegenspieler in der Nähe, ist ihr Job recht schnell erledigt: Der dem Ball am nächsten postierte Spieler lässt den Ball herunterkommen, sichert ihn und wägt seinen nächsten Schritt ab. Alternativ kann er den Ball auch einfach passieren lassen, der Torwart nimmt ihn auf. Meistens geht jedoch mindestens ein gegnerischer Stürmer zum langen Ball. Nun zahlt es sich aus, rechtzeitig nach hinten zu rücken: Ein Verteidiger orientiert sich zum Gegenspieler. Er versucht frühzeitig, hinter den zum Ball gehenden Stürmer zu gelangen, um einen Vorteil im anschließenden Zweikampf zu erhaschen. Er versperrt dem Gegner damit den direkten Weg zum Tor und sichert damit den eigenen Kasten ab.

Kampf um den zweiten Ball

Kommt es zu einem Zweikampf, gibt es mehrere mögliche Ausgänge: Der Verteidiger oder der Stürmer kann das Duell für sich entscheiden und die Kontrolle über den Ball gewinnen. Da hohe Bälle unter Gegnerdruck schwer zu verarbeiten sind, kommt dies jedoch nur selten vor. In den meisten Fällen erlangt kein Spieler die direkte Kontrolle über diesen langen Ball. Stattdessen wird der Ball von einem Spieler – kontrolliert oder unkontrolliert – weitergeleitet, sei es mit dem Kopf, dem Fuß oder der Brust. Der lange, sogenannte erste Ball bringt also selten eine Entscheidung, welches Team fortan den Ball besitzt.

In der Fußballsprache unterscheidet man bei langen Bällen zwischen dem ersten und dem zweiten Ball. Der erste Ball ist der lange Ball selbst. Der **zweite Ball** ist der Abpraller, der auf den langen Ball folgt. Der Kampf um den zweiten Ball entspinnt sich um jene – gewollte oder ungewollte – Weitergabe des langen Balls.

Entscheidend ist vielmehr der Kampf um den zweiten Ball. Egal, wer das erste Duell gewinnt, egal, wohin der Ball fliegt: Die verteidigende Mannschaft möchte diesen zweiten Ball unbedingt erobern. In Bild 37 sind die wesentlichen Zonen abgebildet, die für den zweiten Ball abgesichert werden müssen. Je dunkler diese Zone, umso wichtiger ist deren Absicherung. Es gelten nämlich auch hier die Gesetze

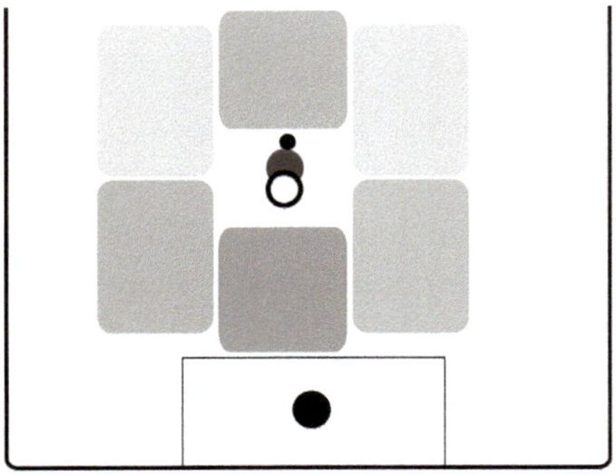

37. Zonen im Kampf um den zweiten Ball

einer guten Absicherung: Tiefe und Zentrum gehen vor.

Wie geht das verteidigende Team also vor? Die Abwehrspieler haben die Aufgabe, hinter dem Zweikampf die Tiefe abzusichern. Es wäre riskant, wenn der Spieler, der in den Kampf um den ersten Ball geht, zugleich tiefster Spieler der Mannschaft ist. Seine Verteidiger-Kollegen müssen bereitstehen für den Fall, dass der Ball nach hinten geköpft oder durchgelassen wird. Hier kommt erneut das Abwehrdreieck zum Einsatz: Im Idealfall stehen die Verteidiger leicht versetzt hinter dem Spieler, der in den Zweikampf geht – siehe Bild 38.

Im Raum vor dem Kopfballduell muss das Team ebenfalls auf eine starke Absicherung achten: Die Spieler vor dem Verteidiger sollten mit nach hinten eilen und die Räume vor ihm besetzen. Dabei sollten sie kompakt vorgehen. Im Idealfall besetzen drei Spieler die entscheidenden Räume: den Raum direkt vor dem Kopfballduell und die beiden Räume daneben. Egal, wohin der Ball geht, es kann sofort ein Spieler zum Zweikampf übergehen.

Meist ist es in der Praxis jedoch nicht möglich, mit sechs Spielern alle nötigen Räume abzusichern. In diesem Fall müssen die äußeren Räume von einem Spieler bewacht werden. Ein Verteidiger, der für das Sicherungsdreieck nicht benötigt wird, bleibt zwischen den Räumen. Die Mannschaft kann also im Kampf um den zweiten Ball direkt reagieren. Im Idealfall kann

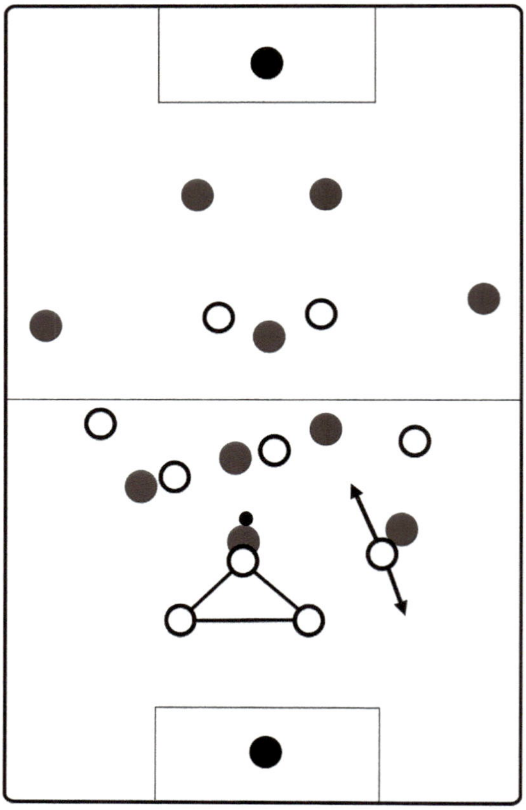

38. Verteidigung eines zweiten Balls

sie sogar eine Überzahl aufbauen. Somit ist eine verteidigende Mannschaft gut abgesichert für den Fall, dass der Gegner den Ball lang spielt, und kann den zweiten Ball erobern.

Ein Sonderfall ist es, wenn der am tiefsten postierte Spieler um den ersten Ball kämpft. Diese Situation entsteht, wenn der Gegner einen sehr langen Ball schlägt. In diesem Falle bietet es sich für den Verteidiger an, den Gegner zu blocken und den Ball möglichst nach hinten zu klären. Hier spielt wieder der mitspielende Torhüter eine Rolle: Er kann hinter die Abwehr zu lang geschlagene Bälle aufsammeln.

Flanken verteidigen

Es gibt eine weitere Form des hohen Balls, die für Abwehrreihen gefährlich ist: die Flanke. Verteidigende Teams nehmen häufig in Kauf, dass der Gegner auf dem Flügel zu einer Flanke ins Zentrum ansetzen kann. Das entspricht dem Prinzip, den Gegner auf die Flügel zu lenken und aus dem Zentrum herauszuhalten. Die Hoffnung dahinter ist, dass Flanken leichter zu verteidigen sind als Pässe aus dem Zentrum. Die verteidigende Mannschaft hat nämlich einen entscheidenden Vorteil: Für den Angreifer ist es nicht leicht, eine punktgenaue Flanke zu schlagen. Jeder Hobby-Fußballer weiß, wie schwer es ist, einen hohen Ball präzise auf einen Mitspieler zu spielen. Selbst in der Bundesliga mit all ihren großartigen Fußballern erreichen Flanken gerade einmal in 20 Prozent der Fälle einen Mitspieler, Tore fallen nur nach ein bis drei Prozent aller Flanken. (Die abweichenden Zahlen ergeben sich aus der Messmethode. So rechnen manche Statistiker den zweiten oder gar dritten und vierten Ball mit ein, andere lassen nur direkt verwandelte Flanken gelten.)

Gerade aufgrund der Ungenauigkeit vieler Flanken ist selten absehbar, wie der Ball in den Strafraum gelangt. Flach oder hoch? Lang oder kurz? Die Abwehr muss für alle Fälle gewappnet sein. Damit die Flanke möglichst gar nicht in den Strafraum kommt oder der Gegner zumindest unter Druck flanken muss, sollten ein oder zwei Spieler den Flankengeber stören. Im Strafraum sollte das verteidigende Team unbedingt das Duell um den ersten Ball gewinnen. Ansonsten könnte der Gegner zu einem Torabschluss gelangen. Zudem muss das Team auch den zweiten Ball gewinnen, zumindest aber in einen Zweikampf um den zweiten Ball gelangen, um einen Torschuss zu verhindern.

Drei plus x

Betrachten wir den direkten Bereich vor dem Tor, gibt es für die Angreifer mehrere Möglichkeiten, eine Flanke zu platzieren. Sie können die Flanke in den Fünfmeterraum schlagen, entweder auf den nahen Pfosten, zentral vor das Tor oder auf den fernen Pfosten. Sie können auch den Bereich um den Elfmeterpunkt anvisieren, den Ball also etwas weiter hinten platzieren. Auch hier haben sie die Option, auf den nahen Pfosten, zentral vor das Tor oder auf den fernen Pfosten zu zielen. Diese Möglichkeiten legen den Schluss nahe, den Bereich vor dem Tor in sechs Zonen einzuteilen – siehe Bild 39. Die übrigen Bereiche – außerhalb des Strafraums, am Strafraumeck – sind natürlich auch mögliche Ziele für eine Hereingabe. Diese werden jedoch indirekt abgedeckt: Die Verteidiger im Strafraum stehen in diesem Fall zwischen Gegenspieler und Tor. Sie können einen Torschuss im Zweifelsfall blocken. Entscheidend sind also die sechs Zonen vor dem Tor.

Die logische Lösung wäre, dass je ein Verteidiger eine der sechs Zonen deckt. 3+3 wäre die passende Formel. Allerdings ist dieses 3+3 nicht immer realisierbar und meistens auch gar nicht gewollt. Wenn im Strafraum sechs Spieler die Räume verteidigen,

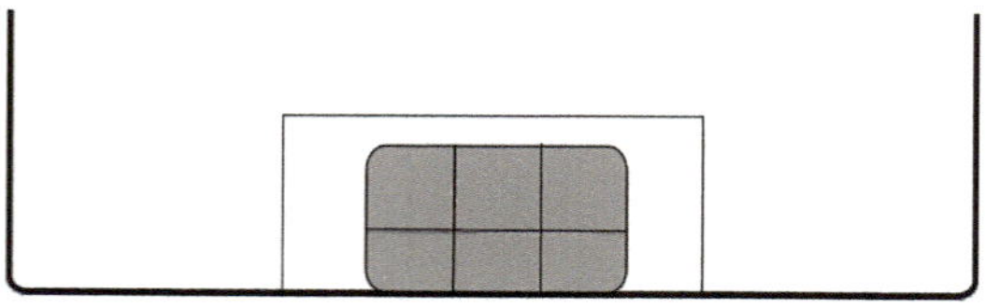

39. Zu verteidigende Zonen im Strafraum bei einer Flanke

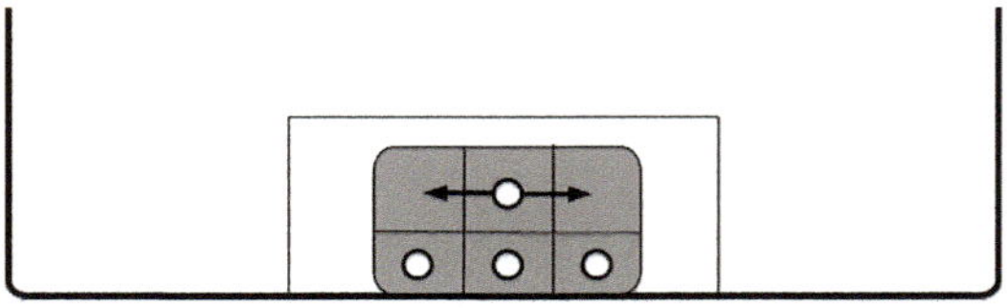

40. Strafraumverteidigung im 3+1

bleiben nur vier Feldspieler übrig – etwas wenig, um gleichzeitig den Flankengeber zu stören, um den Kampf um zweite Bälle anzugehen und eventuell noch bereitzustehen für einen Konter. 3+3 mag also eine Idealform sein, dieses Ideal wird jedoch nur selten erreicht.

Die meisten Teams behelfen sich mit einem 3+1 – siehe Bild 40. Ihre Vorgehensweise: Sie besetzen zunächst die drei Zonen direkt vor dem Tor. Hier sollten auf jeden Fall drei Verteidiger warten, um den Bereich optimal zu sichern. Käme hier ein Gegner unbedrängt zum Abschluss, stünde nur noch der Torwart zwischen ihm und dem Tor. In den drei Zonen davor genügt es im Zweifel, wenn ein weiterer Verteidiger die zentrale Zone sichert. Nun sind zwar zwei Zonen frei – die seitlichen Zonen im hinteren Raum. Sollte der Ball in diese gelangen, kann jedoch ein Spieler aus der vorderen Zone herausrücken. Alternativ kann auch der Spieler aus der hinteren, zentralen Zone in die seitlichen Zonen rücken. Selbst bei einem Torschuss des Gegners stünden die Verteidiger aus der hinteren Linie noch zwischen Gegner und Tor. Sie könnten blocken. Die Mannschaft ist halbwegs gut abgesichert. Noch besser funktioniert diese Idee in einem 3+2: Zwei Spieler decken hierbei die drei vorderen Zonen ab.

Innerhalb der Zonen stehen die Verteidiger eng am Gegenspieler. Der Gegner kann mit einem Kontakt zum Abschluss gelangen. Dieser Kontakt sollte ihm verwehrt oder zumindest erschwert werden. Das funktioniert nur, wenn sich die Verteidiger eng am Gegenspieler orientieren. Im Strafraum ist also eine hohe Mannorientierung gefordert. Hier ist gute Kommunikation gefragt: Bewegt sich ein gegnerischer Stürmer von einer Zone in die andere, müssen die Verteidiger ihn übergeben. Ansonsten entstehen Lücken in der Zonendeckung.

Auch bei Hereingaben in den Strafraum endet die Verteidigung nicht mit dem ersten Ball. Um den Strafraum müssen weitere Spieler absichern, um den Kampf um den herausgeköpften Ball zu führen. Hier ändert sich nichts an der oben beschriebenen Weise, um den zweiten Ball zu kämpfen. Möchte das Team kein Risiko eingehen, über einen zweiten Ball einen direkten Torschuss zu ermöglichen, klären sie den Ball auf den Flügel. Das Schlimmste, was passieren kann, ist eine erneute Flanke – und für die Verteidigung einer Flanke haben sie sich ja bereits in Stellung gebracht.

Sonderfall Halbfeldflanken

Obige Prinzipien gelten vor allem für Flanken, die auf Höhe des Strafraums geschlagen werden. Es gibt aber Gegner, die bereits kurz hinter der Mittellinie zu einer Flanke ansetzen. Diese Hereingaben nennt man Halbfeldflanken. In diesem Fall besetzen die wenigsten verteidigenden Teams den eigenen Strafraum bereits vor der Flanke mit 3+x Spielern. Dazu müsste sich die Abwehr nämlich früh weit zurückziehen, und dann entstünde wieder ein großer freier Raum vor der Abwehr.

Die Verteidiger befinden sich also zumeist in vorgerückter Position. Somit verhindern sie, dass ihre Formation zu weit gestreckt wird und der Gegner in die Tiefe spielen kann. Den Gegner ins Abseits zu stellen, hilft, diese Flanken aus der Tiefe zu verteidigen. Ansonsten gelten hier eher die Regeln zur Verteidigung eines langen Balls als die einer Flanke.

Formation

Ein Begriff kam in diesem Kapitel bisher kaum vor: der Begriff der Formation. Sie erinnern sich? Die Formation wird in Nummernform dargestellt. Ein Beispiel wäre die 4-4-2-Formation – vier Verteidiger, vier Mittelfeldspieler, zwei Stürmer. Bislang ist dieses Kapitel frei von «Telefonnummern», wie Pep Guardiola diese Zahlenreihen nennt. Selbst bei den Praxisbeispielen habe ich darauf verzichtet, die Formation der jeweiligen Teams zu nennen. Ich habe Ihnen verschwiegen, dass Arrigo Sacchi im 4-4-2 verteidigen ließ, wohingegen Jürgen Klopp in Liverpool ein 4-3-3 bevorzugt.

Das tat ich nicht ohne Grund. Formationen werden in der taktischen Analyse überschätzt. Wenn Sie wissen, dass ein Team bei gegnerischem Ballbesitz mit einer 4-4-2-Formation agiert, wissen Sie im Grunde genommen nichts darüber, wie sich die Mannschaft verhält. Spielt sie ein Angriffs- oder Abwehrpressing? Agieren die Spieler eher raum- oder mannorientiert? Welche Pressingsignale nutzt das Team? All diese Fragen ergeben sich aus der taktischen Analyse, nicht aus der Formation. Wer die Taktik eines Teams analysieren möchte, sollte immer zunächst auf dessen taktische Mittel blicken. Eine Formation allein verrät nichts über ein Team.

Sosehr ich den Einfluss von Formationen herunterspielen möchte: Ganz wegzudiskutieren ist er nicht. Die Formation ist zunächst ein Grundgerüst. Sie gibt den Spielern eine grobe Vorstellung, welche Aufgaben sie auf dem Feld zu erfüllen haben und wie sich ihre Mitspieler verhalten. Für die Spieler macht es einen Unterschied, ob ihr Team in einem 4-3-3, einem 5-3-2 oder einem 3-4-3 agiert. Die Räume, die die Spieler zu besetzen haben, verändern sich, wie auch die Gegenspieler, auf die sie treffen werden. Die Formation gibt den Spielern also einen Rahmen, in dem sie die eigene Position im Raum, die Position der Mitspieler und die Position der Gegenspieler wahrnehmen.

Welche Wirkung eine Formation entfaltet, hängt letztlich von den taktischen Eigenheiten eines Teams ab. Ein Angriffspressing aus einer 4-4-2-Formation unterscheidet sich in den Abläufen und in der Raumbesetzung stark von einem Abwehrpressing aus derselben Formation. Es ist daher kaum möglich, einer bestimmten Formation einen bestimmten Spielstil zuzuordnen. Eine Aussage wie «Teams im 4-4-2 pressen höher» lässt sich so pauschal nicht treffen.

Da Formationen aber immer auch Auskunft über die Besetzung der Räume geben, lassen sich bestimmte Verallgemeinerungen treffen. Wer in einem Bereich des Feldes eine Überzahl kreiert, muss in einem anderen Bereich des Feldes eine Unterzahl hinnehmen. Jede Formation hat ganz natürliche Bereiche, in denen Überzahlen und Unterzahlen wahrscheinlich sind. Diese Vor- und Nachteile mögen sich durch taktische Planung ausgleichen lassen und in der Praxis nicht immer auftreten. Dennoch sollte man sie sich vor Augen führen, wenn man sich über die taktischen Eigenheiten einer Mannschaft informiert.

Aus diesem Grund wechseln Trainer im modernen Fußball häufig die Formation. Sie können den Stil ihrer Mannschaft beibehalten, aber die Raumbesetzung verändern. Somit lässt sich auf den Gegner reagieren. Wenn der Gegner in einem bestimmten Bereich eine Überzahl kreiert, kann man diese leicht neutralisieren. Dazu muss einfach nur die Formation geändert werden. Profifußballer sind heute so ausgebildet, dass sie auf verschiedenen Positionen und innerhalb verschiedener Formationen agieren können.

Die Übersicht über die defensivtaktischen Formationen in diesem Kapitel erhebt keinen Anspruch auf Vollständigkeit. Ich habe jene Formationen ausgewählt, die mir in den vergangenen Jahren im Profifußball am häufigsten begegnet sind. Abermals gilt: Die Zeit steht niemals still im Fußball. Es ist durchaus möglich, dass ein kluger Trainer schon wieder neue Ideen entwickelt hat.

4-4-2

Lange Zeit war das 4-4-2 der Gold-Standard des Verteidigens. Seit Sacchi mit seinem AC Milan 1989 und 1990 den Landesmeister-Pokal gewann, trat die 4-4-2-Formation den Siegeszug um die Welt an. Auch heute ist sie im modernen Fußball noch weit verbreitet.

Was sind die Vorteile dieser Formation? Mannschaften im 4-4-2 zeichnet zumeist eine klare Aufteilung auf dem Feld aus. Dadurch dass diese Formation nur drei Linien hat – Vierer-Abwehr, Vierer-Mittelfeld, Doppel-Sturm –, kann die Mannschaft vertikal kompakt agieren. Die jeweiligen Viererreihen stehen nahe aneinander, die beiden Stürmer davor halten den Abstand ebenfalls gering. Der zu bespielende Raum für den Gegner kann enorm verknappt werden.

Zugleich ist die 4-4-2-Formation sehr wandelbar. Möchte ein Team den Druck im Mittelfeld erhöhen, kann ein Mittelfeldspieler herausrücken. Ebenso ist es möglich, mit enorm tiefen Außenspielern zu agieren. Aus der Vier-Mann-Abwehr wird so schnell eine Fünfer- oder gar Sechser-Abwehr. Aus dem 4-4-2 kann man extrem schnell in praktisch jede andere Formation gelangen.

Die Vorteile – gute Balance, hohe Wandelbarkeit – sind zugleich die Nachteile des 4-4-2: Die Formation ist zwar sehr ausgeglichen, die ver-

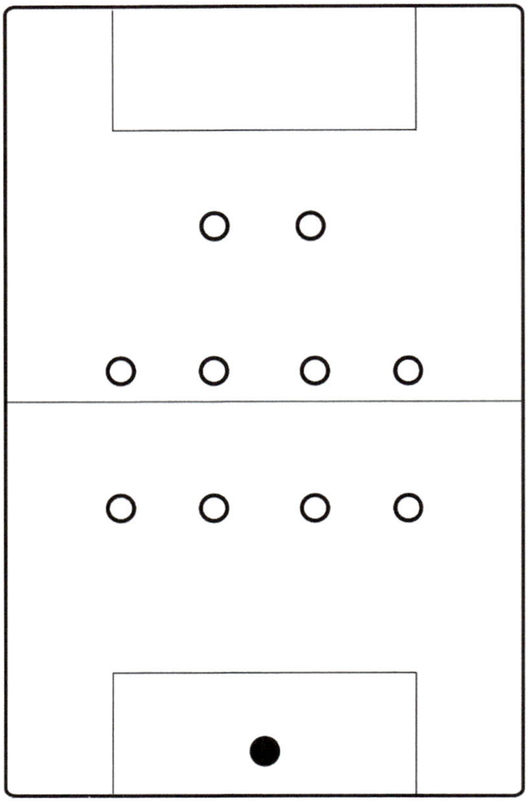

41. 4-4-2-Formation

teidigende Mannschaft hat jedoch nirgendwo auf dem Feld einen echten Vorteil. Weder in der Abwehr noch im Mittelfeld kann sie leicht ein numerisches Übergewicht erzielen, wie dies bei anderen Formationen der Fall ist. Formationen mit mindestens einer Fünferreihe eignen sich besser, die gesamte Breite des Feldes abzudecken.

Ein weiteres Problem sind die klaren Linien: Passt die verteidigende Mannschaft nicht gut auf, kann der Gegner den Raum zwischen Abwehr und Mittelfeld bzw. zwischen Mittelfeld und Sturm besetzen. Die Spieler müssen aufpassen, die entstehenden Lücken zwischen den Linien nicht zu groß werden zu lassen.

4-4-1-1

In den vergangenen Jahren hat sich vor allem eine Variation des 4-4-2 durchgesetzt. In dieser stehen die zwei Stürmer versetzt zueinander, es entsteht ein 4-4-1-1.

Die Vorzüge? Durch die versetzten Rollen der Stürmer lässt sich der Raum zwischen der Sturmreihe und dem Mittelfeld besser absichern. Ein Stürmer kann ins Pressing übergehen, sein Kollege über die Passwege ins Mittelfeld wachen. Somit hat eine Mannschaft mehr Kontrolle über die zentrale Zone als im klassischen 4-4-2. Oft wird diese Variante auch als 4-2-3-1 bezeichnet. Die zwei zentralen Mittelfeldspieler nennt man dementsprechend Doppelsechs. In der Praxis befinden sich die Außenstürmer jedoch meist auf einer Linie mit der Doppelsechs, ich wähle daher die Bezeichnung 4-4-1-1.

> Agiert eine Mannschaft mit zwei zentralen Mittelfeldspielern, bezeichnet man diese Mittelfeldspieler als **Doppelsechs**.

Die Vor- und Nachteile ähneln jenen des 4-4-2. Auch diese Variante ist enorm wandlungsfähig. Über die zwei Viererreihen lässt sich eine hohe Kompaktheit herstellen in Abwehr und Mittelfeld. Die Breite des Feldes hingegen lässt sich nicht so gut abdecken wie in Formationen mit mindestens einer Fünferreihe. Zudem sind Bälle zwischen die Abwehr- und Mittelfeldlinie weiterhin möglich. Hinzu kommt, dass aufgrund der tieferen Rolle eines Stürmers Konter nicht so leicht möglich sind wie im 4-4-2. Das 4-4-2 bietet mit zwei Stürmern nach einem Ballgewinn gleich zwei Anspielstationen im Sturm, das 4-4-1-1 nur eine.

4-1-4-1

Das 4-1-4-1 schließt eine Lücke der ersten beiden Formationen: Ein zusätzlicher Mittelfeldspieler, genannt Sechser, sichert den Raum zwischen Abwehr- und Mittelfeldlinie. Es gibt

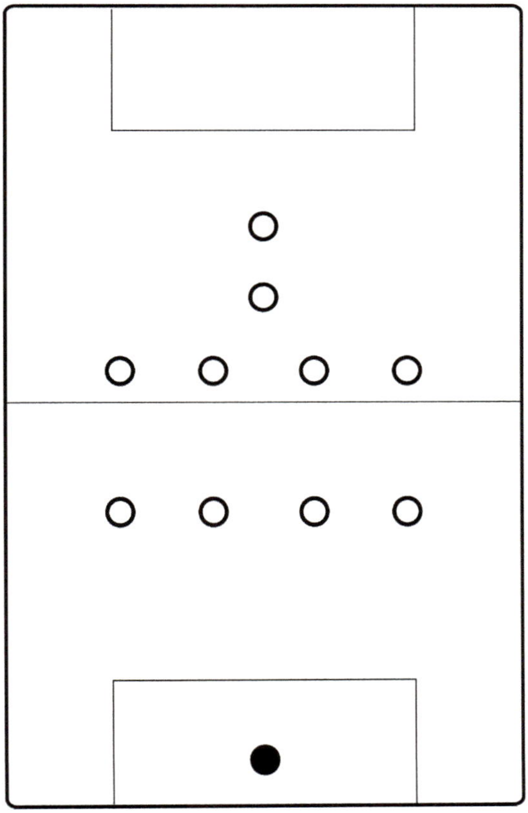

42. 4-4-1-1-Formation

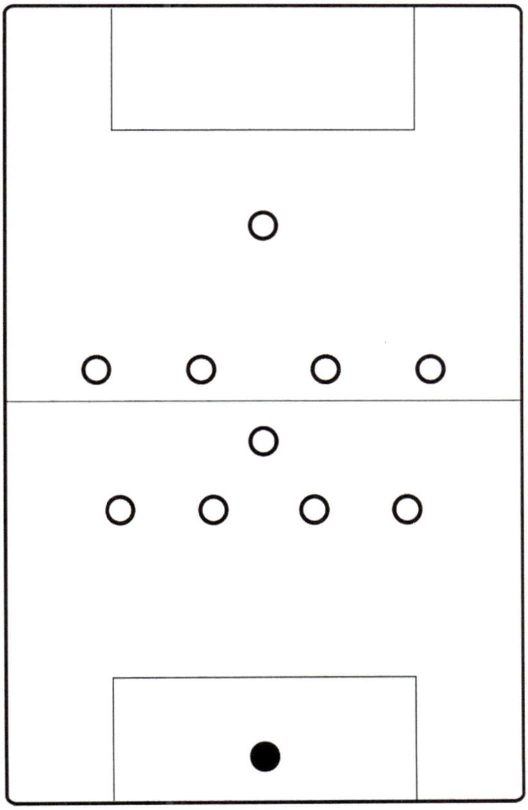

43. 4-1-4-1-Formation

keine Lücke mehr zwischen Abwehr- und Mittelfeldlinie. Das 4-1-4-1 bietet auch die Möglichkeit, die Breite besser zu verteidigen: Der Sechser rückt dazu in die Vierer-Mittelfeldreihe. Das entstehende 4-5-1 deckt die Breite im Mittelfeld gut ab. Überhaupt eignet sich das 4-1-4-1 bzw. das 4-5-1, eine hohe Kontrolle über das Mittelfeld herzustellen. Hier ist das verteidigende Team mit fünf Spielern zahlenmäßig gut aufgestellt.

Das Hauptproblem des 4-1-4-1 sind die fehlenden Stürmer. Der Stürmer ist in dieser Variante gänzlich auf sich allein gestellt. So kann nur wenig Druck im hohen Pressing erzeugt werden. Zudem fehlt – noch stärker als im 4-4-1-1 – die Wucht im Konter. Dazu müssten weitere Spieler vorrücken. Dann wäre die Variante kein 4-1-4-1 mehr, und die Vorteile der hohen Präsenz im Mittelfeld wären dahin.

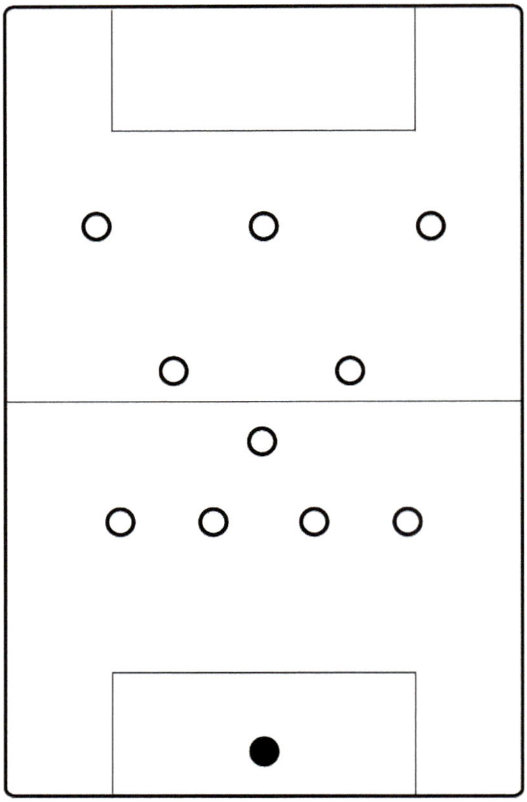

44. 4-3-3-Formation

4-3-3

Häufig wird das 4-3-3 als deckungsgleich mit dem 4-1-4-1 betrachtet, schließlich lässt sich das 4-3-3 aus diesem schnell herstellen: Die beiden äußeren Mittelfeldspieler müssen einfach nur auf eine Höhe rücken mit dem Stürmer. Genau genommen müsste man das 4-3-3 also als 4-1-2-3 bezeichnen. Die Ausgestaltung eines 4-3-3 ist aber eine andere als in einem 4-1-4-1. Der Fokus liegt hier vor allem auf den drei Spielern im Sturm: Sie können hohen Druck ausüben auf den Gegner. Das Dreier-Mittelfeld sichert dahinter das Zentrum ab. Ich trenne daher 4-3-3 und 4-1-4-1.

Der Nachteil des 4-3-3 ist, dass diese Variante recht risikoreich ist. Hat der Gegner die Dreierreihe im Sturm ausgespielt, kann er sich im Mittelfeld ein Übergewicht erarbeiten. Gerade auf den Flügeln fehlen der verteidigenden Mannschaft in der Folge Spieler. Daraus folgt wiederum eine hohe Laufbelastung für die Mittelfeldspieler, die diese Lücken schließen müssen. Viele Teams, die in einem 4-3-3 verteidigen, gehen daher zu einem 4-1-4-1 über, wenn sich der Gegner dem eigenen Tor nähert.

4-3-2-1

Die 4-3-2-1-Formation ist besser bekannt als Tannenbaum-Formation. Der Grund: Auf eine Taktiktafel gemalt, erinnert diese Formation an einen Weihnachtsbaum – siehe die passende Formationstafel. Der Vorteil dieser Formation ist die hohe Dichte im Zentrum. Drei Sechser, davor noch zwei Zehner und ein Stürmer: Durch das Zentrum ist diese Formation kaum zu knacken. Auch die Breite in der Abwehr lässt sich gut verteidigen. Hierzu können die äußeren Sechser auf den Flügel rücken und die Außenverteidiger unterstützen.

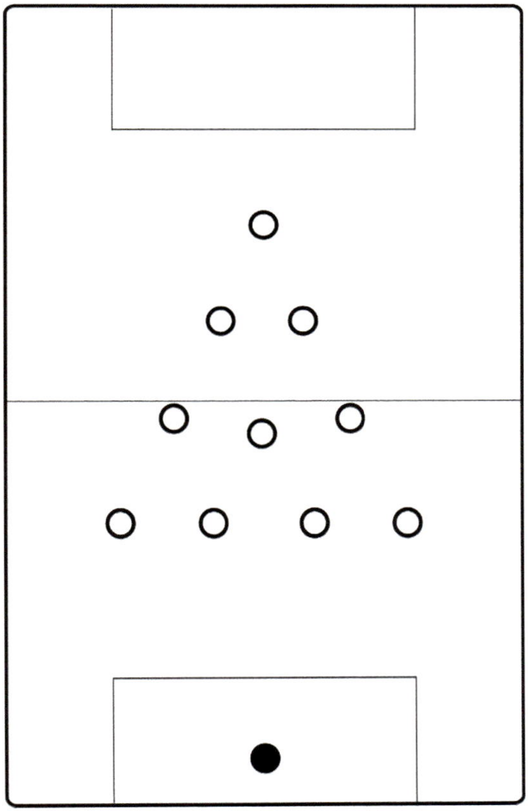

45. Die 4-3-2-1- bzw. Tannenbaum-Formation

In der gegnerischen Hälfte stehen die Flügel hingegen eher offen. Hier steht die Verteidigung des Zentrums im Vordergrund. Auch ein hohes Pressing ist mit dieser Formation kaum möglich, der Stürmer ist hier zu sehr auf sich allein gestellt. Der Gegner kann das Pressing recht leicht über die Flügel aushebeln.

4-Raute-2

Das 4-3-1-2 (oder 4-1-3-2) ist besser bekannt als Mittelfeldraute. Der Grund: Die Mittelfeldspieler ordnen sich in einer Rautenform an. (Man kennt die Rautenform von der Merkel-Raute.) Ein Sechser sichert vor der Abwehr ab, zwei Achter spielen in der Mitte, ein Zehner agiert hinter dem Doppel-Sturm. (Für die Definition der Bezeichnungen Sechser, Achter, Zehner siehe die Grafik auf Seite 107.) Praktisch spielt das verteidigende Team also mit vier zentralen

Mittelfeldspielern. Man merkt: Die Formation ist gerade in der zentralen Mittelfeld-Zone zahlenmäßig gut aufgestellt. Auch ein hohes Pressing lässt sich aus dieser Variante heraus gut praktizieren. So kann der Zehner auf eine Höhe mit den Stürmern vorrücken, ein 4-3-3 ist schnell gebildet.

Der Nachteil dieser Variante findet sich auf den Flügeln. Hier fehlen Außenstürmer. Es gibt dadurch keinen «natürlichen» Gegenspieler für den gegnerischen Außenverteidiger. Das bedeutet entweder weite Wege für die Mittelfeldspieler und die Stürmer – oder eine Lücke in der eigenen Defensivformation. Gerade in der eigenen Hälfte haben Teams in einer Raute manches Mal Probleme, die Breite des Mittelfelds zu verteidigen. Sie formen die Raute dann in andere Varianten um, etwa in ein 4-4-2.

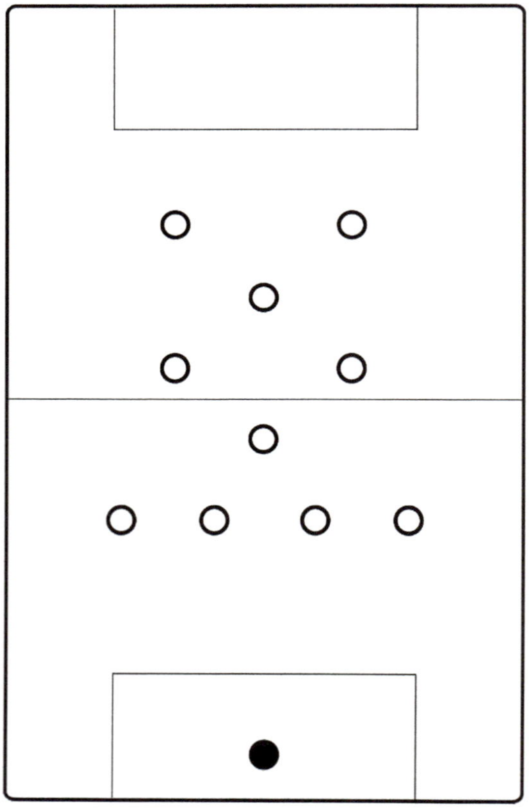

46. 4-1-2-1-2- bzw. Rautenformation

6-3-1

Das 6-3-1 ist streng genommen nur eine Abwandlung der bereits beschriebenen Formationen. Es entsteht, wenn die beiden äußeren Mittelfeldspieler sich in die Abwehr zurückfallen lassen. Sie bekleiden fortan die äußeren Positionen der Abwehr, die übrigen Abwehrspieler rücken kompakt zusammen. Häufig sieht man diese Umformung aus einem 4-1-4-1 oder einem 4-4-1-1.

Diese Variante hat einen deutlich erkennbaren Vorteil: Die Abwehr ist zahlenmäßig enorm stark aufgestellt. Mit sechs Spielern lässt sich nicht nur die Breite abdecken, es gibt auch kaum mehr Lücken zwischen den Spielern in der Abwehrreihe. So lässt sich mit einer Sechs-Mann-Abwehr der eigene Strafraum sichern.

Der Nachteil ist ebenso deutlich zu erkennen: Überall sonst auf dem Feld gerät die Mannschaft leicht in Unterzahl. Selbst mit Unterstützung der

Mittelfeldspieler ist es dem Stürmer kaum mehr möglich, den Gegner effektiv zu pressen. Die drei Mittelfeldspieler müssen viel laufen, um die gesamte Breite des Feldes abzudecken. So eignet sich diese Variante hauptsächlich dazu, in der eigenen Hälfte passiv zu verteidigen. Nicht umsonst brachte der kleine SV Darmstadt diese Variante in die Bundesliga. Mit einem 6-3-1 wehrten sie sich gegen individuell stärkere Gegner.

5-4-1

Nicht ganz so radikal, aber ebenfalls defensiv ausgerichtet ist die 5-4-1-Formation. Eine Fünfer-Abwehr, ein Vierer-Mittelfeld, ein einsamer Stürmer – fertig ist das Abwehr-Bollwerk. Die Fünferreihe in der Defensive kann die Breite und Tiefe absichern, die vier Mann davor sorgen für eine Dominanz im Mittelfeld.

Auch hier fällt der Nachteil ins Gewicht, dass der Stürmer auf sich

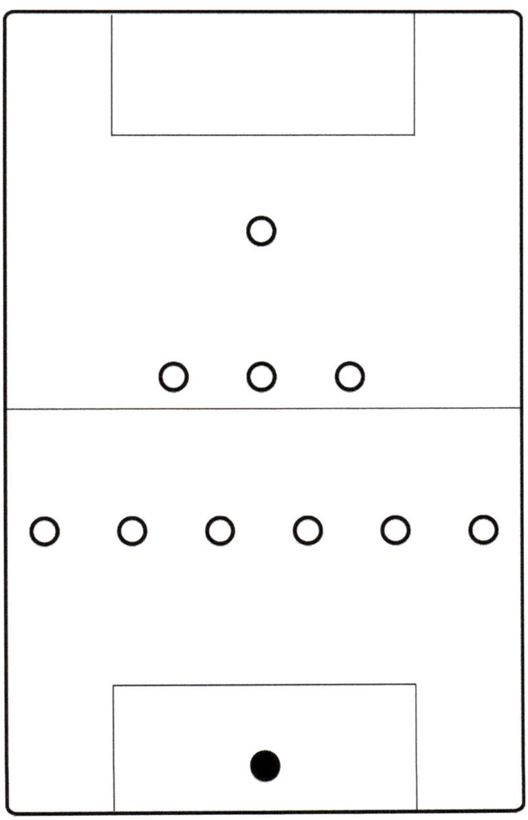

47. 6-3-1-Formation

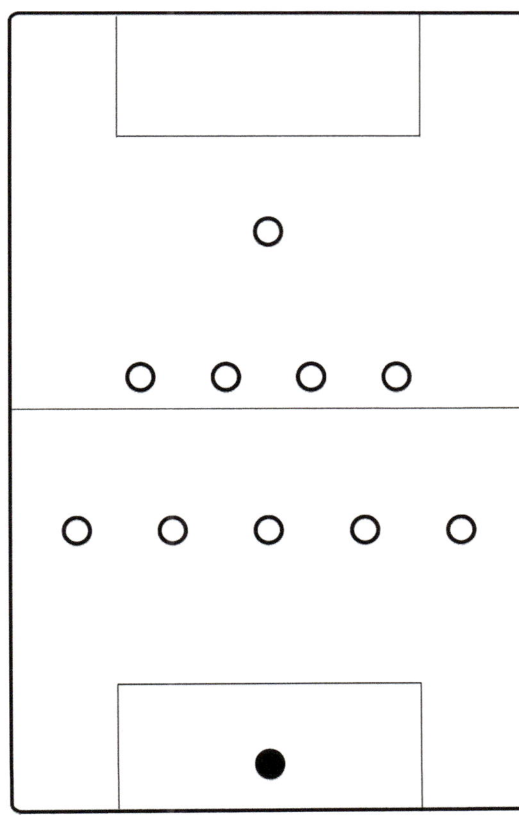

48. 5-4-1-Formation

allein gestellt ist. Ein Pressing der gegnerischen Abwehrspieler ist kaum möglich. Dies ginge nur über ein Vorrücken der Mittelfeldspieler; es entstünde ein 5-3-2 oder ein 5-2-3, wenn die Außenspieler vorrücken. In dem Fall müsste man aber die Kontrolle über das Mittelfeld aufgeben. Daher eignet sich das 5-4-1 eher für die passive Verteidigung in der eigenen Hälfte.

5-3-2

Das 5-3-2 erfreute sich in den vergangenen Jahren zunehmender Beliebtheit im Profifußball. Die Vorteile liegen in der guten Absicherung des Zentrums: Drei Mittelfeldspieler sowie zwei zentrale Stürmer können im Zentrum eine Überzahl aufbauen, der Gegner wird im Spielaufbau auf den Flügel geleitet. Mit der Fünf-Mann-Abwehr lassen sich die Breite sowie die Tiefe gut verteidigen. Es können auch einzelne Spieler aus der Abwehr herausrücken, um das Mittelfeld zu unterstützen.

Ein Nachteil findet sich auf den Flügeln. Hier müssen die Außenverteidiger und die Mittelfeldspieler viel Laufarbeit verrichten, um die Lücken auf den Außen zu schließen. Gerade ein Pressing gegen tiefe Außenverteidiger ist kaum möglich. Auch im hohen Pressing hat diese Variante Tücken: Wenn Spieler aus dem Mittelfeld vorrücken, ist das Mittelfeld unterbesetzt. Es entstehen schnell unschöne Formationen wie ein 5-2-3 oder ein 5-1-4. Die Formation eignet sich folglich nicht besonders gut für ein Angriffspressing. Die meisten Teams nutzen ein 5-3-2 hauptsächlich für eine kompakte Verteidigung des Zentrums in einem Mittelfeldpressing.

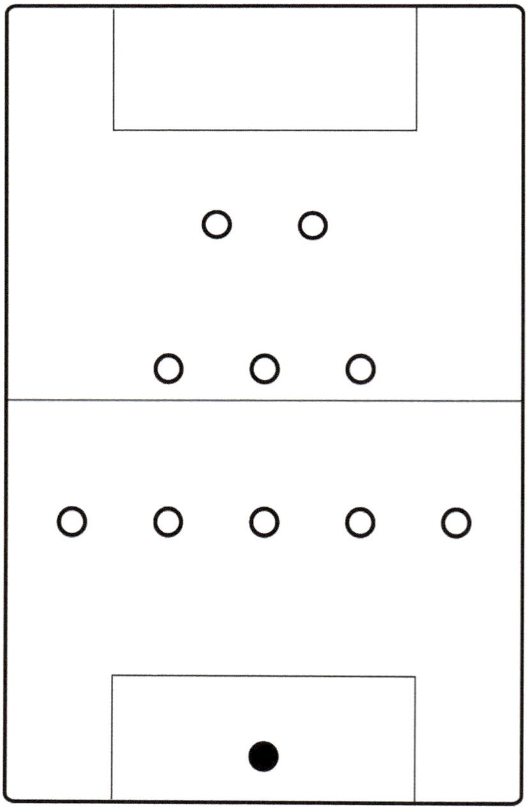

49. *5-3-2-Formation*

5-2-3/3-4-3

Das 5-2-3 bietet zwar die Chance, den Gegner mit drei Stürmern zu stören. Das Mittelfeld ist in dieser Variante aber unterbesetzt und verwundbar. Die wenigsten Teams spielen also ein klares 5-2-3, sondern eher ein 3-4-3. Die beiden Außenverteidiger rücken in dieser Variante in die Mittelfeldreihe. Sie füllen das Mittelfeld auf und sichern die Flügel ab. Dadurch lässt sich ein aggressives Pressing aufbauen und der Druck hochhalten. Sowohl in der Sturm- als auch in der Mittelfeldreihe ist das verteidigende Team zahlenmäßig gut aufgestellt.

Es besteht jedoch die Gefahr, in der eigenen Abwehr in Unterzahl zu geraten. Die drei Verteidiger können die Breite des Feldes nicht besetzen. Da die Verteidigung des Zentrums wichtiger ist als die Verteidigung der Flügel, tun sich gerade hier Lücken auf. Teams in dieser Variante sind also darauf angewiesen, den Ball weiter vorne zu gewinnen. Das 3-4-3 wird demnach häufig mit einem aggressiven Pressing kombiniert. Diese Formation wurde vor allem durch Eintracht Frankfurt bekannt, die unter Trainer Adi Hütter in der Saison 2018/19 mit dieser Variante ins Halbfinale der Europa League vorstieß.

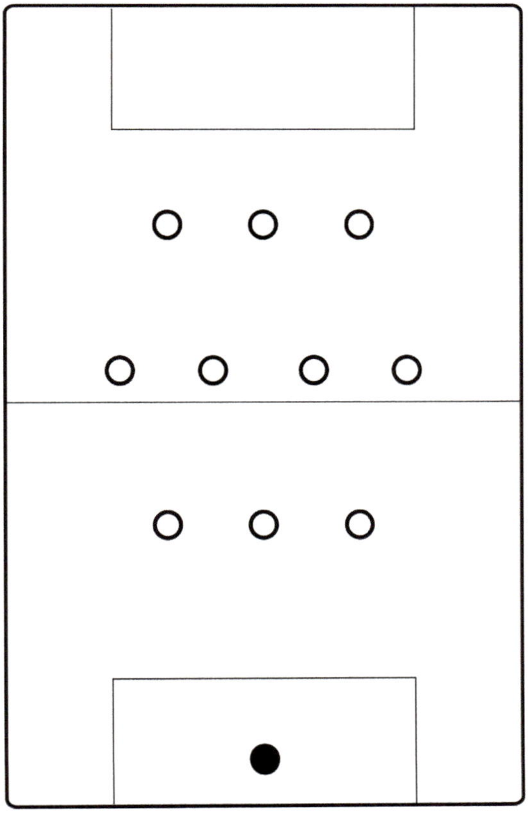

50. 3-4-3-Formation

Umformungen der Formation

Fußball ist kein statischer Sport. Die Spieler sind nicht wie die Figuren im Tischfußball fest an ihre Formation gebunden. Um es militärisch auszudrücken: Die Formation ist die Schlachtanordnung, die der General seinen Truppen mitgibt. In der Schlacht müssen sie aber selbständig entscheiden, wann sie in ihrer Formation bleiben und wann sie diese verlassen. Deshalb kommt es äußerst selten vor, dass eine Mannschaft *eine*

Formation spielt. Vielmehr befindet sich die Formation ständig im Fluss. Immer wieder verlassen Spieler ihre Positionen – aus unterschiedlichsten Gründen.

Oft lässt sich nicht genau sagen, ob eine Mannschaft mit drei, vier oder fünf Verteidigern spielt. Zu häufig verlassen die Verteidiger die Positionen, zu sehr in Bewegung ist das eigene Defensivspiel. In der Tat ist dies einer der Vorteile einer Fünfer-Abwehr: Es können immer wieder Spieler aus der Verteidigung rücken, ohne in dieser Zone zu viel Raum preiszugeben. So nutzen gerade Teams mit einer Fünfer-Abwehr das Prinzip des Abwehrdreiecks, wenn einer ihrer Spieler herausrückt. Die vier verbleibenden Verteidiger können zusammenrücken und weiterhin die Breite des Raums gut absichern.

Doch dies ist nur ein Beispiel für die Umformung einer Formation. Mal rückt ein Verteidiger in die Mittelfeldreihe, um einen Gegner zu stören. Mal wechselt ein Außenstürmer in die Mittelfeldreihe, um in der eigenen Hälfte auszuhelfen. In der Praxis wechseln Teams ständig von einer Variante in eine andere; es ist taktisch so gewollt. Formationsbezeichnungen sind damit immer nur grobe Richtwerte, die auf dem Feld selten deutlich zu erkennen sind.

Defensiv- vs. Offensivformation

Wenn eine Mannschaft mit einer Fünf-Mann-Abwehr spielt, hört man von Kommentatoren häufig den Satz: «Sie spielen eine Mischung aus Fünfer- und Dreierkette.» Das bezieht sich in den seltensten Fällen rein auf die defensive Formation. (Frankfurts 5-2-3/3-4-3-Mischling ist eine Ausnahme.) In den häufigsten Fällen geht es hier um den Unterschied zwischen der Formation einer Mannschaft, wenn der Gegner den Ball hat, und der Formation, wenn sie selber den Ball hat. Nur wenige Teams stellen sich bei eigenem Ballbesitz genauso auf wie bei gegnerischem.

Im konkreten Beispiel des Wechsels zwischen Dreier- und Fünferkette heißt dies, dass die Außenverteidiger bei eigenem Ballbesitz ins Mittelfeld oder gar in den Sturm vorrücken. Die Mannschaft spielt also bei eigenem Ballbesitz mit einer Drei-Mann-Abwehr und bei gegnerischem Ballbesitz mit einer Fünf-Mann-Abwehr. Die Unterschiede zwischen der defensiven und der offensiven Formation beschreibe ich im Kapitel zum eigenen Ballbesitz.

Ausnahmefall mannorientierte Verteidigung

Eine weitere Ausnahme bei der Beschreibung der Formation stellen stark mannorientierte Teams dar. Wenn die Verteidiger den Referenzpunkt Gegenspieler hoch gewichten, agieren sie stark mannorientiert. Sie decken in diesem Fall den Gegenspieler, nicht den Raum. Es gibt Mannschaften, bei denen sämtliche Verteidiger sich exakt an einem Gegenspieler orientieren. Das läuft dem Grundgedanken der Formation zunächst zuwider. Es gibt keine klaren Linien, keine Abtrennung zwischen Abwehr, Mittelfeld und Angriff. Stattdessen reagiert die Mannschaft auf die Raumaufteilung des Gegners. Deshalb macht es nur begrenzt Sinn, die Formation einer derart mannorientierten Elf in Nummernform wiederzugeben.

Es gibt aber auch Grenzfälle. Häufig agieren stark mannorientierte Teams aus einer klar erkennbaren Defensivformation heraus. Nur in einzelnen Situationen gehen sie zu einer mannorientierteren Spielweise über. Die Teams, die Trainer Dieter Hecking trainiert, sind hierfür ein gutes Beispiel. Sie verteidigen häufig aus einer 4-4-1-1- oder 4-1-4-1-Formation. Gelangt der Ball jedoch ins Mittelfeld, gehen die Spieler dort zu einer mannorientierten Deckung über. Sämtliche Mittelfeldspieler decken dann jeweils einen Gegenspieler.

Spiegelformationen

Anders gestaltet sich dies, wenn die verteidigende Mannschaft sich rein am Gegner orientiert. Die Trainer Manuel Baum und André Breitenreiter verfuhren mit ihren Bundesliga-Teams häufig so. Sie wollten eine rein mannorientierte Ordnung herstellen, jeder Mittelfeldspieler und Angreifer sollte zu jeder Zeit einen Gegenspieler decken. Auch in der Abwehr wollten sie nahe am Mann stehen, allerdings wollten sie hier eine Überzahl behalten. Daher sicherten ein oder zwei Spieler den Raum hinter den mannorientiert agierenden Spielern. Um eine solche mannorientierte Ordnung herzustellen, arbeiteten Baum und Breitenreiter mit sogenannten Spiegelformationen.

> Spiegelt eine verteidigende Mannschaft exakt die Formation der angreifenden Mannschaft, bezeichnet man dies als **Spiegelformation.**

Die beiden analysierten vor dem Spiel, welche offensive Formation der Gegner spielen wird. Diese Formation spiegelten sie dann. Konkret bedeutet dies: Wenn der Gegner mit einem Flügelspieler agiert, verteidigen sie ebenfalls nur mit einem Spieler auf dem Flügel. Schickt der Gegner zwei

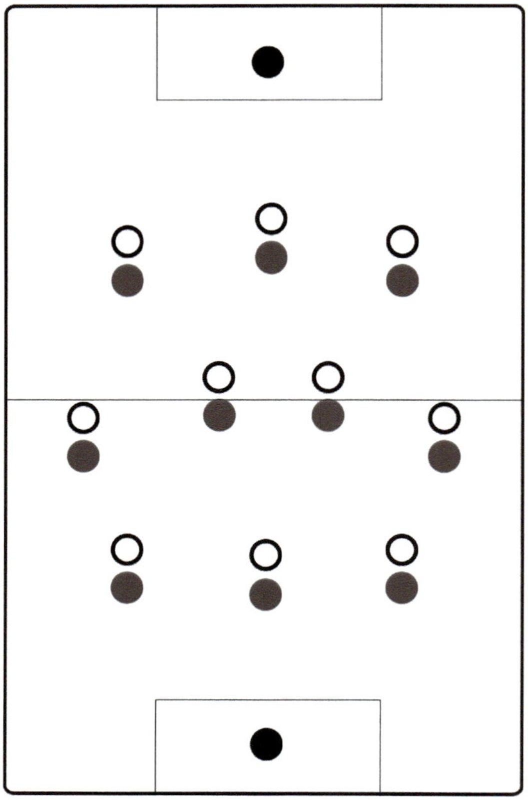

51. Spiegelformation

Spieler auf den Flügel, verteidigen zwei Spieler den Flügel – und so weiter. Somit agiert die Mannschaft zwar mit einer festen Formation, diese feste Formation richtet sich aber einzig nach dem Gegner. Spiegelformationen werden daher häufig für eine mannorientierte Spielweise verwendet.

Ein konkretes Beispiel: Der Gegner baut das eigene Spiel aus einer 3-4-3-Formation auf. Die verteidigende Mannschaft wird diese Variante entweder komplett spiegeln – in diesem Fall verteidigt sie ebenfalls mit einem 3-4-3. Oder sie kann eine Überzahl in der Abwehr herstellen, sonst auf dem Feld aber mannorientiert verteidigen. Die passende Formation wäre ein 5-2-3 oder ein 5-4-1, wenn die Mannschaft kein Pressing spielen will. In allen Varianten könnte sie enorm mannorientiert agieren.

Sie erinnern sich an dieses Beispiel? Kein Wunder: Es kommt im allerersten Bild dieses Kapitels vor. So schließt sich der Kreis.

Defensivsystem auf den Gegner abstimmen

Im modernen Profifußball nimmt die Analyse des kommenden Gegners eine gewichtige Rolle ein. Trainer werten mit ihren Videoanalysten die vergangenen Partien des Gegners aus, um dessen Stärken und Schwächen auszukundschaften. Wie baut der Gegner das Spiel auf? Eher durch das Zentrum oder über die Flügel? Wer sind die entscheidenden Spieler? In welche Räume will der Gegner vorstoßen? Das eigene Defensivsystem an den Gegner anzupassen, gehört zu den zentralen Herausforderungen des modernen Fußballs.

Die Formation ist ein Weg, sich an den Gegner anzupassen. Das muss nicht automatisch bedeuten, den Gegner zu spiegeln. Es kann auch schlicht heißen, kleinere Änderungen vorzunehmen. Wenn ein Gegner seine besten Spieler im Mittelfeldzentrum aufbietet und viele Angriffe über diese Zone spielt, empfiehlt es sich, zusätzliche zentrale Mittelfeldspieler aufzustellen. Wenn der Gegner viel über die Flügel angreift, sollte man eher darauf bedacht sein, diese Zone stark zu verteidigen – oder aber man setzt darauf, Flanken besonders gut zu verteidigen.

Die Anpassung an den Gegner beschränkt sich also nicht nur auf die Formation, sondern gilt auch für die taktischen Mittel. Ein Angriffspressing mag gegen Teams funktionieren, die über technisch schwache Verteidiger verfügen. Gegen Teams, die den Ball sehr gut laufen lassen, kann es dagegen schnell zu einer Hypothek werden. Trainer müssen Risiken und Chancen abwägen. Es gibt mittlerweile Bundesliga-Trainer, die an 34 Spieltagen 34 unterschiedliche Ideen auf das Feld zaubern, wie ihre Mannschaft verteidigen soll.

Dennoch gibt es bei den meisten Teams wiederkehrende Muster in der Verteidigung. Trainer haben nur eine begrenzte Zeit, auf ihre Mannschaft einzuwirken. In Videoschulungen und im täglichen Training können sie ihre Ideen von einer Defensive der Mannschaft näherbringen. So gibt es auf der einen Seite feste Prinzipien, die immer wiederkehren – siehe das Lenken des Gegners nach außen in der eigenen Hälfte. Und es gibt auf der anderen Seite taktische Details, die sich von Spiel zu Spiel unterscheiden. In der Analyse einer Mannschaft sollte man beide Facetten beherzigen.

Zusammenfassung Phase gegnerischer Ballbesitz

In diesem Kapitel habe ich erläutert, wie sich eine Mannschaft verhalten sollte, wenn der Gegner den Ball hat. Sie bewegt sich dabei in einem Spannungsfeld: Einerseits möchte sie ein Gegentor verhindern, andererseits den Ball erobern. Die Auflösung dieses Spannungsfelds ist der Kern dieser Phase.

- **Der Trainer gibt Strategie und Taktik vor.** Seine Mannschaft sollte genau wissen, wann sie passiv verteidigt und das Toreverhindern im Vordergrund steht – und wann sie aktiv den Ball erobern möchte.
- Um sich auf dem Feld zu orientieren, müssen Spieler **vier Referenzpunkte** beachten: ihre eigene Position im Raum, die Position der Mitspieler, die Position der Gegenspieler sowie die Position des Balls.
- Wer dem Gegner das Toreschießen erschweren will, muss vor allem Pässe in die Tiefe verhindern. Eine **gute Absicherung der Tiefe** ist entscheidend in dieser Phase.
- **Die Verteidigung des Zentrums hat Vorrang** vor der Verteidigung der Flügel. Im Zentrum hat der Gegner die Option, das Spiel in alle Richtungen fortzusetzen. Auf dem Flügel beschränkt die Auslinie seine Handlungsoptionen.
- Die Angreifer sollten möglichst wenig Raum erhalten, auf dem sie spielen können. Es bietet sich daher für die verteidigende Mannschaft an, den **bespielbaren Raum zu verknappen**. Eine kompakte Defensivformation kann dabei helfen, aber auch das Verteidigen in Ketten ist ein wichtiger Faktor, um dem Gegner möglichst wenig Räume zu bieten.
- Das A und O einer Verteidigung sind feste Abläufe. Spieler müssen genau wissen, was sie in welcher Situation zu tun haben. **Taktische Mittel wie das Abwehrdreieck** helfen, den Spielern feste Abläufe an die Hand zu geben.
- Möchte eine Mannschaft zum Pressing übergehen, sollte sie dieses gut vorbereiten. Sie sollte den **Ort des Pressings** clever wählen. Eine **Überzahl in Ballnähe** hilft, den **Gegner unter Druck zu setzen** und seine **Handlungsoptionen zu begrenzen**. Ein gutes Pressing folgt festen Prinzipien. Im Idealfall starten die Spieler **auf ein gemeinsames Signal ins Pressing** – einen bestimmten Pass des Gegners etwa. Nur wenn die Spieler kollektiv handeln und ihre Aufgaben im Pressing erfüllen, kann die Balleroberung gelingen.
- Die Spielphilosophie bestimmt das System, das System bestimmt die

taktischen Prinzipien. **Die Formation ist nur ein untergeordneter Faktor**. Sie dient den Spielern als Orientierungspunkt. Zugleich soll sie helfen, in gewünschten Bereichen des Feldes Überzahlen herzustellen oder Zugriff zu erzeugen.

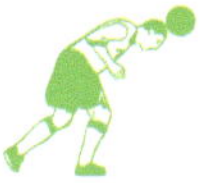

Die Phase des eigenen Ballbesitzes

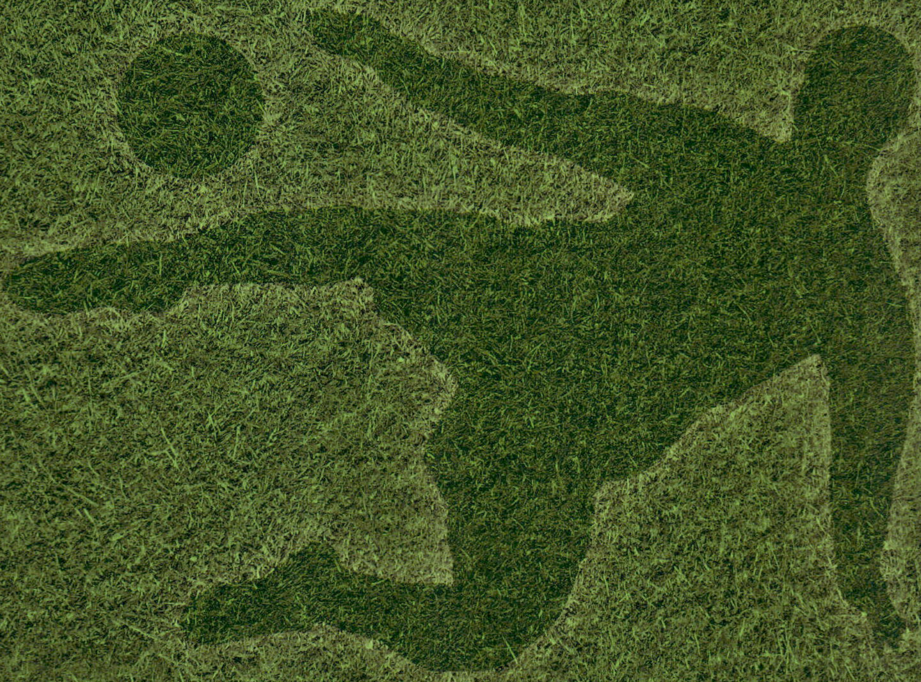

Der Ballbesitzfußball ist tot. So oder so ähnlich kommentierten viele Beobachter das frühe Aus der deutschen Nationalmannschaft bei der Weltmeisterschaft 2018. Deutschland habe zwar viel Ballbesitz gesammelt, aber keine Tore geschossen. Und darauf komme es im Fußball eben an. Schon in den Jahren zuvor beschwerte sich eine nicht gerade kleine Anzahl an Fans über den aus Spanien importierten «Tiki-Taka»-Stil. Ballgeschiebe sei das, ohne Sinn und Zweck, ohne Tempo.

Ballbesitz wird in diesem Fall als Spielphilosophie betrachtet. Das Ziel hierbei ist es, möglichst lange den Ball in den eigenen Reihen zu halten und über Pässe den Gegner zu dominieren. Ballhalten um des Ballhaltens willen. Genau das tat die deutsche Nationalmannschaft bei der WM 2018 – und scheiterte.

Daraus den Untergang des Ballbesitzspiels abzuleiten, wäre jedoch falsch. Ballbesitz hat nämlich noch eine andere Facette: als Mittel zum Zweck. Keine Mannschaft kann gänzlich auf Ballbesitz verzichten. Das ergibt sich schon aus der Logik der vier Phasen: Wenn ein Team nicht gerade verteidigt, befindet es sich im Ballbesitz. Und sobald der Umschaltmoment verstrichen ist, steht es nun vor der Aufgabe, einen defensiv sortierten Gegner zu knacken. Das funktioniert nur, indem man den eigenen Ballbesitz clever ausspielt. Ballbesitz als Philosophie, wie von der deutschen und spanischen Mannschaft 2018 praktiziert, mag überschätzt sein. Ballbesitz als Mittel zum Zweck ist aber ein entscheidender Aspekt im Fußball. Kein Trainer kann darauf verzichten, seinen Spielern einen Plan mitzugeben, was sie bei eigenem Ballbesitz zu tun haben.

Dieser Teil der Fußballtaktik wird hierzulande gerne ignoriert. Die Defensive sei der Bereich, in dem sich Taktiktüftler austoben können, so der weitverbreitete Glaube. Bei eigenem Ballbesitz komme es auf die Genialität und das Können der Einzelspieler an. Mit taktischen Vorgaben schränke man die Spieler nur ein. Im Profifußball überlässt man jedoch nichts gerne dem Zufall, erst recht nicht das Toreschießen. So haben sich die offensivtaktischen Vorgaben für die Spieler in den vergangenen Jahren vervielfacht. Trainer entwerfen exakte Blaupausen, wie ihre Spieler sich zu positionieren und wie sie anzugreifen haben. Auch das Ballbesitzspiel ist geprägt von hoher Systematik.

Dieses Kapitel widmet sich den unterschiedlichen Konzepten und Systematiken bei Ballbesitz. Wie in allen anderen Phasen geht es darum, die Wahrscheinlichkeit zu erhöhen, das eigene Ziel zu erreichen. Einen Königsweg für die eigene Offensive gibt es nicht. Das macht dieses Kapitel so komplex: Strategien, bei denen der Ball hoch aus der Abwehr auf den Stürmer geschlagen wird, finden hier genauso ihren Platz wie taktische Mittel, die auf flache Pässe setzen.

Ziel des Ballbesitzspiels

Was ist das Ziel des Ballbesitzspiels? Die Antwort scheint auf der Hand zu liegen: Das angreifende Team will ein Tor schießen. Es möchte den Ball in eine Position bekommen, in der ein Angreifer zum Torabschluss kommen kann. Je tornäher die Position des Balles ist und je tornäher die Position des abschließenden Spielers, umso größer die Chance, ein Tor zu erzielen. Dazu müssen die Angreifer die Abwehrreihen des Gegners überwinden.

Ganz so einfach ist es aber nicht. Wie schon bei der Phase des gegnerischen Ballbesitzes gibt es auch beim eigenen Ballbesitz einen Konflikt. Der versteckt sich in einer der ältesten Weisheiten des Fußballs: Angriff ist die beste Verteidigung. Ein Team kann nur ein Tor kassieren, wenn der Gegner den Ball hat. (Selten dämliche Eigentore einmal ausgeschlossen.) Dementsprechend kann es für ein Team durchaus Sinn machen, den Ball in den eigenen Reihen zu halten, statt den direkten Weg zum Tor zu suchen. Ein Ballverlust würde dem Gegner schließlich die Möglichkeit eröffnen, zu kontern oder selbst den Ball laufen zu lassen.

Somit besteht bei eigenem Ballbesitz ein Spannungsfeld: Einerseits hat der Ballbesitz eine offensive Funktion. Das eigene Team möchte vor das gegnerische Tor gelangen und einen Treffer erzielen. Andererseits hat der Ballbesitz eine defensive Funktion. Man kann den Ball in den eigenen Reihen laufen lassen und damit das eigene Tor schützen.

Chancen und Risiken müssen entsprechend abgewogen werden. Den Ball einfach nach vorne zu dreschen, mag der direkteste Weg vor das gegnerische Tor sein. Es ist aber selten der erfolgversprechende, schließlich ist dieser Ball für die Verteidigung leicht zu klären. Der Gegner könnte schnell wieder in den Ballbesitz gelangen. Pässe zurück zum Torhüter sind hingegen in den meisten Fällen eine sichere Variante, den Ball in den eigenen Reihen zu halten. So ein Rückpass sichert zwar den Ballbesitz, bringt aber nur selten ein Team dem Torerfolg näher. Wann lohnt es sich, einen riskanten Pass nach vorne zu spielen? Und wann sollte das eigene Team eher die Sicherheitsvariante wählen, um im Ballbesitz zu bleiben?

Wie in allen anderen Phasen spielt auch bei eigenem Ballbesitz die Risikoabwägung eine entscheidende Rolle. Sie ist in doppelter Hinsicht entscheidend. Verliert eine Mannschaft den Ball, bietet sich für den Gegner die Möglichkeit, einen Konter zu starten. Rückt eine Mannschaft bei eigenem Ballbesitz zu weit auf, bietet sie Angriffsfläche für den Gegner: Mit einem schnellen Spielzug könnte er zu einer Torchance gelangen. Nicht wenige Teams legen es mit ihrem Pressing genau darauf an: Sie wollen den Ball an einem Ort erobern, der einen Konter erleichtert. Angreifende Teams müssen bei Ballbesitz also bereits den Ballverlust mitdenken. Es geht nicht nur darum, nach einem Ballverlust handlungsfähig zu sein – sondern auch darum, den Ball möglichst nicht zu verlieren bzw. nur weit entfernt vom eigenen Tor. Auch diese Facette versteckt sich im Spannungsfeld Ballhalten versus das gegnerische Tor attackieren.

Packing

Beim gegnerischen Ballbesitz gab es das Konzept des Pressings. Es trennte die beiden Pole dieser Phase – das Verhindern eines Gegentores und das Erobern des Balles – voneinander ab. Für den eigenen Ballbesitz lässt sich die Abtrennung am Begriff Packing festmachen.

Was ist Packing? Während der Europameisterschaft 2016 erlangte dieser Begriff in Deutschland einige Popularität. Die Firma Impect hat diesen statistischen Wert erfunden, die ARD hat ihn für ihre TV-Analysen verwendet. So waren plötzlich Millionen Fußballfans mit diesem Begriff konfrontiert. Er war das Thema der Europameisterschaft. Selbst das Satire-Magazin *Postillon* widmete dem Packing mehrere Glossen.

Das Wort Packing (englisch ausgesprochen: Päcking) mag seltsam klingen, das Konzept dahinter ist aber spannend und besonders für die Analyse des Ballbesitzspiels erhellend. Packing ist zunächst einmal nichts anderes als eine Zählmethode. Packing zählt die Zahl der Spieler, die mit einer offensiven Aktion ausgespielt werden. Ein Beispiel: Zwischen dem ballführenden Angreifer und dem gegnerischen Tor befinden sich alle zehn gegnerischen Feldspieler. Er passt nun den Ball zu einem Mitspieler, der weit in der gegnerischen Hälfte steht – siehe Abbildung 52. Der Pass geht vorbei an sechs gegnerischen Spielern. Der Pass hat den Packing-Wert sechs, schließlich wurden sechs gegnerische Spieler überspielt.

Der Pass ist nur eine Möglichkeit, den Gegner zu überspielen. Auch ein Dribbling ist eine Möglichkeit, an Gegenspielern vorbeizugehen. Ein

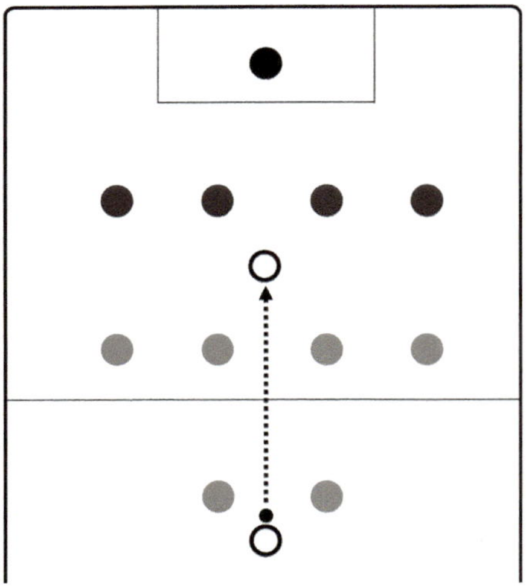

52. Packing-Pass

Außenstürmer, der zwei gegnerische Verteidiger ausdribbelt, erzielt einen Packing-Wert von zwei. Flanken, lange Bälle, Schüsse: All diese Aktionen bieten ebenfalls die Chance, gegnerische Verteidiger zu überspielen.

Der statistische Wert selbst ist für dieses Kapitel von nachrangiger Bedeutung. Wichtiger ist das dahinterliegende Konzept: Die Firma Impect teilt mit ihrer Statistik Aktionen im Fußball in zwei Kategorien. Auf der einen Seite gibt es «Packing-Aktionen». Hier werden Gegenspieler überspielt. Auf der anderen Seite stehen sämtliche Aktionen, in denen kein Gegenspieler überspielt wird: ein Pass von einem Innenverteidiger zum anderen etwa oder ein Dribbling, bei dem ein Spieler sich vom gegnerischen Tor wegbewegt.

Über diese Unterteilung kann man den Grundkonflikt im Ballbesitzspiel erklären: Aktionen, die keine Gegner «packen», sind potenziell weniger riskant. Sie schaffen jedoch auch keinen Raumgewinn. Raumgewinn bezieht sich hierbei nicht auf den Raum, der überspielt wird. Wenn eine Mannschaft bis weit in die gegnerische Hälfte rückt, ist sie dem Torerfolg nicht automatisch näher – der Gegner könnte sich schließlich mit allen Verteidigern im eigenen Strafraum verschanzen. Vielmehr ist ein Zwischenziel auf dem Weg zum Toreschießen, die gegnerischen Verteidiger zu überspielen. Packing macht den Unterschied aus zwischen Ballhalten und dem Versuch, an der Abwehr vorbei vor das gegnerische Tor zu gelangen. Genau das muss eine angreifende Mannschaft machen, möchte sie zu einem Torerfolg kommen.

Die Risikoabwägung bei eigenem Ballbesitz betrifft also auch die Frage, wie stark Packing forciert werden soll. Möchte ein Team unbedingt vor das gegnerische Tor gelangen? Dann wird es mehr Handlungsoptionen schaffen, mit denen es gegnerische Spieler packen kann. Die Kehrseite lautet, dass mehr Spieler vor dem Ball sind – und nach einem Ballverlust damit weniger Spieler zwischen Gegner und Tor. Andersherum kann eine Mannschaft die eigenen Spieler auch so postieren, dass das Halten des Balles im Vordergrund steht. In dem Fall spielt die Mannschaft um die gegnerische Defensivformation herum, nicht aber in diese hinein.

Positionsspiel

Pep Guardiola gilt als wichtigster Vertreter des Ballbesitzfußballs im 21. Jahrhundert. Mit dem FC Barcelona gewann er zahlreiche nationale wie internationale Titel, mit dem FC Bayern München pulverisierte er den Punkterekord der Bundesliga, mit Manchester City holte er 2018 und 2019 den Titel der englischen Premier League. In beiden Jahren verlor City nur sechs ihrer 76 Ligaspiele, sie sammelten 198 von 228 möglichen Punkten. Selbst im Mutterland des Fußballs hatte man Guardiolas Ballbesitzstil nichts entgegenzusetzen.

Dennoch ist Guardiola bei Fußballanhängern äußerst umstritten. Sein Spielstil, der auf einem hohen Ballbesitzwert seines Teams fußt, schmeckt nicht jedem Fan. Kritiker behaupten gerne, Guardiolas Stil hänge stark ab von den Einzelspielern. Mit Barcelona, Bayern und City könne jeder Trainer Erfolge feiern.

Dass Guardiolas Mannschaften den Ball so gut laufen lassen und derart viele Pässe spielen, liegt aber nicht in erster Linie an den Einzelspielern. Es hat einen tieferen Grund: Guardiola gibt ihnen genaue Anweisungen, wie sie sich zu positionieren haben. Das ist die wahre Revolution Guardiolas. Die Qualität der Spieler ist für die grundlegende Idee zweitrangig. Wichtiger ist die Ausführung eines genauen Plans. «Positionsspiel» nennt sich diese Philosophie. Den Spielern werden bei Ballbesitz genaue Positionen zugeordnet, auf denen sie sich anzubieten haben.

Das **Positionsspiel** einer Mannschaft beschreibt die Aufteilung eines Teams im Ballbesitz. Die Aufteilung auf dem Feld zeichnet sich dadurch aus, dass alle Positionen zu jeder Zeit besetzt zu sein haben. Jeder Trainer hat seine eigene Vorstellung, welche Positionen (bzw. genauer gesagt: welche Räume) besetzt werden müssen.

Mittlerweile hat sich die Idee des Positionsspiels bei vielen Trainern durchgesetzt. Selbst Trainer, die noch nie mit Guardiolas Positionsspiel in Berührung kamen, kennen viele Prinzipien, die das Positionsspiel ausmachen. Diese Prinzipien werden in Traineraus- und -fortbildungen gelehrt. Wie lauten diese Prinzipien? Und warum funktionieren sie so gut?

Positionsspiel ist immer abhängig vom Gegner

Fußballtaktik kreist um die Maxime, den Raum eines Fußballfeldes optimal zu nutzen. Auch beim Ballbesitzspiel ist die Suche nach der optimalen Besetzung des Raumes eine der vordergründigen Fragen, die sich Spieler wie Trainer stellen. Die eigene Raumbesetzung muss so erfolgen, dass sie die Stärken einer Mannschaft zur Geltung bringt.

Nun habe ich bereits in der Einleitung des Buchs festgestellt, dass es keine magische Formation gibt, mit der sich ein Team automatisch einen Vorteil erarbeitet. Es geht nicht darum, bestimmte Positionen zu besetzen, nur um die Positionen zu besetzen. Vielmehr ist entscheidend, dass die angreifende Mannschaft sich Vorteile erarbeitet im Vergleich zum verteidigenden Team. Grob gesagt: All das, was die verteidigende Mannschaft erreichen möchte, versucht die angreifende Mannschaft zu verhindern.

- Die verteidigende Mannschaft will das eigene Tor sichern und den Ball erobern. Die angreifende Mannschaft will das gegnerische Tor angreifen und den Ball möglichst nicht verlieren.
- Die verteidigende Mannschaft will den Raum kontrollieren. Die angreifende Mannschaft ebenfalls. Erinnern Sie sich an die Voronoi-Diagramme? Beide Teams wollen in möglichst vielen Bereichen den Ball eher erwischen können als der Gegner.
- Die verteidigende Mannschaft will verhindern, dass der Gegner Raumgewinn erzielt. Die angreifende Mannschaft möchte Raumgewinn erzielen.
- Die verteidigende Mannschaft will, dass der Spieler am Ball möglichst wenige Handlungsoptionen hat. Die angreifende Mannschaft will Handlungsoptionen schaffen. Der Spieler am Ball soll stets mehr Handlungsoptionen besitzen, als der Gegner abdecken kann. So kann er mit einer Aktion den Gegner überraschen.
- Die verteidigende Mannschaft will den Gegner im Pressing unter Handlungsdruck setzen. Die angreifende Mannschaft will dem Druck ausweichen. Oder besser noch: Sie will den Gegner unter Handlungsdruck setzen.
- Die verteidigende Mannschaft will die Tiefe sichern. Die angreifende Mannschaft möchte mit dem Ball genau hierhin gelangen: hinter die letzte Abwehrreihe direkt vor das Tor. Es gibt kaum eine bessere Torgelegenheit, als wenn der Stürmer hinter die Abwehr sprintet und in ein Eins-gegen-eins-Duell mit dem Torhüter gelangt.
- Die verteidigende Mannschaft will das Zentrum schließen und den Gegner auf die Außen drängen, weit weg vom eigenen Tor. Die angreifende Mannschaft will genau hierhin: ins Zentrum, dort, wo das Tor steht.

- Die verteidigende Mannschaft will das für den Gegner bespielbare Feld möglichst klein halten. Sie versucht, möglichst kompakt zu verteidigen. Die angreifende Mannschaft will den Bereich möglichst groß halten, den das verteidigende Team abzudecken hat. Die Formation der Verteidiger sollte nicht kompakt sein, sondern möglichst große Lücken aufweisen, die die angreifende Mannschaft ausnutzen kann.
- Die verteidigende Mannschaft will Pressingfallen aufbauen. Die angreifende Mannschaft will diese Pressingfallen umspielen und am Ball bleiben.

Das ist die erste wichtige Erkenntnis des Positionsspiels: Fußball ist immer eine Auseinandersetzung zwischen zwei Mannschaften. Die Positionierung bei eigenem Ballbesitz muss so erfolgen, dass der verteidigende Gegner die eigenen Ziele nicht erreichen kann. Viele Prinzipien des Positionsspiels sind daher keine absoluten Richtlinien, sondern funktionieren in Relation zur Position der Verteidiger.

Pässe als Eckpfeiler des Positionsspiels

Die Ausgangslage auf dem Feld ist für die Angreifer zunächst dieselbe wie für die Verteidiger, die ihnen gegenüberstehen. Alle Spieler versuchen, sich auf dem Feld zu orientieren. Die Referenzpunkte, über die Spieler ihre Position wahrnehmen, sind für die offensiven Spieler dieselben wie für die defensiven. Die vier Referenzpunkte sind weiterhin die eigene Position im Raum, die Position der Mitspieler, die Position der Gegenspieler sowie die Position des Balles.

Es besteht immer eine Beziehung zwischen der Position der angreifenden Mannschaft und der der verteidigenden Mannschaft: Die Referenzpunkte Mitspieler und Gegenspieler hängen von den Positionen der Spieler ab.

Es gibt jedoch einen großen Unterschied zwischen Offensive und Defensive. Nur ein Team hat die Kontrolle über den Referenzpunkt Ball: die Mannschaft im Ballbesitz. Sie bestimmt, wo sich der Ball befindet. Der Gegner wird versuchen, den Ball zu erreichen. Er hat aber zunächst keine direkte Kontrolle über das Spielgerät.

Aus diesem Grund sind Pässe das wohl mächtigste Mittel einer angreifenden Mannschaft. Pässe sind der einfachste Weg, um einen der vier Referenzpunkte für alle gegnerischen Verteidiger zu verändern. Wird der Ball von einem Spieler zum nächsten gepasst, erfordert das immer auch eine Reaktion sämtlicher Gegenspieler. Diese Reaktion wollen Profifußballteams ständig provozieren. Man kennt es: Der Innenverteidiger passt zum Außenverteidiger, der passt wieder zurück zum Innenverteidiger und so weiter. Der Gegner muss reagieren und seine defensive Ordnung anpassen.

Schon Sepp Herberger, Trainer der deutschen Weltmeister-Elf 1954, wusste: «Das Tempo macht der Ball, nicht die schnellen Leute!» Der Ball rollt schneller, als Spieler laufen können. Herberger wusste auch: «Der Ball hat die beste Kondition.» Man kann im Zweifel immer «den Ball laufen lassen», anstatt selbst laufen zu müssen.

Der Pass hat einen zweiten Vorteil: Je kürzer ein Spieler am Ball ist, umso schwerer ist es für den Gegner, ihn unter Druck zu setzen. Hält ein Spieler lange den Ball, kann der Gegner sich zu ihm orientieren und Druck aufbauen. Läuft der Ball möglichst häufig und möglichst schnell von Spieler zu Spieler, wird dies erschwert.

Raumbesetzung auf dem Feld

Die Grundlage des Positionsspiels lautet, das Passspiel der eigenen Mannschaft zu perfektionieren. Wer den Ball in den eigenen Reihen laufen lässt, zwingt den Gegner zur Reaktion. Er muss seine Defensivordnung anpassen. Je schneller und je raumgreifender der Ball durch die eigenen Reihen läuft, umso mehr muss der Gegner sich bewegen, um dem Ball zu folgen. Aus dieser Logik ergibt sich eine der ältesten Weisheiten des Offensivspiels: Die angreifende Mannschaft muss Ball und Gegner laufen lassen.

Damit das möglich wird, muss der Spieler am Ball Anspielmöglichkeiten erhalten. Es genügt dabei nicht, dem Spieler am Ball eine Anspielstation zu geben. Das wäre für den Gegner leicht zu durchschauen. Schon bevor der Pass gespielt wird, wüsste er, wo der Ball hingeht. Er könnte leicht darauf reagieren. Entscheidend ist es daher, dem Spieler am Ball mehrere Optionen zu bieten. Der Spieler, der den Ball erhält, muss wiederum ebenfalls mehrere Anspielstationen finden. Wäre dies nicht der Fall, könnte der Gegner ihn in eine Pressingfalle locken: Er würde einfach den Pass zu einem Spieler provozieren, der über nur eine Anspielstation verfügt. Er wäre leicht unter Druck zu setzen. Ein gutes Positionsspiel schafft eine Struktur auf dem Feld, die dafür sorgt, dass jeder Spieler mehrere Anspielstationen hat, sobald er den Ball erhält.

Wichtig ist, dass sich die Spieler nicht gegenseitig blockieren. Warum dies so ist, wird an Abbildung 53 deutlich: Hier stehen jeweils drei Spieler innerhalb einer Linie. Die hinteren Spieler können dadurch nicht direkt vom ballführenden Spieler angespielt werden; sie befinden sich im Deckungsschatten der mittleren Spieler. Die mittig postierten Spieler schränken die Handlungsoptionen des ballführenden Spielers unnötig ein. Die Spieler sollten mit ihrer Positionierung also

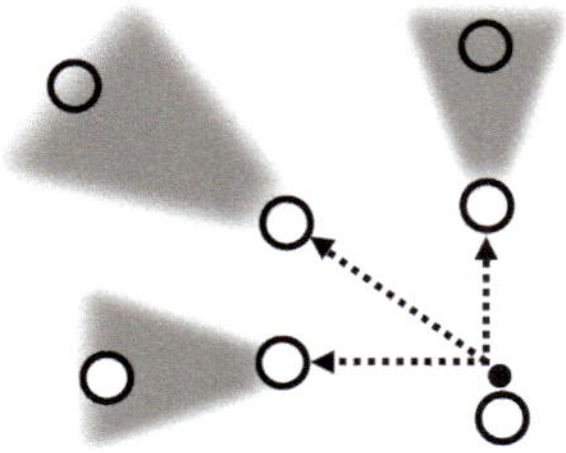

53. *Blockade von Passwegen*

möglichst keinen Passweg zu einem Mitspieler blockieren. Drei Spieler sollten sich entsprechend nie in einer Linie postieren, sondern immer ein Dreieck miteinander bilden.

Ein Weg, möglichst viele Anspielstationen zu schaffen, ist das Bilden von Rauten. In einer Raute hat der ballführende Spieler gleich drei Anspielstationen, die er bedienen kann. Der tiefste Spieler kann den Ball Richtung gegnerisches Tor spielen, egal welche Anspielstation er wählt. Kein Spieler blockiert hierbei den Passweg zu einem anderen Spieler.

Eine gute Raumbesetzung hört nicht beim Bilden einzelner Rauten auf. Ein wichtiges Prinzip des Positionsspiels lautet daher, sämtliche Spieler in das Passspiel der eigenen Mannschaft einzubeziehen. Die Spieler sollen möglichst viele Verbindungswege zueinander haben. Positionieren sich sämtliche Spieler um den Mittelkreis, wäre der zu verteidigende Raum für den Gegner extrem klein. Würden sich die Spieler hingegen über das ganze Feld verteilen, wären die Passwege zwischen den einzelnen Spielern sehr groß. Es droht ein Verbindungsverlust zwischen den Spielern. Ein Pass über fünf Meter lässt sich recht einfach spielen. Ein Pass über fünfzig Meter ist schon schwerer.

Wie positionieren sich also die Spieler, um optimal den Raum zu besetzen? Pep Guardiolas Positionsspiel soll als Beispiel dienen.

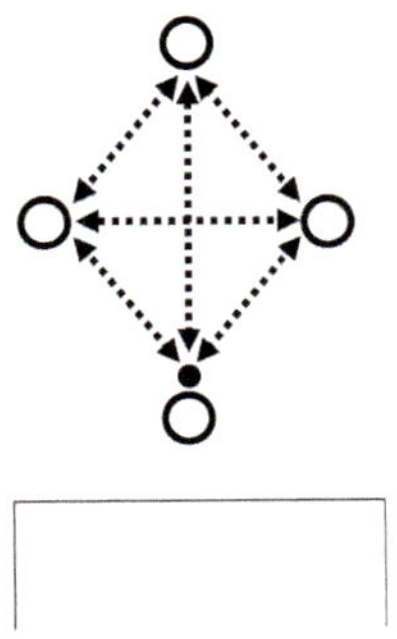

54. *Rautenbildung zum Passspiel*

Praxisbeispiel Pep Guardiola

Als Pep Guardiola nach Manchester kam, waren nicht alle Fans begeistert. Ja, Guardiola hatte mit dem FC Barcelona und Bayern München fast zwei Dutzend Titel gewonnen. Aber ob sein Stil auch im Mutterland des Fußballs funktionieren würde? Daran zweifelte so manch englischer Journalist. Der Fußball in England sei physischer und schneller, das Niveau in der Premier League höher als in Spanien und Deutschland. Und tatsächlich: In seiner ersten Saison bei City wurde Guardiolas Team nur Dritter. Es musste sich klar dem FC Chelsea geschlagen geben, die Londoner gewannen die Meisterschaft mit hohem Vorsprung.

Am siebten Spieltag der darauffolgenden Saison reiste City zum amtierenden Meister. Sie wollten ihren Kritikern beweisen, dass Guardiolas Stil auch in England funktioniert. Von der ersten Minute an dominierten die Citizens das Geschehen. Dem amtierenden Meister blieb nichts anderes übrig, als sich in einer 5-4-1-Formation in die eigene Hälfte zurückzuziehen. Zu dominant war das Spiel von Guardiolas Team, zu schnell lief der Ball durch die eigenen Reihen.

Ein Grund dafür war Citys ausgeklügelte Struktur. Malt man die Formation der Citizens auf eine Taktiktafel, erkennt man, wie wichtig Guardiola das Schaffen von Anspielstationen ist. Die Grundstruktur ist so ausgerichtet, dass überall auf dem Feld Anspielstationen entstehen. Jeder Spieler hätte mehrere

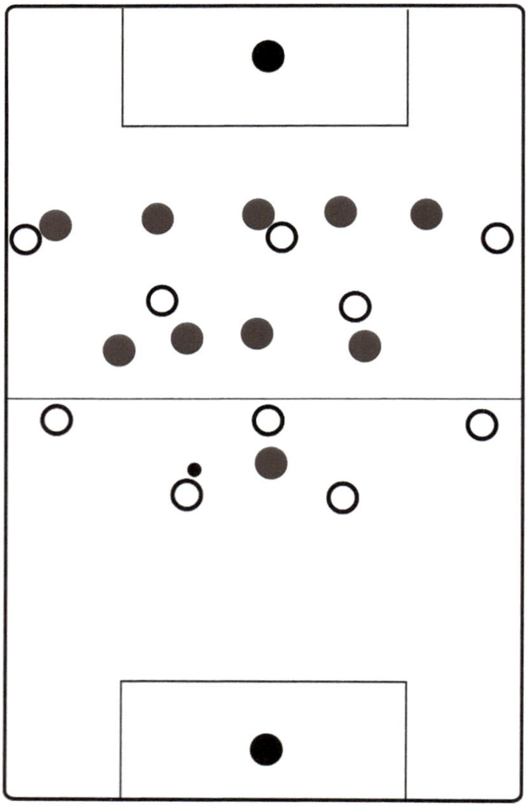

55. Citys Struktur im Spiel gegen Chelsea

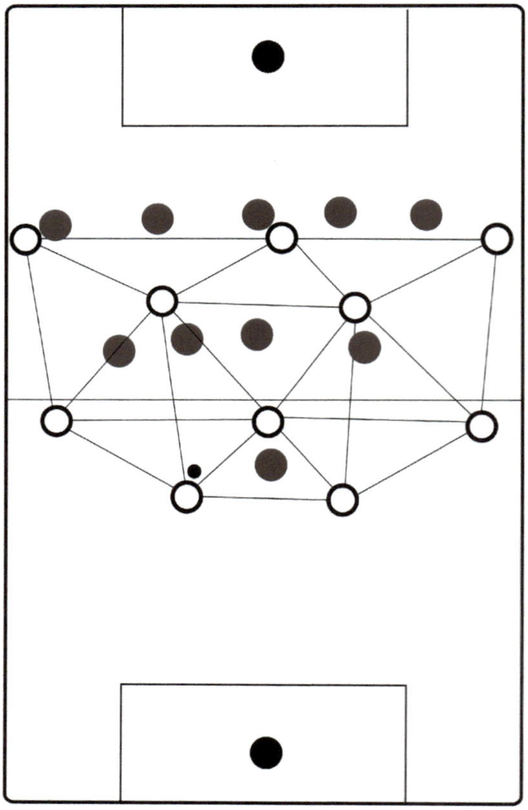

56. Verbindungen zwischen Citys Spielern

Anspielstationen gehabt, wäre der Ball zu ihm gelangt. Kein Spieler blockiert Passwege zwischen Mitspielern.

Nun bringen diese Verbindungen wenig, wenn die Spieler nicht aktiv ins Spiel einbezogen werden. Es müssen Verbindungen zwischen sämtlichen Spielern bestehen, damit alle Spieler auch Teil des Ballbesitzspiels sein können. In dieser Hinsicht ist Citys Raumaufteilung vorbildlich: Jeder Spieler kann mit maximal zwei Pässen in das eigene Ballbesitzspiel einbezogen werden. Das bedeutet wiederum für den Gegner, dass jeder Angreifer eine potenzielle Gefahr darstellt – schließlich kann er innerhalb weniger Sekunden den Ball erhalten.

Egal, welche Entscheidung der ballführende Spieler wählt: Es gibt immer eine Option, das Spiel fortzuführen. Citys Struktur ermöglichte es der Mannschaft, in diesem Spiel die totale Kontrolle zu erlangen.

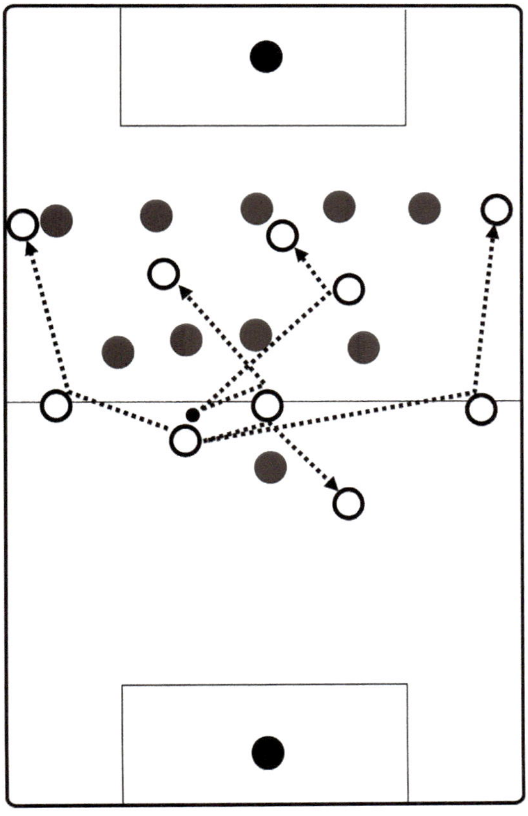

57. Sämtliche City-Spieler können über zwei Pässe den Ball erhalten

Prinzipien des Positionsspiels

Nun erklärt dieses Beispiel, warum Anspielstationen der Grundpfeiler eines Positionsspiels darstellen: Nur so lässt sich der Referenzpunkt Ball möglichst häufig verändern. Das Beispiel erklärt aber noch nicht, warum City sich exakt so aufstellt wie in dieser Szene. Genauso gut könnten die Außenspieler weiter innen stehen oder die Verteidiger tiefer. Dass die Spieler so stehen, wie sie stehen, ist abermals kein Zufall.

Hinter Citys Positionsspiel stecken klare Prinzipien. Hier kommt das eingangs erwähnte Wechselspiel zwischen den Positionen der Angreifer und Verteidiger zum Tragen. Die Angreifer wollen den Verteidigern nicht das geben, was sie haben wollen. Im Gegenteil: Sie wollen dem Gegner eine defensive Formation aufzwingen, die Lücken hat. Und diese Lücken möchte die angreifende Mannschaft in der Folge ausnutzen. Welche Prinzipien gilt es also zu beachten?

Tiefe attackieren

Das angreifende Team muss **Tiefe schaffen.** Ein Pass in die Tiefe ist für den Gegner das schlimmstmögliche Szenario: Erhält ein Angreifer hinter der Abwehr den Ball, kann er ungestört auf das Tor zulaufen. Es entsteht eine große Chance, ein Tor zu erzielen. Der Weg hinter die gegnerische Abwehr muss wieder und wieder gesucht werden, um diese Chance zu ermöglichen.

Tiefe im eigenen Angriff zu schaffen hat aber noch mehr Effekte. Man stelle sich vor, City würde nicht drei Angreifer an der gegnerischen Abwehrkette postieren. Die gegnerische Abwehr könnte nun weiter aufrücken – es gäbe schließlich keine Tiefe zu verteidigen. Dadurch könnte wiederum das gegnerische Mittelfeld aufrücken. Und so weiter. Die Angreifer müssen also sicherstellen, dass jederzeit die Tiefe des Raums bedroht wird. Nur so kann die gegnerische Abwehr nach hinten gedrückt, nur so können Räume im Mittelfeld und in der Abwehr kreiert werden.

Die Verteidiger haben einen Vorteil auf ihrer Seite: die Abseitsregel. Im Zweifel können sie die Angreifer ins Abseits stellen, wenn diese nicht aufpassen. Das mindert die Bedrohung durch die Angreifer aber nur leicht. Sie können auch auf gleicher Höhe die Tiefe bedrohen, zumal wenn die Verteidiger sich mit ihrem Blick nach vorne ausrichten.

Den Angreifern kommt zugute, dass Verteidiger sich fallen lassen, sobald kein Druck auf den ballführenden Spieler ausgeübt wird. In diesem Moment fürchten sie den langen Ball hinter die Abwehr. Die Angreifer müssen also wieder und wieder Tiefe erzeugen und den Laufweg hinter die Abwehr antäuschen. Entweder erhalten sie den Ball hinter der Abwehr – Jackpot. Oder aber sie drücken die gegnerische Abwehr nach hinten. Das schafft wiederum Räume vor der Abwehr. Ich kann es nicht oft genug betonen: Tiefe ist im eigenen Angriffsvortrag das A und O; es ist das vielleicht wichtigste Prinzip im Positionsspiel.

Zentrum besetzen

Neben der Verteidigung der Tiefe hat die Verteidigung des Zentrums hohe Priorität für die gegnerische Verteidigung. Betrachtet man Citys Aufteilung, erkennt man sofort, wieso: Der zentrale Spieler in Citys Formation, der am Mittelpunkt steht, kann das Spiel in sämtliche Richtungen fortführen. Er hat direkte Verbindungen zu sechs Mitspielern. Für die Abwehr ist das ein Albtraum: Sie weiß nicht genau, welche Aktion als Nächstes folgt. Diesen Vorteil kann sich das angreifende Team nur erarbeiten, wenn es das Zentrum besetzt.

Spieler, die sich in zentralen Positionen aufhalten, sind noch aus anderer Sicht wichtig. Viele verteidigende Mannschaften lenken das angreifende Team auf die Flügel. Hier wollen sie den ballführenden Spieler isolieren. Um das zu verhindern, müssen sich Spieler im Zentrum anbieten: Sie dienen als Unterstützer für die Akteure auf dem Flügel, sobald der Ball hierhin gelangt. Eine gute Besetzung des Zentrums ist also wichtig.

Breite besetzen

Das nächste Prinzip erscheint auf den ersten Blick kontraintuitiv. Im ersten Kapitel ging es ausführlich darum, dass verteidigende Teams den Gegner auf den Flügel lenken wollen. Hier befindet sich der Gegner weit weg vom Tor, hier werden seine Handlungsoptionen durch die Auslinie beschränkt.

Dennoch wäre es fahrlässig für die angreifende Mannschaft, die Breite nicht zu besetzen. Stellen wir uns in dem Beispiel vor, City würde keine Spieler an den Außen postieren. Chelsea müsste die Breite des Feldes nicht abdecken. Ihre Abwehrreihe könnte sich im Zentrum wesentlich enger zusammenziehen. In der Abwehr würde Chelsea wahrscheinlich keine Fünferkette bilden. Wieso auch? Es gäbe ja keine Bedrohung über die Flügel. Breite zu erzeugen hat also wieder einen Nebeneffekt: Der Gegner soll auseinandergezogen werden. Es geht darum, Gegner nach außen zu locken und damit die Schnittstellen zwischen den Verteidigern zu vergrößern.

Breite hat aber einen weiteren Effekt. Wird der Ball zu einem außen postierten Angreifer gespielt, muss der Gegner reagieren. Die Mannschaft muss ihre Defensivformation anpassen und in Richtung des Flügels verschieben. Dieses Prinzip will sich Guardiola zunutze machen. Er beschreibt seinen Stil wie folgt: «Das Geheimnis bei einem jeden Mannschaftsspiel ist, das Spiel auf eine Seite zu verlagern, damit der Gegner ins Schwimmen kommt. Den Gegner auf eine Seite zu locken, damit er die andere Seite freigibt. Und wenn wir das geschafft haben, dann müssen wir es über die andere Seite versuchen.» Damit das möglich ist, muss die eigene Mannschaft Breite herstellen. Guardiolas Team tut das in der Aufbaulinie: Zwei Spieler sind in der Breite direkt anspielbar, um das Spiel von einer Seite zur anderen verlagern zu können. Die Breite des Feldes zu nutzen, ist also eine gute Möglichkeit, den Gegner zum Verschieben zu zwingen – immer in der Hoffnung, dass er eine Lücke offenbart.

Räume zwischen den Linien besetzen

Sowohl das Erzeugen von Breite als auch das Erzeugen von Tiefe haben den Effekt, dass der Gegner auseinandergezogen wird. Der Gegner soll möglichst einen großen Teil des Feldes abdecken müssen; er soll das Feld nicht eng machen dürfen. Das wäre für die angreifende Mannschaft nachteilig: Sie möchte dem Spieler am Ball nicht nur Anspielstationen verschaffen, sondern auch Zeit und Raum.

Das Erzeugen von Breite und Tiefe wäre aber nutzlos, wenn die eigene Mannschaft nicht die Vorteile ausnutzt, die dadurch entstehen. Die Lücken, die der Gegner öffnet, müssen auch besetzt werden. Dies trifft vor allem auf den Raum zwischen den gegnerischen Linien zu. Erhält ein Spieler hier den Ball, kann er aufdrehen und in Richtung des gegnerischen Tors laufen. Genau diese Räume zwischen den gegnerischen Linien besetzt City.

> Wendet sich ein Spieler mit dem Ball am Fuß in die Richtung des gegnerischen Tors, dreht er auf. Das **Aufdrehen** sorgt also dafür, dass der Spieler mit dem Ball am Fuß in Richtung des gegnerischen Tors schaut.

Auch die Schnittstellen zwischen den gegnerischen Verteidigern sollten besetzt werden. Nur wenn Angreifer sich von den Gegenspielern entfernen, können sie auch über Pässe ins Spiel eingebunden werden. Befindet sich ein Angreifer nun in der Schnittstelle zwischen zwei Verteidigern, drängt er die Verteidiger zu einer Entscheidung: Sie müssen sich absprechen, wer den Angreifer abdeckt. Im Angriff geht es immer auch darum, den Gegner vor Entscheidungen zu stellen und damit den Druck zu erhöhen. Entsprechend sollten die Angreifer stets versuchen, sich zwischen zwei Verteidigern zu postieren.

Zwischenfazit

Als kleines Zwischenfazit lassen sich folgende Prinzipien des Positionsspiels festhalten:

- Die Angreifer müssen Dreiecke bilden und sollten nicht in Linien zueinanderstehen.
- Die Angreifer müssen Tiefe erzeugen.
- Die Angreifer müssen das Zentrum besetzen.
- Die Angreifer müssen Breite schaffen.
- Die Angreifer müssen die Lücken der gegnerischen Formation besetzen.
- Alle Angreifer sollten ins Passspiel der Mannschaft einbezogen werden.

Einteilung des Felds in Zonen

Betrachten wir die Prinzipien aus den Augen der Spieler, wirken sie zunächst wie eine vollständige Überforderung. Die Angreifer müssen ständig darauf achten, wo ihre Mitspieler stehen, um keine Passwege zu blockieren. Sie müssen sich am Raum und am Gegner orientieren, um Tiefe bzw. Breite zu erzeugen. Sie müssen Lücken in der gegnerischen Formation erkennen. Sie müssen wahrnehmen, wohin der Ball geht, und darauf reagieren. Und last, but not least müssen sie ihre Entscheidungen auch noch technisch sauber ausführen, sobald sie am Ball sind. Wie soll all das möglich sein? Ein Fußballer hat auch nur zwei Augen, zwei Füße und einen Kopf.

Um den Spielern eine Hilfestellung an die Hand zu geben, wo sie zu stehen haben, hat es sich eingebürgert, das Spielfeld in Zonen aufzuteilen. Die Idee: Wenn die Spieler die Zonen auf dem Feld intelligent besetzen, werden die Prinzipien des Positionsspiels automatisch umgesetzt. Die Spieler müssen sich nur darauf konzentrieren, ihre zugeordnete Zone zu füllen.

Die simpelste Form der Zoneneinteilung stammt von Johan Cruyff. Als Trainer des FC Barcelona in den neunziger Jahren erfand er das Zonenspiel. Er teilte das Feld in 30 Zonen ein: sechs horizontale Linien und fünf vertikale – siehe Abbildung 58.

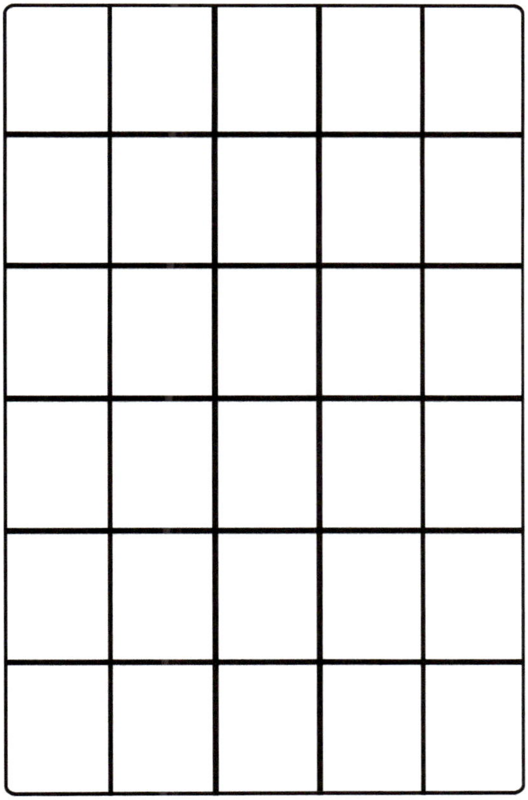

58. Cruyffs Zoneneinteilung

Guardiola hat als Spieler unter Cruyff gelernt. Später hat er als Trainer Cruyffs Zoneneinteilung weiterentwickelt. Wie sieht Guardiolas Aufteilung im Ballbesitz aus? Guardiola teilt das Feld in 20 Zonen ein – siehe Abbildung 59. Horizontal teilt er das Feld in sechs Bereiche, vertikal in fünf. Im Zentrum und den Halbräumen gibt es nur vier Bereiche: die beiden Strafräume sowie den Bereich zwischen den Strafräumen, abgetrennt durch die Mittellinie. Auf den Flügeln gibt es je sechs Zonen.

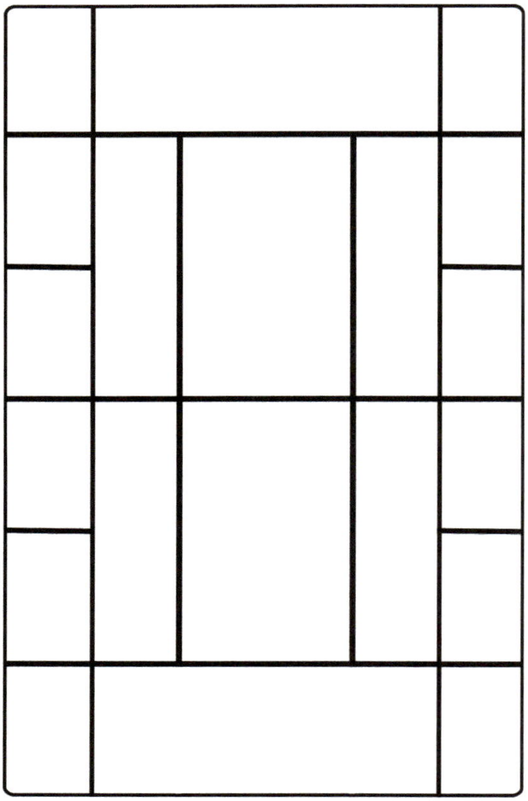

59. *Guardiolas Zonen*

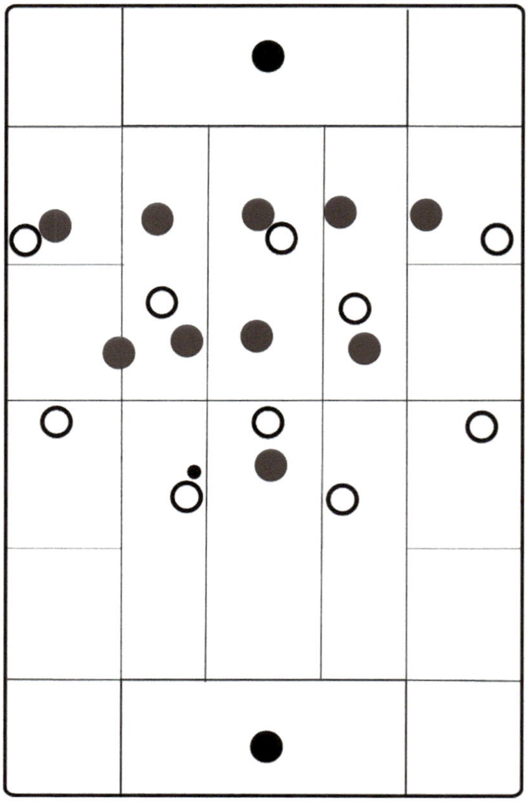

60. *Guardiolas Zonen im Beispiel*

Der **Halbraum** befindet sich zwischen Zentrum und Flügel. Das Feld ist also in fünf Bereiche geteilt: die beiden Flügelbereiche, die Spielfeldmitte sowie den linken und rechten Halbraum dazwischen.

Legt man diese Zoneneinteilung nun wie ein Gitter über das Beispiel aus Citys Spiel gegen Chelsea, sieht man, wie Guardiolas Zoneneinteilung in der Praxis funktioniert. City steht optimal, da fast jede Zone zwischen den Strafräumen von maximal einem Spieler besetzt wird. Die Spieler müssen nicht auf alle Prinzipien achten: Die Prinzipien ergeben sich automatisch, wenn sie ihre Zonen korrekt besetzen. Die jeweiligen Spieler müssen nur wissen, welche Zone sie zu besetzen haben bzw. welche Position sie bekleiden. (Man könnte fast sagen: Das Wort «Zonenspiel» wäre wohl der bessere Begriff als der etablierte «Positionsspiel».)

Hilfestellungen für die Zonenbesetzung

Guardiola hat diverse Prinzipien, wie seine Zonen besetzt werden sollen: Zu keiner Zeit sollen sich zwei Spieler in derselben Zone aufhalten. Sonst wäre die Grundidee, die Abstände der Spieler zu optimieren, dahin. Die Abstände zwischen ihnen wären zu gering, die Pässe würden keinen Raumgewinn erzielen, für ihre Mitspieler würden zu wenige Anspielstationen geschaffen.

Es dürfen nie mehr als zwei Spieler in einer Linie stehen. Sie würden Passwege zwischen Mitspielern blockieren. Deshalb sollen zwei Spieler, die aneinandergrenzende Zonen besetzen, versetzt zueinanderstehen. City macht dies in der beispielhaften Szene exzellent: Die Spieler stehen zwischen den Zonen versetzt und blockieren sich nicht gegenseitig.

Innerhalb der Zonen sollten die Spieler versuchen, sich von ihren Gegenspielern abzusetzen. Dies gilt vor allem für Spieler, die sich zwischen den gegnerischen Verteidigungslinien anbieten. Aus diesem Grund sind die Zonen von der Länge und Breite recht großzügig: Die Bewegungen der Spieler sollen zwar in klare Bahnen gelenkt, ihre Bewegungsfreiheit aber nicht vollständig eingeschränkt werden. Nur so können die Angreifer auf die Position der Verteidiger reagieren.

Zoneneinteilung: Alles ist möglich

Guardiolas Zoneneinteilung ist hierbei nur ein Beispiel. Zwar gibt es viele Trainer, die Guardiolas Konstrukt übernehmen. Theoretisch gibt es aber unendlich viele Wege, das Feld in Zonen einzuteilen. Jeder Trainer kann seine eigene Variante basteln, um seine Spielidee durchzusetzen.

Entscheidend ist, dass die Zoneneinteilung die Prinzipien des Positionsspiels umsetzt und zugleich für die Spieler praktikabel ist. Das Ziel sollte sein, den Spielern bei der Raumbesetzung zu helfen. In Citys Beispiel verringern sich die Referenzpunkte für die einzelnen Angreifer massiv: Sie müssen nicht mehr jeden Mitspieler im Auge haben. Es genügt, die grundlegenden Faktoren umzusetzen: Sie müssen sich von ihrem Gegenspieler absetzen, versetzt zu den Spielern in der benachbarten Zone stehen und in ihrer Zone bleiben. Mehr benötigt es nicht, um Ball und Gegner laufen zu lassen.

Die Prinzipien des Positionsspiels sind ein ideales Mittel, um die Phase des eigenen Ballbesitzes zu strukturieren. Sie helfen, der Mannschaft eine gute Raumstruktur zu verpassen. Ein Team kann im Idealfall die beiden Konfliktherde in Einklang bringen: Sie können den Ball halten und aus ihrer eigenen Ordnung das gegnerische Tor angreifen. City steht exemplarisch dafür: Keine Mannschaft hat in den vergangenen drei Jahren mehr flache Pässe gespielt als Guardiolas – und kaum eine hatte mehr Erfolg. Guardiola holte zwei Meistertitel in Folge und erzielte sogar einen neuen Punkterekord in der Premier League.

Positionsspiel als Absicherung

Dieses Kapitel soll sich vornehmlich um das Thema Ballbesitz drehen. Und doch muss ich an dieser Stelle zunächst kurz eine andere Phase des Spiels streifen: die Phase nach dem Ballverlust. Wie eingangs des Buchs festgestellt, ist es nicht möglich, die Phasen komplett isoliert voneinander zu betrachten. Eine Erläuterung des Positionsspiels wäre unvollständig, würde sie nicht auch auf die Vorteile der Zonenstruktur nach einem Ballverlust eingehen.

Die gleichmäßige Aufteilung auf dem Feld soll helfen, nach einem Ballverlust sofort nachsetzen zu können. Egal, wo der Ball verlorengeht: Durch die Verbindungen auf dem Feld befinden sich in allen Bereichen Spieler in Ballnähe. Verlöre City nun den Ball, könnten die Spieler die sofortige Rückeroberung des Balls anstreben. Spieler verlassen nun ihre Zonen, um den Gegner sofort unter Druck zu setzen. Welche Prinzipien für die Rückeroberung des Balls gelten, erkläre ich im Kapitel zum Umschalten von eigenem auf gegnerischen Ballbesitz.

Eine gute Struktur bei Ballbesitz muss ermöglichen, nach Ballverlust schnell in eine gute Defensivordnung zurückkehren zu können. Das ist der vielleicht größte Pluspunkt des Positionsspiels: Durch die klaren Vorgaben wissen die Spieler exakt, welche Räume sie in welcher Phase des Spiels zu besetzen haben. Sie können schnell von ihrer offensiven in die defensive Position zurückkehren, ohne sich komplett neu orientieren zu müssen. Im Idealfall sind die entsprechenden Laufwege längst in ihr Blut übergegangen.

Restverteidigung

Dieses Denken über die Grenzen der einzelnen Phasen hinaus erklärt auch, wieso City im Beispiel nicht möglichst viele Spieler nach vorne wirft. Betrachtet man das Feld strukturell, ist ihre Aufteilung fast schon peinlich vorsichtig: Sie postieren sich in einem 2-3-2-3. Citys tiefsten fünf Spielern steht nur ein einziger Chelsea-Akteur gegenüber.

Warum steht City also mit fünf Spielern derart tief? Sie denken bereits bei Ballbesitz den Ballverlust mit. Die tiefen Spieler schaffen nicht nur Anspielstationen in Ballnähe, sie sichern auch das eigene Tor für den Fall, dass der Ball verlorengeht. Sie bilden die Absicherung, auch Restverteidigung genannt.

Das Verteidigen bzw. Decken der gegnerischen Offensivspieler bei eigenem Ballbesitz bezeichnet man als **Restverteidigung**. Die Spieler, die sich für das Verteidigen eines Konters zu jeder Zeit hinter dem Ball befinden, bilden die Restverteidigung.

Wie viele Spieler werden für eine stabile Restverteidigung benötigt? Guardiolas Antwort lautet: fünf. Viele Trainer sichern ihr eigenes Ballbesitzspiel ebenfalls mit fünf Angreifern ab. Wie über viele Fragen der Fußballtaktik lässt sich auch über diese trefflich streiten. Defensiv denkende Trainer werden mit weniger Spielern aufrücken, ihre Restverteidigung liegt bei mehr als fünf Akteuren. Offensiv denkende Trainer werden ihre Restverteidigung minimieren. Sie bauen darauf, Konter nicht zuzulassen bzw. im Keim zu ersticken.

Viele Trainer arbeiten in diesem Fall mit der «Gegenspieler plus eins»-Regel: Es sichern jeweils so viele Verteidiger ab, dass man in einer Kontersituation einen Mann Überzahl behält. Postiert der Gegner also drei Spieler in Positionen, die in einem Konter schnell gefährlich werden können, besteht die eigene Restverteidigung aus vier Spielern. Andere Teams wiederum wenden eine flexible «Gegenspieler plus zwei»-Regel an. Hier befinden sich zwei Spieler mehr in der Restverteidigung. Mindestens einer der überzähligen Spieler achtet aber darauf, im Zweifelsfall aufrücken und die Offensive unterstützen zu können. So oder so: Die Positionsspiel-Struktur einer Mannschaft solle immer klar festlegen, welche Spieler die eigenen Angriffe absichern.

Positionen innerhalb des Positionsspiels

Bislang besteht dieses Kapitel hauptsächlich aus Prinzipienreiterei. Ich habe die Prinzipien des Positionsspiels vorgestellt. Die Frage, die sich daraus ergibt: Wie lassen sich diese Prinzipien in der Praxis umsetzen? Welche Spieler müssen welche Positionen bekleiden, um Tiefe, Breite und Räume im Zentrum zu besetzen?

Viel mehr noch als im ersten Kapitel geht es bei der offensiven Formationswahl um die Verknüpfung zwischen Prinzipien und konkreter Raumbesetzung. Die Raumbesetzung orientiert sich stark an der gegnerischen Abwehr; siehe das Prinzip, Tiefe zu schaffen oder Lücken in der gegnerischen Formation zu besetzen. Die Spieler orientieren sich am gegnerischen Abwehrverbund, suchen Lücken, besetzen frei werdende Räume.

Somit sind Formationen bei eigenem Ballbesitz noch unwichtiger als beim gegnerischen Ballbesitz. Entscheidend ist nicht, welche Formation eine Mannschaft wählt, sondern wie sie die Prinzipien des Positionsspiels umsetzt. Das ist gerade für die einzelnen Spieler entscheidend. Sie müssen wissen, welche Rolle sie im Positionsspiel einnehmen und wie sich diese von ihrer defensiven Position unterscheidet. Wo müssen sie stehen, welche Laufwege sollen sie wählen?

Vorrangig stellt sich also die Frage, wie die einzelnen Spieler Positionen besetzen können, um die Prinzipien des Positionsspiels umzusetzen. Jede Mannschaft hat dabei andere Räume oder taktische Mittel, auf die sie sich fokussiert. An dieser Stelle sollen die grundlegenden Möglichkeiten aufgezeigt werden, die Prinzipien des Positionsspiels einzuhalten.

System und Individuum – kein Entweder-oder!

Kein Trainer möchte in der Öffentlichkeit den Ruf haben, ein Taktiknerd zu sein, der in der Menschenführung versagt. Somit werden Profitrainer nicht müde zu betonen, dass Fußball ein Sport der Spieler sei. Ihre fußballerischen Stärken und Schwächen bestimmen, wie eine Mannschaft spielt. «Die Spieler bestimmen das System – und nicht das System die Spieler!»

Dieser Satz klingt schön. In der Praxis ist er selten umzusetzen. Kein Trainer der Welt stellt einfach nur seine elf besten Spieler in ihren Lieblingspositionen auf. Selbst wenn ein Team über vier Weltklasse-Stürmer verfügt, die Tore am Fließband schießen, werden sie kaum alle zur selben Zeit spielen. Wie sollten sich ihre Stärken auch ergänzen? Die Mannschaft hätte zwar vier gute Stürmer im Strafraum, aber niemanden, der sie mit Pässen füttert. Es wäre praktisch unmöglich, eine Positionsspiel-Struktur zu basteln, die Verbindungen zwischen allen vier Strafraumstürmern ermöglicht.

Andersherum wird ebenso wenig ein Schuh draus: Die Prinzipien eines guten Offensivspiels ließen sich nicht umsetzen, wenn plötzlich Mats Hummels als Außenstürmer auflaufen müsste. Er könnte diese Rolle nicht so ausfüllen, wie es von einem Außenspieler verlangt wird. Weder ist er gut im Dribbling noch schnell. Dafür hat er andere Qualitäten. Seine raumgreifenden Pässe können helfen, gegnerische Abwehrreihen zu knacken.

Es geht also immer um die Balance: Spieler müssen in Rollen eingesetzt werden, die zu ihnen passen. Diese Rollen wiederum müssen zu den anderen Rollen auf dem Feld passen. Im Idealfall spielen möglichst viele Spieler in Rollen, die sie beherrschen, und ergänzen sich dabei mit ihren Stärken. Das System und die Einzelspieler sind also keine Antipole. Sie gehören zusammen.

In diesem Kapitel werden unterschiedliche Wege vorgestellt, die Positionen so zu besetzen, dass die Prinzipien des Positionsspiels umgesetzt werden. Für die unterschiedlichen Prinzipien gibt es die unterschiedlichsten Wege, dies zu tun. Das hat wiederum mit den Qualitäten der Spieler zu tun. Lionel Messi wird seine Rolle als Stürmer anders interpretieren als Robert Lewandowski. Für jeden Spieler gibt es einen eigenen Weg, ihn in das Positionsspiel-Konstrukt einzubinden.

Dennoch haben sich auch in diesem Bereich taktische Mittel durchgesetzt, die heutzutage als Standard gelten. Das Entscheidende ist, die hier vorgestellten Spielerrollen nicht als dogmatisch zu betrachten. Fußball ist ein komplexer Sport. Theoretisch lassen sich die Rollen auf dem Feld auf zig unterschiedlichen Wegen verbinden. Immer wieder finden Trainer neue

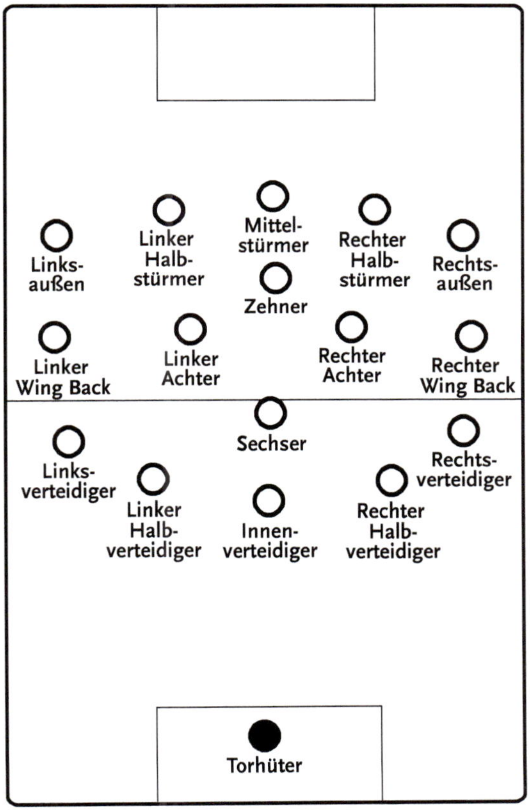

G1. Positionen

Wege, die Prinzipien des Positionsspiels umzusetzen und damit den Gegner zu überraschen. Dies ist nur eine kleine Auswahl.

Tiefe besetzen

Das wichtigste Prinzip des Positionsspiels lautet, Tiefe zu schaffen im Angriff. Stürmer sind prädestiniert für diese Aufgabe: Sie postieren sich in vorderster Linie, drücken den Gegner nach hinten und stehen bereit, den Ball über die Linie zu befördern. Es gibt dabei unterschiedliche Rollen, die Stürmer einnehmen können. Mittelstürmer lauern in zentraler Position. Sie können den Gegner nach hinten drücken, hinter die Abwehr sprinten und im weiteren Verlauf den Strafraum besetzen. Halbstürmer wiederum postieren sich – wie der Name bereits verrät – in den Halbräumen. Sie suchen die Schnittstellen zwischen den gegnerischen Außen- und Innenverteidigern. Schaffen Stürmer Tiefe, positionieren sie sich direkt an der gegnerischen Abwehrlinie. Somit schaffen sie Präsenz und verhindern, dass die gegnerische Abwehr allzu weit aufrücken kann.

Aber auch andere Spieler können helfen, die Tiefe zu besetzen. Viele Teams arbeiten mit dem dynamischen Nachrücken der Mittelfeldspieler: Die Achter bzw. Zehner verbleiben zu Beginn des Angriffs in ihrer Position im Mittelfeld. Sobald jedoch Tempo aufgenommen wird, starten sie aus dem Rückraum in Richtung gegnerisches Tor. Mit diesen Läufen können sie Dynamik schaffen: Sie kommen bereits mit hoher Geschwindigkeit an der gegnerischen Abwehrlinie an. Mit dem richtigen Timing haben sie also einen Vorteil gegenüber der gegnerischen Abwehr.

Breite in der vordersten Linie besetzen

Ein Prinzip des Positionsspiels lautet, Breite zu erzeugen. Besonders die letzte Linie des Gegners soll auseinandergezogen werden. Dazu müssen sich hier Spieler in der Breite postieren. Außenstürmer sind die logische Option, um die Breite in der letzten Linie zu besetzen. Im City-Beispiel stehen mit Leroy Sané und Raheem Sterling die beiden Außenstürmer der defensiven 4-3-3-Formation in der letzten Linie. Sie sorgen für Breite im letzten Drittel.

Nicht immer sind es Außenstürmer, die Breite in der letzten Linie geben. Auch aufrückende Außenverteidiger können im letzten Drittel Breite erzeugen. Sie können schon früh im Angriffsverlauf nach vorne rücken und an der letzten Linie Breite geben.

Ihr Vorrücken kann auch dynamisch geschehen. In diesem Fall hinterlaufen sie die Akteure vor ihnen. Dieses Stilmittel kennen Fans vom FC Bayern München: Wenn Arjen Robben auf der

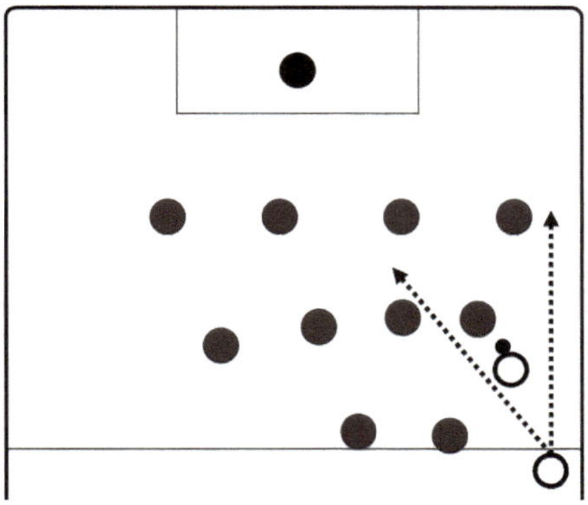

G2. Hinter- bzw. Vorderlaufen

rechten Seite zu seinen charakteristischen Dribblings in Richtung Zentrum ansetzte, startete Philipp Lahm den Flügel entlang. Er «hinterlief» Robben. Damit stellte er die Abwehr vor ein Dilemma: Sollte sie Lahms Lauf aufnehmen und damit einen Gegenspieler von Robben abziehen? Oder sollte sie Lahm freilassen und damit riskieren, dass Robben einen Pass hinaus zu Lahm spielen konnte? Mit einem simplen Laufweg gelang es den Bayern, die Dynamik des Spiels zu erhöhen und den Gegner unter Handlungsdruck zu setzen. Zugleich konnten sie so die Breite des Feldes besetzen, während Robben ins Zentrum rückte.

> Sprintet ein Angreifer außen am ballführenden Spieler vorbei in den freien Raum, **hinterläuft** er diesen. Sprintet ein Angreifer innen am ballführenden Spieler vorbei, **vorderläuft** er diesen.

Breite in der hintersten Linie besetzen

Bei Formationen mit Viererketten entsteht durch das weite Vorrücken der Außenverteidiger ein Problem: In der eigenen ersten Linie verbleiben nur zwei Spieler, nämlich die beiden Innenverteidiger. Es ist risikoreich, nach einem Ballverlust nur zwei Spieler in der letzten Linie als Restverteidigung abzustellen, zumal wenn der Gegner mit zwei Stürmern agiert. Das Prinzip,

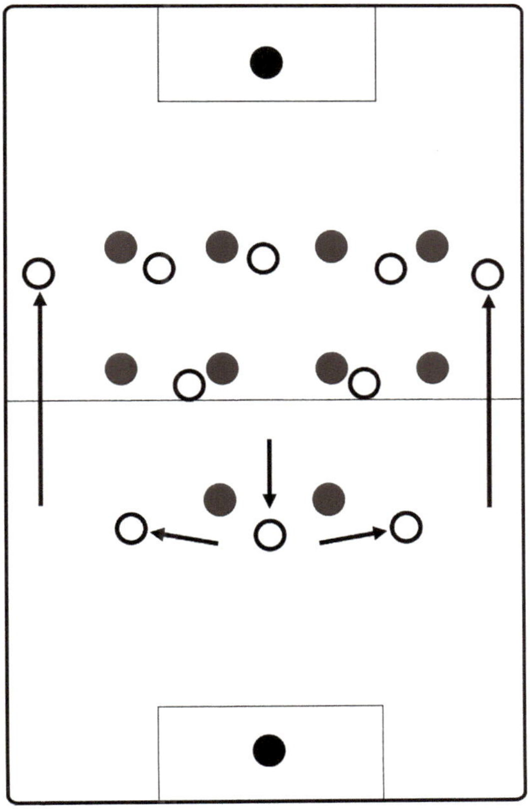

G3. Abkippende Sechs

einen Spieler mehr in die Restverteidigung zu stellen als der Gegner, geht hier nicht auf.

Ein zurückfallender Spieler aus dem zentralen Mittelfeld kann dieses Problem lösen. Er füllt die erste Linie auf. Er hat zwei Möglichkeiten: Entweder lässt er sich zwischen die beiden Innenverteidiger fallen, diese rücken leicht nach außen. Oder aber er fällt neben die Innenverteidiger. Diese bewegen sich dann in Richtung der anderen Seite. So entsteht ein Dreierblock in der ersten Aufbaulinie. Die Rolle des Mittelfeldspielers, der sich fallen lässt, nennt man «abkippende Sechs».

Lässt sich ein Spieler bei eigenem Ballbesitz eine Linie tiefer fallen, als er bei gegnerischem Ballbesitz spielt, kippt er ab. Lässt sich ein Spieler aus der Mittelfeld-Kette bei eigenem Ballbesitz in die Abwehr fallen, spricht man von einem **abkippenden Sechser**. Spieler können dabei entweder vertikal oder diagonal auf die Flügel abkippen. Lässt sich ein Sechser auf die Außen fallen, spricht man von einem diametral abkippenden Sechser – oder zumindest tun das diejenigen Leute, die besonders schlau klingen wollen.

Der abkippende Sechser schafft einen weiteren Vorteil für die eigene Mannschaft: Er ermöglicht den Innenverteidigern, sich nach außen abzusetzen. Das Abkippen des Sechsers schafft also nicht nur Breite in der letzten Linie, sondern auch in der ersten: Es entsteht eine Drei-Mann-Aufbaulinie, welche die Breite des Feldes besetzt. Somit lässt sich das Spiel gut innerhalb der ersten Aufbaulinie von einer Seite zur anderen verlagern.

Um Breite in der ersten Aufbaulinie herzustellen, können die Mittelfeldspieler auch auf andere Art abkippen: Sie lassen sich nicht zentral zurückfallen, sondern auf die Flügelpositionen. Real Madrid nutzte dieses taktische Mittel als Waffe: Die Spielgestalter Toni Kroos und Luka Modrić ließen sich auf die Außenpositionen fallen. Sie entzogen sich dem Druck des gegnerischen Mittelfelds. Real konnte das Spiel von einem Passkünstler auf links (Kroos) auf den anderen Passkünstler (Modrić) auf rechts verlagern, ohne dass der Gegner Zugriff erlangen konnte. Selbst wenn sie den Ball verloren, war Real optimal abgesichert. Diese Art des Abkippens nennt man **diagonales Herauskippen der Sechser**.

Eine radikalere Methode, die erste Linie aufzustocken und den Außenverteidigern das Vorrücken zu ermöglichen, ist die sogenannte **Torwartkette**. Der Begriff ist eigentlich irreführend: Es geht nicht darum, dass der Torhüter mit den Verteidigern eine Kette im

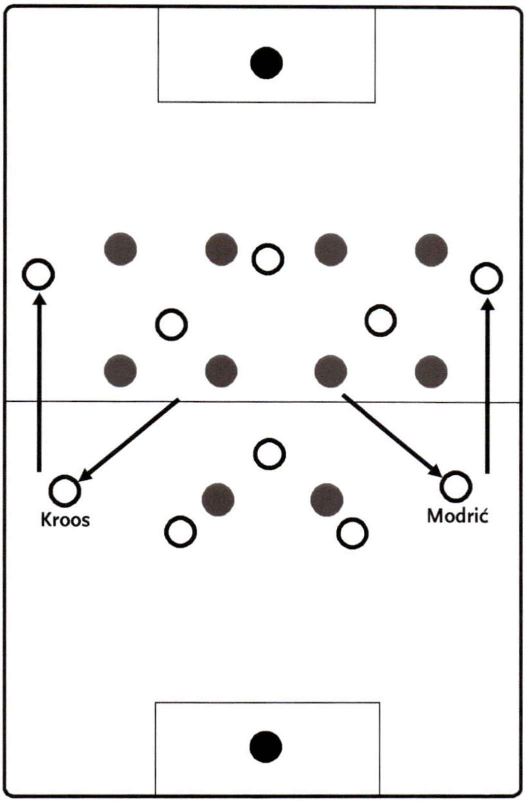

64. Diagonales Herauskippen bei Real Madrid

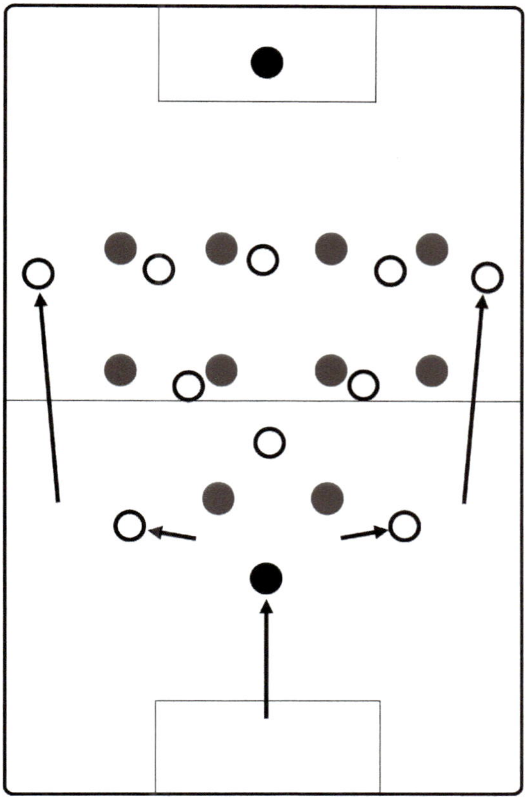

65. Torwartkette

Spiel gegen den Ball erzeugt. Vielmehr entsteht eine Torwartkette im Spiel mit dem Ball. Dieser postiert sich dazu zwischen den beiden Innenverteidigern. Er deckt den zentralen Korridor des Feldes ab. Dort wird er in das Aufbauspiel einer Mannschaft eingebunden. Torhüter und Innenverteidiger können eine Dreierlinie in der ersten Aufbaureihe bilden.

Dieses Mittel ist jedoch recht riskant: Nach einem Ballverlust steht der Torhüter nicht da, wo er eigentlich stehen sollte. Ein Fehlpass im Aufbau genügt, um den Gegner zu einem recht simplen Tor einzuladen. Nur wenige Torhüter trauen sich also allzu weit aus ihrem Strafraum. Am eigenen Strafraum sieht man dieses taktische Mittel in den vergangenen Jahren jedoch immer häufiger. Hier wird vom Torwart gefordert, dass dieser sich als zentraler Akteur im Aufbauspiel einbezieht.

Möchte man die erste Aufbaulinie mit drei Spielern bestücken, gibt es natürlich einen simpleren Weg als das Abkippen eines Sechsers oder das Bilden einer Torwartkette: Eine Dreierkette in der Abwehr hilft, die Breite in der ersten Linie abzudecken.

Zentrum besetzen

Das Zentrum ist die Heimat des zentralen Mittelfeldspielers. Er besetzt diesen Raum und bietet sich als Verbindungsmann zwischen den Flügeln an. Sechser, Achter, Zehner: Sie teilen sich diesen Raum des Feldes untereinander auf.

Auch im Zentrum gibt es kreative Möglichkeiten, den jeweiligen Raum zu besetzen. Eine recht moderne Variante ist der falsche Außenverteidiger. In diesem Fall rücken die Außenverteidiger nicht den Flügel entlang nach vorne. Vielmehr bewegen sie sich diagonal aus der Abwehrkette ins Zentrum. Sie besetzen entweder den Raum vor der eigenen Abwehr oder aber den Raum vor der gegnerischen Abwehr. Im Spiel gegen den Ball sichern sie also die Flügel, während sie im Ballbesitzspiel zu zentralen Mittelfeldspielern werden. Der Vorteil: Die Mannschaft kann eine hohe Präsenz im zentralen Mittelfeld herstellen. Die Mittelfeldspieler wiederum können nach vorne rücken und damit Dynamik kreieren.

Noch moderner ist die Variante, Innenverteidiger in den Raum vor der Abwehr vorstoßen zu lassen. Dies kann in raumgreifender Funktion passieren: Ein Innenverteidiger rückt vor und besetzt den freien Raum vor der Abwehr. Nur wenige Teams trauen sich, ihre Innenverteidiger vorrücken zu lassen. Das würde eine Lücke ins Zentrum der Restverteidigung reißen.

Ein häufigeres taktisches Mittel sind dribbelnde Innenverteidiger. Viele Innenverteidiger dribbeln nur kurz an; sie dribbeln dabei meist diagonal, um eine Verschiebebewegung der gegnerischen Abwehr zu provozieren. Immer häufiger aber stoßen Innenverteidiger mit dem Ball weit nach

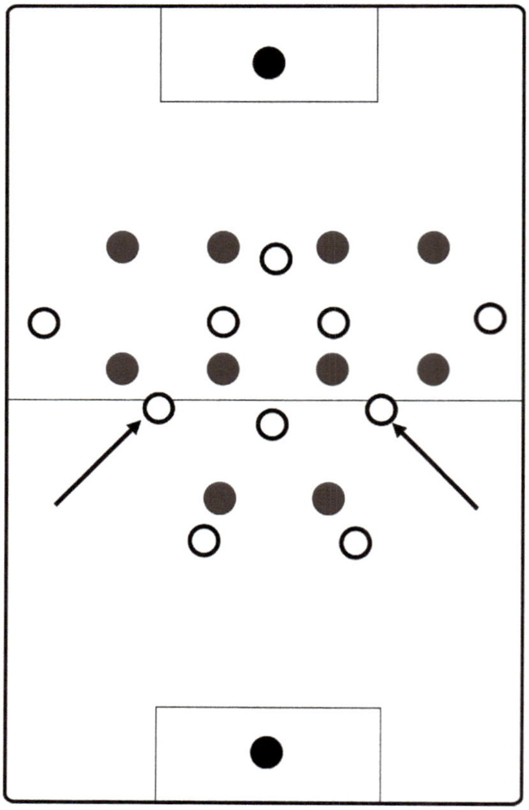

66. Falscher Außenverteidiger

vorne, um Lücken in der gegnerischen Formation zu attackieren und um Raumgewinn zu erzielen. Auch kurze Dribbelwege nach vorne können eine große Wirkung haben. Aber auch ein weiteres Vordringen mit dem Ball in die gegnerische Formation ist möglich. Damit lockt man den Gegner aus der eigenen Defensivformation. Im Anschluss müssen die Lücken in der gegnerischen Verteidigung besetzt werden.

Zwischenlinienräume besetzen

Das City-Beispiel hat verdeutlicht, wie entscheidend eine gute Besetzung der Räume zwischen den gegnerischen Linien sein kann. Hier hat der Gegner einen blinden Fleck. Wenn man es clever ausspielt, kann man aufdrehen und mit Tempo auf das Tor zulaufen. Bei City besetzten entsprechend zwei Mittelfeldspieler diesen Raum. Sie postierten sich zwischen den gegnerischen Abwehrketten. Dies ist die klassische Aufgabe eines Zehners: Er bietet sich zwischen gegnerischer Abwehr- und Mittelfeldkette an und sucht hier eine Lücke.

Über zurückfallende Stürmer lässt sich der Raum vor der gegnerischen Abwehrkette ebenfalls besetzen. In diesem Fall postiert sich ein Spieler bei gegnerischem Ballbesitz als Stürmer in vorderster Linie. Bei eigenem Ballbesitz lässt er sich jedoch fallen. Manche Spieler kippen dabei nur leicht nach hinten ab. Sie postieren sich zwischen gegnerischer Abwehr- und Mittelfeldreihe. Andere Spieler lassen sich weiter fallen, um zwischen die gegnerische Mittelfeld- und Sturmreihe zu gelangen. Dieses taktische Mittel wird häufig als falsche Neun bezeichnet. Es kann ein gutes Mittel sein, um die gegnerische Abwehr zu verwirren: Passt der Gegner nicht richtig auf, zieht die falsche Neun Verteidiger aus

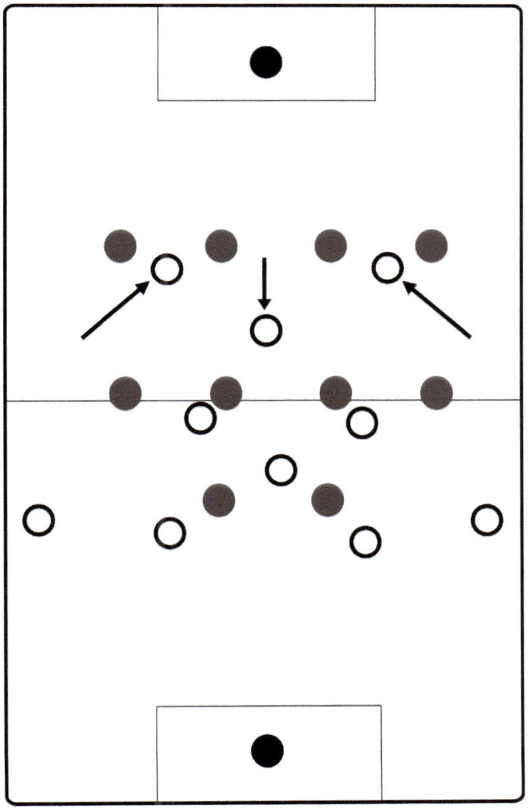

67. Falsche Neun

der Abwehr und provoziert so Lücken. Die nachrückenden Mittelfeldspieler stoßen in diese Lücke.

Eine **falsche Neun** bezeichnet einen Spieler, der gegen den Ball als Stürmer agiert, bei eigenem Ballbesitz sich aber eine oder mehrere Linien tiefer fallen lässt.

Überladungen und Asymmetrien

Überraschung! Nicht immer verbleiben Spieler im Angriff auf der Seite, auf der sie verteidigen. Spieler rücken dazu von ihrer angestammten Position auf eine Seite hinüber. Die Vorteile sind klar: Die Mannschaft schafft auf einer Seite eine Überzahl.

Eine etwas abgewandelte Form dieser Idee ist die Anwendung einer Asymmetrie. In diesem Fall agiert ein Spieler auf einer Seite der Formation anders als der Spieler auf der gegenüberliegenden Seite. Eine Asymmetrie bei den Außenverteidigern etwa sieht vor, dass ein Außenverteidiger sich weit nach vorne bewegt, während der andere eher tief verbleibt. Die Gegenspieler werden vor unterschiedliche Herausforderungen gestellt.

So wissen viele Teams genau, welche Seite ihre «Schokoladenseite» ist bzw. welche Seite des Gegners besonders

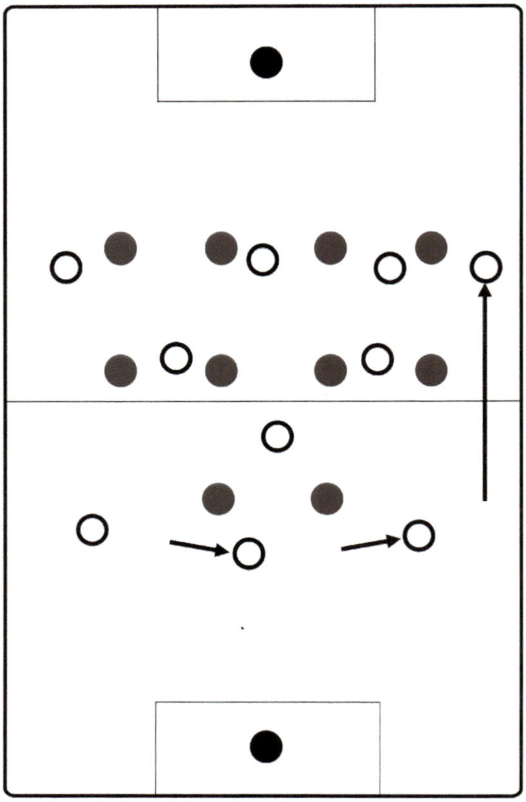

68. Asymmetrie – der linke Außenverteidiger hält sich zurück, während der rechte Außenverteidiger vorrückt

hart attackiert werden sollte. Auf diese Seite werden sich die Angriffsbemühungen konzentrieren, während die andere Seite allenfalls für Verlagerungen genutzt wird.

Kombination von Spielerrollen am Beispiel des FC Liverpool

Dies sind nur einige Wege, die einzelnen Prinzipien des Positionsspiels umzusetzen. Jede Mannschaft wählt andere Rollen für die Spieler, um erfolgreich zu sein im Ballbesitzspiel. Entscheidend ist, dass diese Rollen sich ergänzen und zugleich zu den Einzelspielern passen.

Eine recht plastische Art, den Einfluss von Einzelspielern auf die Gesamtstruktur zu erklären, ergibt sich, wenn man die Struktur von Manchester City mit der Struktur des FC Liverpool vergleicht. Was das Ziel von Citys Positionsspiel-Struktur war, zeigte sich im Beispiel: Über ihre Struktur wollten sie den Gegner strecken und Freiräume schaffen. Zieht sich der Gegner zu stark zusammen, erhalten die dribbelstarken Außenstürmer den Ball; Leroy Sané und Raheem Sterling können zu ihren charakteristischen Dribblings ansetzen. Lässt sich der Gegner weit auseinanderziehen, schafft das wiederum Freiräume im Zentrum. Spieler wie De Bruyne können dann im Zwischenlinienraum an den Ball gelangen. De Bruyne fühlt sich in diesen Räumen wohl, kann er hier doch seine enge Ballführung ausspielen sowie seine Fähigkeit, mit dem Ball am Fuß in Richtung Tor aufzudrehen.

Manchester Citys größter nationaler Konkurrent war in den vergangenen Jahren der FC Liverpool. Unter Trainer Jürgen Klopp haben sich die Reds nicht nur zu einer Pressingmaschine entwickelt. Klopp hat dem Team mit Hilfe einer klaren Positionsspiel-Struktur geholfen, sich auch gegen tiefstehende Gegner durchsetzen zu können. Von der Formation her unterscheiden sich seine Liverpooler nicht allzu sehr von City: Beide Teams agieren in der Defensive mit einer 4-3-3-Formation. Auch bei Ballbesitz setzen sie auf drei Stürmer.

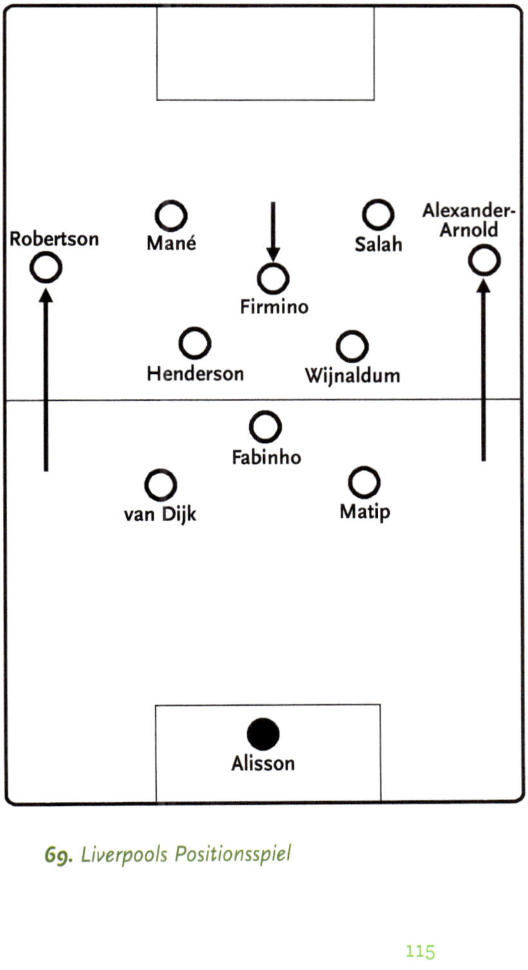

69. Liverpools Positionsspiel

Liverpool verfügt jedoch über gänzlich andere Spielertypen. Ihre nominellen Außenstürmer sind keine klassischen Dribbler wie Sané. Mohamed Salah und Sadio Mané sind die Torjäger des Teams. Sie postieren sich nur selten in der Breite. Stattdessen suchen sie häufig die Schnittstelle zwischen gegnerischem Innen- und Außenverteidiger. Liverpools Positionsspiel ist darauf ausgerichtet, Salah und Mané mit Pässen hinter die Abwehr zu schicken. Alternativ versucht Liverpool, die Außenspieler im Halbraum in Dribbling-Situationen zu bringen, bei denen sie auf das Tor zulaufen können. Liverpool will also auf andere Art den Gegner packen, als City dies tut.

Das beeinflusst wiederum die Rolle der übrigen Spieler. Bei Liverpool agiert kein klassischer Stürmer im Zentrum, der hinter die Abwehr startet und Tiefe schafft. Wieso auch? Tiefe erzeugen bereits Mané und Salah. Mittelstürmer Firmino hingegen lässt sich fallen und sucht Lücken zwischen den gegnerischen Linien. Er agiert im Stil einer falschen Neun. Für Breite sorgen wiederum die aufrückenden Außenverteidiger. Sie agieren wesentlich offensiver als bei City und sollen die gegnerische Abwehr auseinanderziehen. Das vergrößert wiederum die Schnittstellen, in die Mané und Salah starten können.

Es ist nur ein kurzes Beispiel. Es zeigt aber: Jede Positionsspiel-Struktur muss die Stärken und Schwächen der Spieler miteinbeziehen. Es nützt wenig, Freiräume zwischen den gegnerischen Linien zu kreieren, wenn die Mannschaft keine Spieler hat, die diese Freiräume ausnutzen können. Verfügt eine Mannschaft über einen Stürmer, der Bälle mit dem Rücken zum Tor halten und weiterleiten kann, wird sie Angriffe anders auslösen als ein Team, das einen kleinen, aber wendigen Stürmer besitzt. Dieser sollte eher hinter die Abwehr geschickt werden.

Die Frage eines jeden Trainers muss also lauten: Wie kann ich die Qualitäten meiner Spieler optimal einsetzen und kombinieren, um möglichst einen Vorteil gegenüber dem Gegner zu erzielen? Die Antwort auf diese Frage lässt sich nicht verallgemeinern. Klopps Liverpooler zeigen aber im Beispiel, wie es funktioniert: Sie schaffen eine Struktur, die sowohl die Prinzipien des Positionsspiels umsetzt als auch die Stärken der Einzelspieler zur Geltung bringt.

Vom Ballhalten zum Toreschießen

Es gibt eine berühmte Szene aus der Serie *Die Simpsons*. Die Bewohner der Stadt Springfield haben sich im Stadion der Stadt versammelt, um einem Fußballspiel zwischen Portugal und Mexiko beizuwohnen. «Schnelle Schüsse, wenig Tore», versprach ihnen die TV-Werbung. Die Zuschauer, als Amerikaner bislang noch nicht mit Fußball in Berührung gekommen, müssen schnell feststellen: Das Spiel ist stinklangweilig. Ein genervter Sprecher kommentiert: «Läufer spielt Ball in die Mitte. Abspiel auf rechten Flügel. Wieder zurück in die Mitte. Ball wird gehalten. Und gehalten. Und gehalten.» Am Ende sind die Zuschauer derart gelangweilt vom ewigen Ballhalten, dass sie eine Massenschlägerei anzetteln. Die *Simpsons*-Episode offenbart den amerikanischen Blick auf den Fußballsport: wenig Action, viel Ballgeschiebe, Schlägereien im Publikum.

Klischees beinhalten häufig einen wahren Kern. Das gilt auch für das *Simpsons*-Beispiel. Als Zuschauer eines Fußballspiels hat man häufig das Gefühl, die angreifende Mannschaft will den Ball nur halten, nicht aber ein Tor schießen. Den Ball laufen zu lassen, ist ein ideales taktisches Mittel, um kein Gegentor zu kassieren; hat man selbst den Ball, kann der Gegner schließlich kein Tor erzielen.

Kein Zuschauer geht jedoch ins Stadion, um 90 Minuten voller Quer- und Rückpässe zu sehen. Irgendwann sollte die angreifende Mannschaft aufhören, den Ball nur noch halten zu wollen. Irgendwann sollte sie versuchen, ein Tor zu schießen. Das bedeutet: die gegnerische Abwehr überspielen, Tempo aufnehmen und zum Abschluss gelangen. Nur so lassen sich aus dem eigenen Ballbesitz Tore erzielen.

Vom Ballhalten zum Packing

In der Einleitung dieses Kapitels habe ich das Konzept Packing vorgestellt. Genau darum geht es in diesem Unterkapitel: Während beim Ballhalten um die gegnerische Defensivformation herumgespielt wird, geht es nun darum, in oder hinter die gegnerische Formation zu gelangen.

Wenn Packing jedoch einfach wäre, würde jede Mannschaft sofort den Weg in die Spitze suchen. Ein Angriff ist aber immer auch mit einem Risiko verbunden: Ein schlecht platzierter Pass, eine fehlerhafte Ballannahme, ein Abspiel in einen Raum, in dem der Gegner eine klare Überzahl hat – und schon erobert der Gegner den Ball. Es muss alles richtig laufen, um vor das gegnerische Tor zu gelangen. Selten genügt eine gelungene Aktion. Es benötigt eine Sequenz guter Aktionen: Pässe, Dribblings, Torschüsse. Nur wenn die Spieler die jeweilige Situation richtig wahrnehmen, gute Entscheidungen treffen und diese Entscheidungen auch noch gut ausführen, können sie an der gegnerischen Abwehr vorbeigelangen. Eine falsche Entscheidung oder eine schlecht ausgeführte Aktion – und der ganze Angriff ist dahin. Es ist egal, ob die Mannschaft zuvor zehn richtige Entscheidungen getroffen hat. Das macht das Angreifen des gegnerischen Tors so schwierig.

Der Gegner wird alles dafür tun, das angreifende Team zu Fehlern zu verleiten; sei dies über eine gute Raumbesetzung in einer passiven Defensive oder über ein aggressives Pressing. Es geht im Angriff darum, den entscheidenden Moment zu erkennen, wann man zum Toreschießen übergehen kann. Wenn man diesen Moment richtig antizipiert, erhöht man die Chancen, aus dem Ballbesitz ein Tor zu erzielen, enorm.

Vorteile erarbeiten gegenüber dem Gegner

Bereits im ersten Abschnitt dieses Kapitels habe ich darauf hingewiesen, dass Ballhalten nur um des Ballhaltens willen nicht das Ziel eines guten Positionsspiels sein kann. Eine gute Zonenstruktur schafft Anspielmöglichkeiten. So kann die angreifende Mannschaft den Ball in den eigenen Reihen laufen lassen. Das eigentliche Ziel lautet jedoch, den Ball exakt so lange laufen zu lassen, bis man in oder hinter die gegnerische Formation gelangen kann. Das Positionsspiel soll der eigenen Mannschaft einen Vorteil verschaffen gegenüber dem Gegner – und dieser Vorteil soll in Richtung des gegnerischen Tors ausgespielt werden.

Welche Arten von Vorteilen kann die angreifende Mannschaft über eine gute Raumbesetzung erlangen?

- **Strukturelle Vorteile**: Die eigene Mannschaft verfügt über **eine bessere Raumaufteilung als der Gegner**. Hier spielt das eigene Positionsspiel hinein. Wer den Gegner auseinanderzieht und die entstehenden Lücken besetzt, schafft Handlungsoptionen, die für den Gegner nur schwer abzudecken sind. Ein struktureller Vorteil ist es etwa, wenn die angreifende Mannschaft über ihr Positionsspiel einen Raum öffnet, über den sie auf das gegnerische Tor zulaufen kann.
- **Dynamischer Vorteil:** Die eigene Mannschaft verfügt über eine **höhere Dynamik als der Gegner**. Die eigenen Spieler können Geschwindigkeit aufnehmen und den Gegner damit unter Handlungsdruck setzen. Das verteidigende Team kann nur auf das

reagieren, was das angreifende Team tut. Tempo ist hier der entscheidende Faktor.

- **Quantitativer Vorteil**: Die eigenen Spieler schaffen mehr Handlungsoptionen, als der Gegner mit seinen Verteidigern abdecken kann. Oder einfacher gesagt: Das Team schafft eine Überzahl in Ballnähe. Im Idealfall spielt die angreifende Mannschaft diese Überzahl in Richtung des gegnerischen Tores aus.
- **Qualitativer Vorteil:** Hier geht es um die Qualität der Einzelspieler. Die Handlungsoptionen der eigenen Spieler versprechen eine hohe Erfolgswahrscheinlichkeit. Ein Dribbler wie Lionel Messi etwa kann mit einem Dribbling erfolgreich sein, selbst wenn er sich drei Gegenspielern gegenübersieht. Auch hier spielt das Positionsspiel hinein: Es hilft, Spieler in Situationen zu bringen, die sie beherrschen.

Selten treten diese Vorteile isoliert auf. Wer eine Überzahl in Ballnähe schafft, kann das Tempo erhöhen. Hierdurch wird ein dynamischer Vorteil kreiert. So kann eine Mannschaft mehrere Vorteile zur selben Zeit erzielen.

Überhaupt sind diese Ausführungen äußerst theoretisch; sie helfen den Spielern auf dem Platz kaum weiter. Die Ideen und Konzepte, die hinter diesen Vorteilen stecken, lassen sich am besten in der Praxis nachvollziehen.

Struktureller Vorteil am Beispiel von Manchester City

Manchester Citys Positionsspielstruktur habe ich bereits anhand einer Beispielszene aus einem Spiel gegen Chelsea seziert. Aber wie ging die Szene eigentlich weiter, nachdem City den Ball in der eigenen Positionsspiel-Ordnung hielt? Tatsächlich gelang es City in dieser Szene nicht nur, Ball und Gegner laufen zu lassen. Sie gingen aus dieser Ordnung sogar zum Packing über.

Citys Innenverteidiger Otamendi nutzte Chelseas tiefe Staffelung, um mit dem Ball am Fuß in den freien Raum vorzustoßen. Er hatte nun gleich mehrere Anspielmöglichkeiten. Die Spieler, die den Ball erhalten konnten, bildeten wiederum Dreiecke mit den umstehenden Spielern. Die Struktur, die ich bereits ausführlich analysiert habe, ist noch intakt.

Otamendi hatte in dieser Szene zahllose Möglichkeiten. Er hätte – wie bei den *Simpsons* – einen Querpass spielen und damit den Ball halten können. Das tat er aber nicht. City hatte durch die eigene Ordnung **einen strukturellen Vorteil** erlangt: Der Gegner wurde auseinandergezogen, sodass sich Lücken im gegnerischen Verbund öffneten. Otamendi erkannte dies. Er spielte den diagonalen Pass zu Kevin De Bruyne. Dieser bot sich im freien Raum zwischen den gegnerischen Verteidigungslinien an – siehe Abbildung 70.

Die Eröffnung des Spielzugs ist also ein Packing-Pass: Otamendi überspielt mit seinem Zuspiel gleich fünf der zehn gegnerischen Feldspieler. City spielt nicht mehr nur um die gegnerische Formation, sondern mitten hinein zwischen die gegnerischen Linien. Dies ist das Signal, um aus dem abwartenden Ballbesitzspiel überzugehen in eine dynamische Angriffssituation. De Bruyne nahm den Ball nicht an. Er spielte ihn mit einem Kontakt weiter zu Stürmer Gabriel Jesus – siehe Abbildung 71. Es folgte ein Doppelpass zwischen Jesus und De Bruyne – siehe Abbildung 72.

City geht eindeutig vom Ballhalten zum dynamischen Angriff über: Sie halten das Tempo hoch. Würde De Bruyne in dieser Szene das Tempo verschleppen, könnte sich Chelsea wieder hinter den Ball zurückziehen. Dann wären wieder alle oder nahezu alle Verteidiger zwischen Ball und Tor.

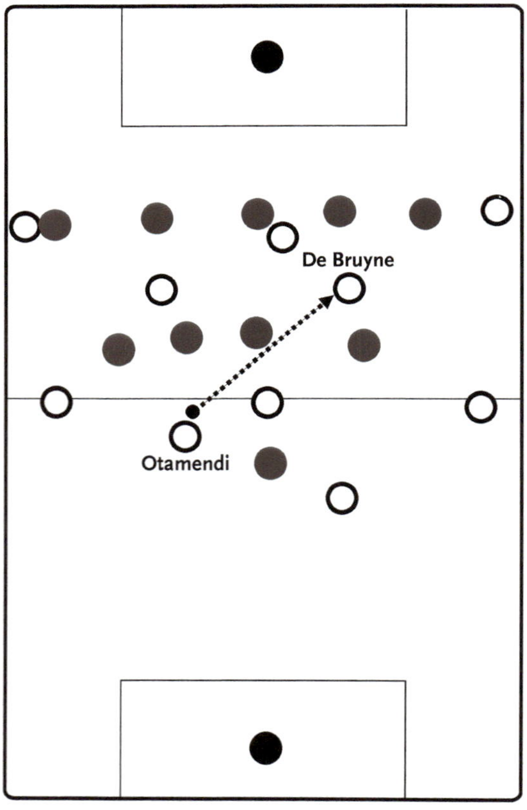

70. City packt Chelsea, Teil eins

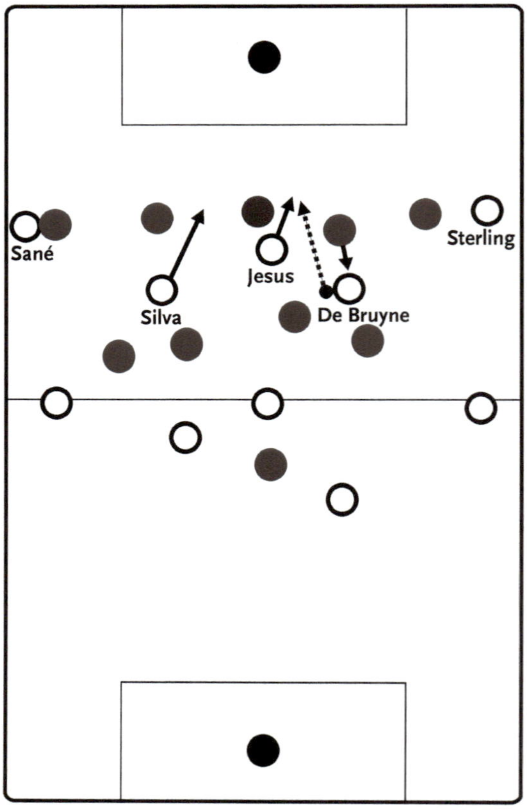

71. City packt Chelsea, Teil zwei

Der Spielaufbau müsste neu beginnen. Genau das möchte City vermeiden: Sie haben das Tempo erhöht, nun bringen sie den Angriff auch zu Ende.

Dynamik bringt aber in diesem Fall nicht nur der Doppelpass zwischen De Bruyne und Jesus. Auch ihre Kollegen antizipieren die Szene: Silva und Jesus starten bereits mit Otamendis Pass in Richtung gegnerisches Tor, später sprinten auch die Breite gebenden Außenstürmer Raheem Sterling und Leroy Sané nach vorne. Sie wollen die Dynamik der Situation weiter forcieren: Indem sie in die Tiefe starten, zwingen sie Chelsea zu einer Reaktion. Die Abwehrspieler müssen sich entscheiden: Sollen sie die Tiefe absichern – oder herausrücken auf De Bruyne? Die Abwehr wählt die Variante, die theoretisch korrekt ist: Da kein Spieler direkt Druck auf De Bruyne ausüben kann und da Citys Angreifer die Schnittstellen in der letzten Linie attackieren, zieht sich Chelseas Abwehrreihe geschlossen zurück. Das nutzt De Bruyne wiederum aus: Knapp vor dem Strafraum setzt er zum Schuss an. Der Ball landet unhaltbar im Winkel. Es war der entscheidende Treffer zum 1:0-Sieg.

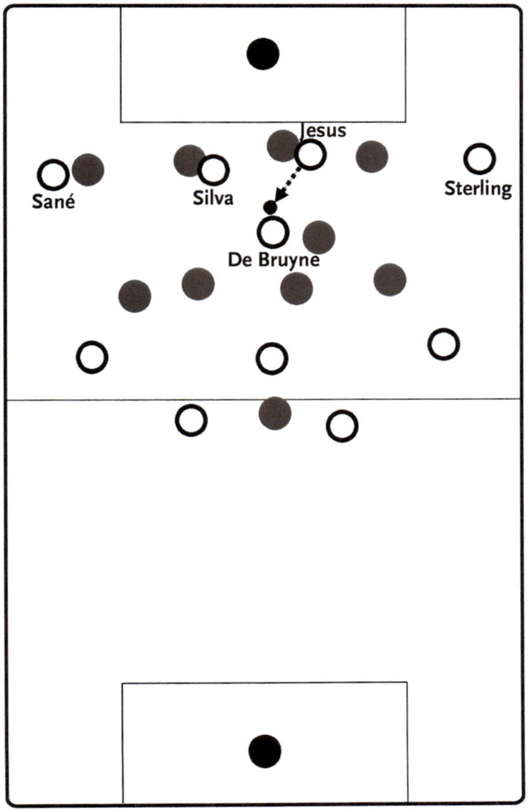

72. City packt Chelsea, Teil drei

Dieser Angriff der Citizen ist in vielerlei Hinsicht mustergültig. Eingangs der Szene befand sich das Team noch in der eigenen Zonenstruktur. Bereits in dieser Struktur haben sie sich Vorteile gegenüber dem Gegner erarbeitet: Ihr Positionsspiel half, De Bruyne zwischen den Linien zu befreien – ein **struktureller Vorteil**. Über den schnellen Doppelpass zwischen Jesus und De Bruyne schaffte City **Dynamik**. Nach dem geglückten Doppelpass befanden sich nur noch vier Verteidiger zwischen Ball und Tor, City hatte aber im selben Bereich fünf Angreifer (De Bruyne eingeschlossen) – ein **quantitativer Vorteil**. Nicht zuletzt konnte City sich auf die **Qualität seiner Einzelspieler** verlassen: De Bruyne kam in eine Situation, in der er dank seiner Schussstärke eine hohe Gefahr darstellte. City erspielte sich mit der eigenen Struktur Vorteile gegenüber dem Gegner und nutzte diese in der Folge aus.

Dynamischer Vorteil am Beispiel Borussia Dortmund

Das ist die Kunst: aus dem ruhigen Ballbesitzspiel heraus die Situation zu finden, in der man zu einem dynamischen Angriff ansetzen kann. Ideal durchgeführt, lässt sich so eine konterähnliche Situation kreieren. Man kann diese Situation jedoch nicht immer erzwingen. Manchmal braucht es Geduld.

Geduld lautet auch das Stichwort bei Borussia Dortmund. Die folgende Szene stammt aus einem Spiel zwischen Borussia Dortmund und Bayern München aus dem Herbst 2018. Damals standen die Zeichen im deutschen Fußball auf Wachablösung: Der BVB führte die Tabelle an, Bayern München reiste als Verfolger nach Dortmund. So gestaltete sich auch die Partie: Nachdem die Bayern in Führung gingen, zogen sie sich wie ein Außenseiter in die eigene Hälfte zurück. Borussia Dortmund griff aus dem geordneten Ballbesitz an – und drehte einen 0:1-Rückstand zu einem 3:2-Erfolg.

Wie der Mannschaft dies gelang, belegt die Szene, die zum Elfmeter und zum zwischenzeitlichen 1:1 führte. Die Szene begann mit einer langen Ballbesitzphase der Dortmunder. Mehr als eine Minute ließen sie den Ball in den eigenen Reihen laufen. Sie hatten sich in ihrer Positionsspiel-Struktur aufgestellt. Die Struktur erinnerte an Manchester City: Die Zonen auf dem Feld waren gleichmäßig besetzt. (Einzig der ballführende Manuel Akanji stand etwas zentraler als nötig.) Mit der eigenen Struktur schaffte der BVB

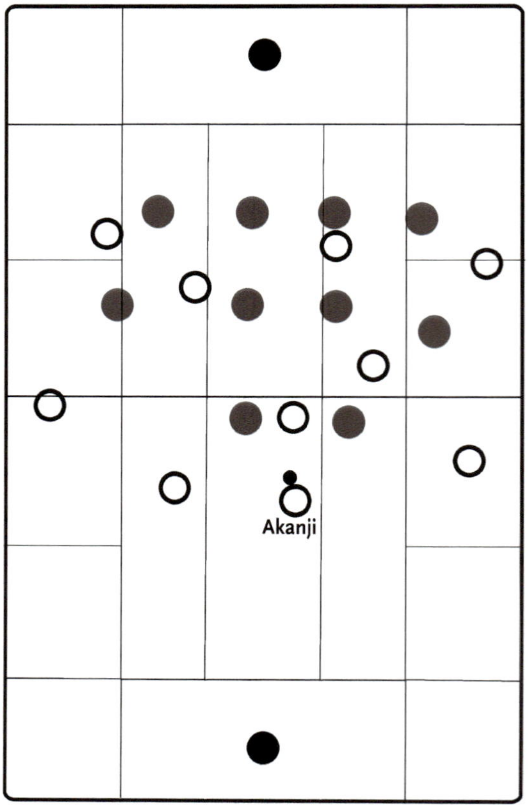

73. Dortmunds Geduld gegen Bayern, Teil eins

die Möglichkeit, von einer Seite zur anderen zu verlagern: In der ersten Linie standen die jeweiligen Außenverteidiger frei. Ballhalten lautete in dieser Szene die Devise. Zweimal verlagerten sie das Spiel von der rechten auf die linke Seite und wieder zurück.

Die Spielverlagerungen waren jedoch kein Selbstzweck. Der BVB lauerte darauf, dass die verteidigenden Bayern einen Fehler machten. Sie wollten den Gegner aus der eigenen Ordnung locken, um dann zuzuschlagen. Nun war der Ball angekommen bei Łukasz Piszczek auf der rechten Seite – und der FC Bayern ging zum Pressing über. Es war das klassische Sacchi-Pressing, das im ersten Kapitel vorgestellt wurde: Bayerns Linksaußen rückte auf den ballführenden Außenverteidiger Piszczek, die gesamte Bayern-Mannschaft zog sich um den Ball zusammen – siehe Abbildung 74.

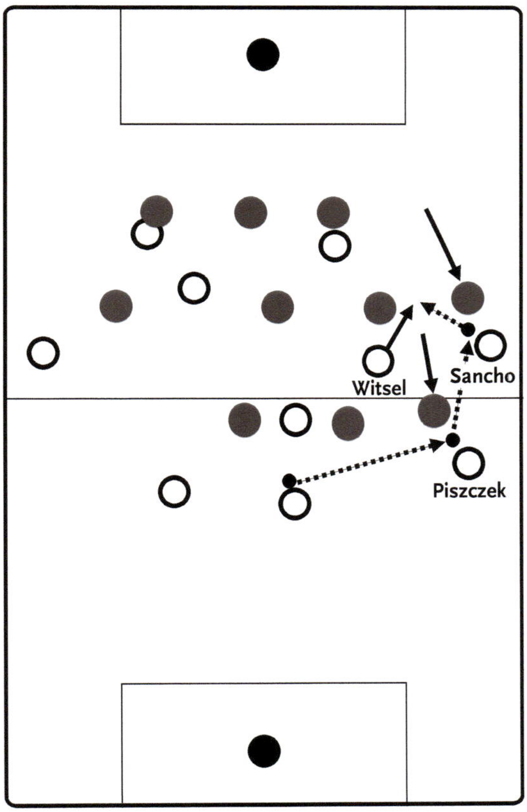

74. Dortmunds Geduld gegen Bayern, Teil zwei

Dortmund wurde angesichts des gegnerischen Pressings nicht bange. Im Gegenteil: Sie wollten genau so eine Szene provozieren, um im Anschluss hinter die gegnerische Abwehr zu gelangen. Für die Dortmunder war das gegnerische Pressing das Signal, zum Angriff überzugehen: Piszczek spielte den Ball weiter auf Jadon Sancho. Der zögerte keine Sekunde: Ein kurzer Doppelpass mit Witsel verschaffte ihm Raum, mit einer Drehung umkurvte er die gegnerischen Verteidiger. Mit einem Spielzug hatte Sancho vier gegnerische Verteidiger überspielt; Packing im besten Sinne.

Die Dortmunder gelangten somit in eine dynamische Situation – siehe Abbildung 75.

Sanchos Mitspieler nahmen sein Dribbling zum Anlass, in die Tiefe zu starten. Vier Dortmunder attackierten die gegnerische Abwehrkette, mit Linksverteidiger Achraf Hakimi visierte ein weiterer Spieler den Rückraum an. Dortmund gelangte somit in eine Überzahlsituation in der gegnerischen Hälfte; ein numerischer Vorteil. Es fühlte sich fast an wie ein Konter nach einem Ballgewinn – mit der Ausnahme, dass die Dortmunder den Ball zuvor eine knappe Minute in ihren eigenen Reihen hatten laufen lassen. Richtig ausspielen mussten die Dortmunder die Überzahl am gegnerischen Strafraum nicht mehr: Sanchos Pass in die Tiefe schickte Marco Reus in den Strafraum. Bayerns Torhüter Manuel Neuer holte ihn bei einem vergeblichen Versuch, den Ball zu erreichen, von den Beinen. Elfmeter. Reus selbst verwandelte ihn.

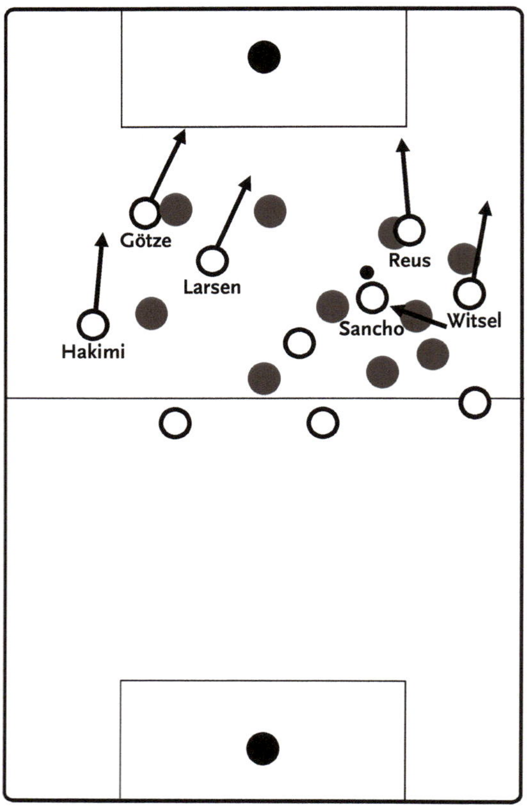

75. Dortmunds Geduld gegen Bayern, Teil drei

Dortmunds Idee lautete, den Gegner bewusst in eine Situation zu locken, in der dieser zum Pressing übergeht. «Locken und Schocken» nenne ich dieses taktische Mittel. Der BVB profitiert in dieser Szene von der Dynamik, die der Gegner im Pressing kreieren will, und wendet diese Dynamik gegen ihn: Durch die Tempoverschärfung nutzt der BVB das Vorrücken der Bayern aus. Sie kreieren einen dynamischen Vorteil gegen eine Bayern-Mannschaft, die halb aufrückt und sich halb zurückzieht.

Ein gegnerisches Pressing zu umspielen, ist in der Praxis keine leichte Aufgabe. Die Spieler am Ball müssen unter Druck ruhig bleiben, jeder Kontakt muss stimmen. In der Theorie ist dies jedoch eine gute Möglichkeit, Gegner zu überspielen: Der Gegner möchte in dieser Situation den Ballgewinn erzwingen, Verteidiger verlassen die Ordnung. Die Bayern zogen in dieser Szene vier Spieler um den Ball zusammen, die Dortmund mit einem Kontakt überspielen konnte.

Als **Pressingresistenz** bezeichnet man die Fähigkeit eines Spielers, sich gegen Pressing zu behaupten. Verliert ein Angreifer auch unter Druck den Ball nicht, ist er pressingresistent. Verschiedene Fähigkeiten spielen mit hinein: Entscheidend sind nicht nur das Können am Ball, sondern auch mentale Faktoren wie die Raumwahrnehmung und das Treffen richtiger Entscheidungen.

Wer das gegnerische Pressing als Auslöser nutzt, selbst aggressiv nach vorne zu rücken, kontert Risiko mit Risiko. Gelingt die eigene Aktion, hat man schnell mehrere Gegenspieler überspielt. Geht sie schief, gerät man in der anschließenden Kontersituation in Gefahr: Dadurch dass die eigenen Angreifer dynamisch nach vorne rücken, erschwert sich das Umschalten nach Ballverlust. Somit ist diese Art der Angriffsauslösung mit einigem Risiko verbunden. Risiko, das Dortmund eingehen kann: Sie hatten in dieser Partie die technische wie mentale Stärke, sich auch unter hohem Druck zu behaupten.

Vor allem aber belegt diese Szene, dass langes Ballhalten in den seltensten Fällen dem Selbstzweck dient. Dortmund lauerte nur auf die Chance, zu einem dynamischen Angriff übergehen zu können.

Dynamik kreieren

Positionsspiel und Dynamik mögen auf den ersten Blick nicht zueinander passen. Beim Positionsspiel geht es schließlich darum, dass die Spieler einzelne Zonen besetzen. Wie sollen sie aber Geschwindigkeit aufnehmen, wenn sie in ihren Zonen verharren?

Es gibt in der Praxis immer wieder das Problem, dass eine Mannschaft aufgrund einer zu starren Zonenbesetzung wenig dynamisch wirkt. Das Paradebeispiel war das Auftreten der deutschen Nationalmannschaft während der WM 2018. Das eigene Positionsspiel führten die Spieler nahezu perfekt aus: Sie besetzten die Zonen auf dem Feld, jeder hatte eine klare Aufgabe. Der deutschen Mannschaft gelang es damit in allen drei Gruppenspielen, deutlich mehr Ballbesitz als der Gegner zu haben. Doch vor das Tor kamen die Deutschen nicht. Es fehlte an Überraschungsmomenten.

Einer eingespielten Mannschaft wäre es vielleicht gelungen, aus der Positionsspiel-Struktur Überraschungsmomente zu kreieren. Ohne Überraschungsmomente jedoch kann der Gegner relativ leicht auf die Raumbesetzung der angreifenden Mannschaft reagieren – und sei die Raumbesetzung noch so gut. Was also bietet sich an, um Dynamik zu kreieren?

Dynamik bedeutet Tempo. Tempo schaffen Spieler, wenn sie Geschwindigkeit aufnehmen. Es braucht immer wieder einzelne Läufe, bei denen Spieler ihre Zonen verlassen und damit Dynamik aufnehmen. Nicht immer lassen sich diese Läufe jedoch erzwingen: Würden alle Spieler willkürlich zu jeder Zeit in freie Räume starten, wären die Vorteile eines guten Positionsspiels dahin. Vor allem die Absicherung nach einem Ballverlust wäre katastrophal, würden die Angreifer einfach «irgendwie in Richtung Tor sprinten». Auch hier braucht es also Absprache und Vorgaben, wann Spieler ihre Zone verlassen und in den freien Raum starten.

Positionswechsel

Eine Möglichkeit, Dynamik zu kreieren und dennoch die eigene Positionsspiel-Struktur nicht gänzlich aufzugeben, sind Positionswechsel. Wenn ein angreifender Spieler seine Zone verlässt, besetzt ein anderer Spieler diese Zone. Seine Zone besetzt wiederum ein anderer Spieler – und so weiter. Mit Hilfe einer solchen Rotation der Positionen lässt sich im Idealfall Dynamik aufnehmen in Richtung des gegnerischen Tors.

Das Mittel der Positionswechsel bietet sich besonders an, wenn der Gegner stark mannorientiert agiert. Der Verteidiger wird dem Angreifer folgen, wenn dieser sich aus seiner Zone bewegt. Das schafft wiederum einen freien Raum, den ein anderer Angreifer besetzen kann. Die Abbildungen 76 und 77 zeigen dieses Prinzip.

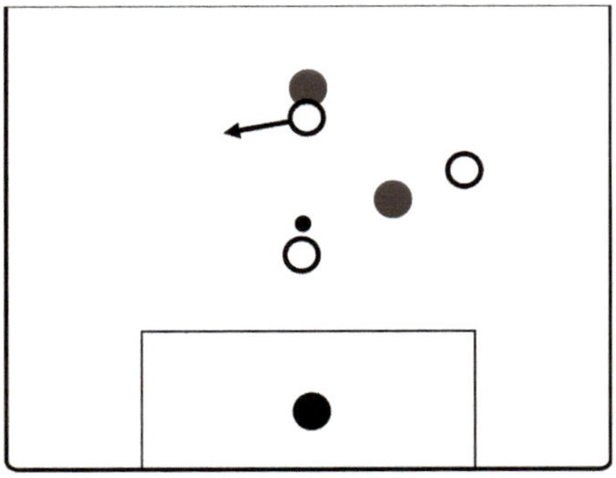

76. Positionswechsel, Teil eins

Die Abbildung belegt auch, weshalb Läufe in den freien Raum nicht immer nur gewagt werden sollten, um selbst den Ball zu erhalten. Wenn ein Angreifer mit einem Laufweg die Aufmerksamkeit der Gegenspieler auf sich zieht, kann dies seine Mitspieler befreien. Möchte ein Team aus der eigenen Positionsspiel-Ordnung Tempo aufnehmen, braucht es Läufe in den freien Raum. Manchmal genügt es, wenn ein Angreifer den Lauf antäuscht und damit die gegnerische Abwehr nach hinten drückt. Werden jetzt die offenen Räume gut besetzt, bietet sich ein dynamischer Angriff nach vorne an.

Denkt die gesamte Mannschaft in dieser Situation mit, lässt sich eine Rotation herstellen: Die Spieler tauschen die Zonen, die sie besetzen, ohne die Positionsspiel-Struktur an sich zu verändern. In der Theorie ist dies die bestmögliche Variante, Dynamik aus einem starren Positionsspiel zu

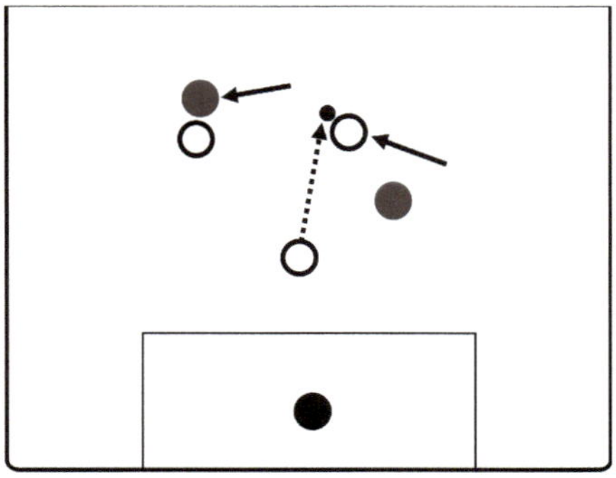

77. Positionswechsel, Teil 2

Eine **Pass-Klatsch-Kombination** beginnt stets mit einem Pass in Richtung des gegnerischen Tors. Ein Angreifer, der sich mit dem Rücken oder seitlich zum Tor befindet, legt diesen Pass nach hinten oder zur Seite ab. Er lässt ihn klatschen, wie es in der Fußballsprache heißt.

schaffen. In der Praxis ist sie schwer umzusetzen: Es erfordert viel Koordination und das richtige Timing der angreifenden Spieler. Viele Teams, die im Positionsspiel agieren, setzen also auf simplere taktische Mittel, um Dynamik zu kreieren.

Pass und Klatsch

Ein ähnliches, wenn auch nicht ganz so kompliziertes Mittel, um Dynamik zu erzeugen, ist eine sogenannte Klatsch-und-Pass-Kombination. Im Endeffekt ist dieses taktische Mittel nichts anderes als eine besondere Form des Doppelpasses bzw. einer Dreieckskombination; je nachdem, wie viele Spieler beteiligt sind. Ein Angreifer erhält hierbei den Ball, meist mit dem Rücken zum gegnerischen Tor. Er legt ihn für einen Mitspieler ab. Im Idealfall kann dieser Mitspieler nun mit dem Ball am Fuß und dem Gesicht in Richtung des gegnerischen Tors starten.

Diese Art von Spielzug ist ideal, um in eine gute Angriffsposition zu gelangen: Der Pass auf den Stürmer, der mit dem Rücken zum Tor steht, schafft Raumgewinn. Dessen Ablage bringt den Mitspieler in eine gute Position, das Spiel fortzuführen. Er erhält den Ball mit Blickrichtung zum gegnerischen Tor. Seine nächste Aktion kann direkt in Richtung des gegnerischen Tors erfolgen. Im Idealfall kombiniert man dieses taktische Mittel mit einem dynamischen Lauf in die Tiefe. Pass, Klatsch, Ball in die Tiefe: So sieht der optimale Spielzug aus, um aus dem Nichts Dynamik zu kreieren.

Ein Spielzug, der auf dem Papier simpler klingt, als er in der Praxis ist: Die Abwehr wird mit Hilfe eines Zweikampfs und mit Hilfe der Deckungsschatten der Verteidiger versuchen, eine solche Kombination zu verhindern. Wie es gehen kann, zeigt interessanterweise das City-Beispiel: Die Kombination zwischen

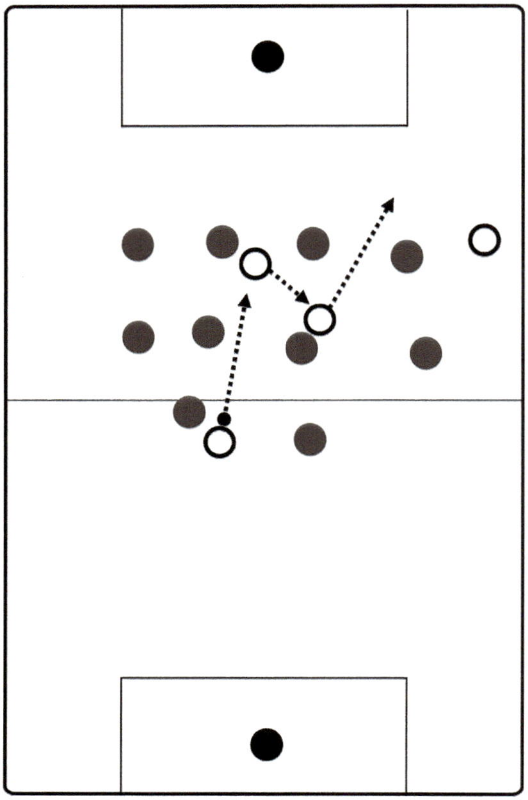

78. Pass-und-Klatsch-Kombination

De Bruyne und Jesus ist im Endeffekt eine Klatsch-Pass-Kombination, wenn auch auf sehr engem Raum.

Hinter- und Vorderlaufen

Ein relativ simples und erprobtes taktisches Mittel, um Dynamik zu kreieren, ist das sogenannte Hinter- bzw. Vorderlaufen. Hierbei startet ein Spieler aus einer tiefen Position. Er zieht im Sprint am ballführenden Mitspieler vorbei und schafft hiermit Dynamik. Im Endeffekt ist dies also nichts anderes als ein Lauf in den freien Raum – mit der Bedingung, dass sich der startende Spieler zu Beginn des Sprints hinter dem Ball befindet.

Das Vorderlaufen funktioniert nach einem ähnlichen Muster, nur dass der Spieler innen am ballführenden Spieler vorbeigeht. Damit kann der Spieler Tempo in Richtung des gegnerischen Tors aufnehmen. Dieses taktische Mittel muss dabei nicht beschränkt sein auf das Zusammenspiel zwischen den Außenspielern: Theoretisch kann auch im Zentrum ein Spieler seinen Kollegen hinterlaufen und auf den Flügel starten. In jedem Fall schafft der Laufweg eine Dynamik, die – wird sie richtig genutzt – zu einem dynamischen Vorteil für das angreifende Team werden kann. Der Gegner wird sich entscheiden müssen, wie er dem hinter- bzw. vorderlaufenden Spieler begegnet. Zugleich ist es ein simpler Weg, aus einer guten Positionsspiel-Ordnung Dynamik aufzunehmen: Den Spielern kann genau vorgegeben werden, wann sie wie die eigenen Zonen verlassen sollen. Die Mitspieler können gegebenenfalls darauf reagieren und die eigene Positionsspiel-Ordnung anpassen.

Quantitativer Vorteil am Beispiel von Chelsea

Überzahlen sind ein wiederkehrendes Thema in diesem Buch. Ein Ziel der pressenden Mannschaft lautet, eine Überzahl in Ballnähe zu erzielen. Die angreifende Mannschaft hat folglich das Gegenteil zum Ziel: Befinden sich mehr eigene als gegnerische Spieler in der Nähe des Balls, hat die angreifende Mannschaft eine Überzahl in Ballnähe. Es stehen ihr mehr mögliche Aktionen zur Verfügung, als die Gegenspieler abdecken können. Eine Überzahl in Ballnähe bietet sich also an, um das gegnerische Tor anzugreifen.

Eine Überzahl an sich ist aber noch nichts wert. Es genügt nicht, einfach nur eine Mehrzahl an Spielern auf einer Seite zu postieren. Wenn zwischen den Spielern keine Verbindungen und somit keine Passwege bestehen, lässt sich die Überzahl nicht ausspielen. Erneut sind also die Prinzipien des Positionsspiels entscheidend: Die Mannschaft muss die Überzahl mit einer guten Raumaufteilung kombinieren, um einen Vorteil zu erzielen.

> Hat eine angreifende Mannschaft in einem Bereich des Feldes mehr Akteure als in den anderen, **überlädt** sie diesen Bereich. Stehen etwa sieben Akteure auf dem rechten Flügel, aber nur zwei auf dem linken, überlädt die Mannschaft die rechte Seite.

Ein Trainer, der Überzahlen und Positionsspiel verbindet, ist Maurizio Sarri. Ähnlich wie Guardiola fordert Sarri von seinen Spielern lange Ballbesitzphasen. Anders als Guardiola denkt er aber wesentlich engmaschiger: Seine Teams sollen nicht das gesamte Feld gleichmäßig besetzen, sondern Überzahlen kreieren im Bereich um den Ball.

Das folgende Beispiel stammt aus dem Europa-League-Finale 2019 zwischen dem FC Chelsea und dem FC Arsenal. Sarris Team Chelsea befand sich im Ballbesitz. Die Ausgangslage war eine ähnliche wie in den bisherigen Beispielen: Der Gegner hatte sich in seiner Defensivformation aufgestellt. Chelseas Innenverteidiger Andreas Christensen hielt den Ball. Chelseas Struktur unterschied sich jedoch gewaltig von jener von City. Das zeigte sich vor allem in der Raumaufteilung. Chelsea besetzte das Feld nicht gleichmäßig. Sechs seiner elf Feldspieler ballten sich auf der rechten Seite – siehe Abbildung 79. Im Zentrum stellte Chelsea nur insgesamt drei Spieler ab, auf der (halb-)linken Seite gar nur einen. Eingangs der Situation hatte Chelsea auf der rechten Seite eine

Sechs-gegen-fünf-Überzahl. Chelseas Struktur war ganz darauf ausgerichtet, über die rechte Seite Raumgewinn zu erzielen. Zugleich war die Struktur funktional: Die Spieler schufen zahlreiche Anspielstationen.

Diesen quantitativen Vorteil nahm Chelsea zum Anlass, das Tempo zu verschärfen: Mit einer engmaschigen Kombination schafften sie Raumgewinn. Mit jeweils einem Kontakt leiteten die Spieler den Ball weiter, sie spielten mehrere Dreieckskombinationen.

Arsenal musste reagieren und zog sich auf dem Flügel zusammen. Sie erhielten jedoch keinen Zugriff auf das direkte Spiel Chelseas. Deren Angriff war längst angerollt. Als der Ball bei N'Golo Kanté ankam, hatte dieser genug Zeit, den Kopf zu heben – siehe Abbildung 81. Er sah, wie Eden Hazard im Zentrum völlig freistand; Arsenal hatte sich aufgrund der Tempover-

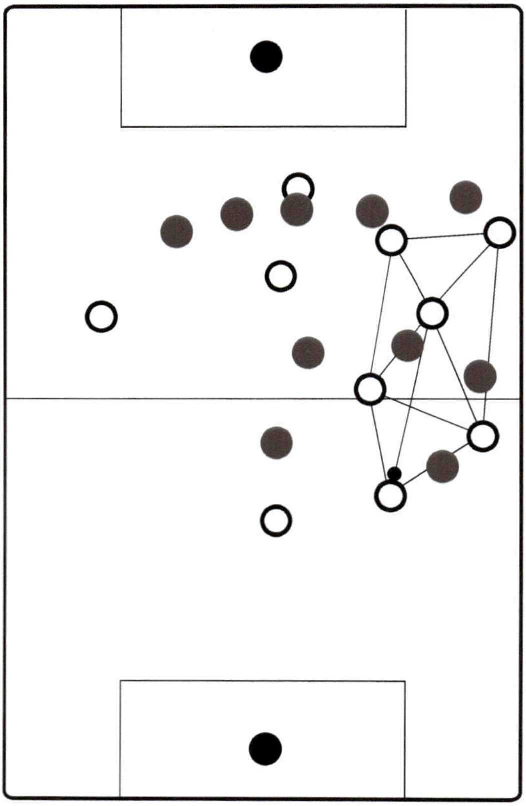

79. Chelsea überlädt die rechte Seite, Teil eins

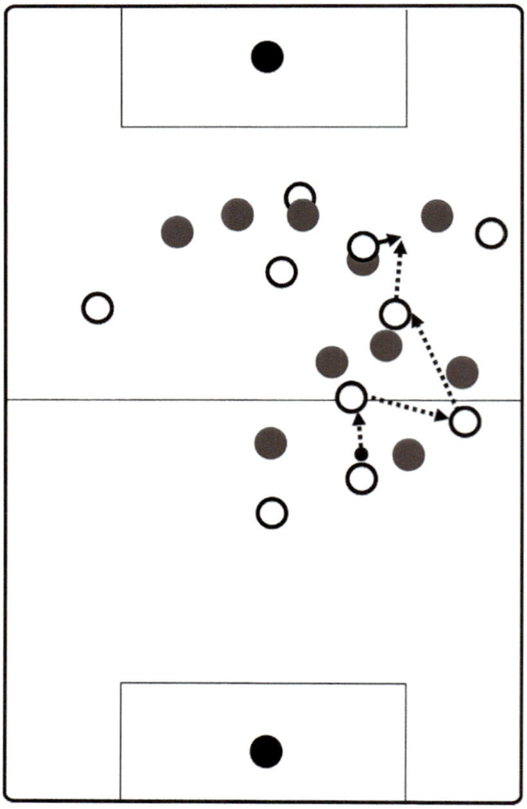

80. Chelsea überlädt die rechte Seite, Teil zwei

schärfung zum Ball bewegt und das Zentrum völlig entblößt. Hazard nahm sofort Tempo auf, nachdem er den Ball erhalten hatte. Vor dem Strafraum bildete Hazard ein Dreieck mit Jorginho und Olivier Giroud – siehe Abbildung 82. Stürmer Giroud kam frei zum Abschluss, Arsenals Torhüter Bernd Leno konnte den Ball im letzten Moment zur Ecke ablenken.

In dieser Szene war Chelsea nicht erfolgreich, im weiteren Verlauf der Partie aber schon: Chelsea gewann das Finale mit 4:1. Es war Sarris letztes Spiel als Chelseas Trainer, er verabschiedete sich aus London mit einem Titel.

Kaum ein Trainer mag die Idee so konsequent verfolgen, mit Hilfe von Überladungen Raumgewinn zu erzwingen. Das Grundprinzip nutzen jedoch viele Trainer: Sie wählen bewusst eine Seite aus, auf der sie mehr Spieler abstellen als auf der anderen

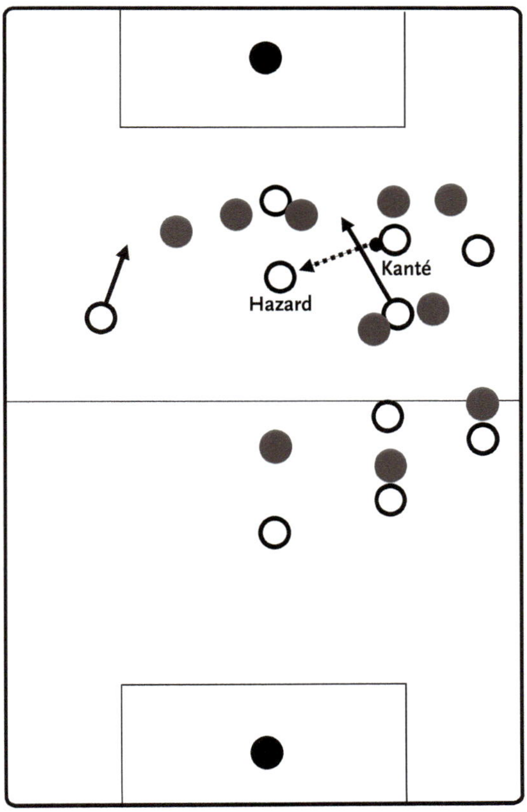

81. Chelsea überlädt die rechte Seite, Teil drei

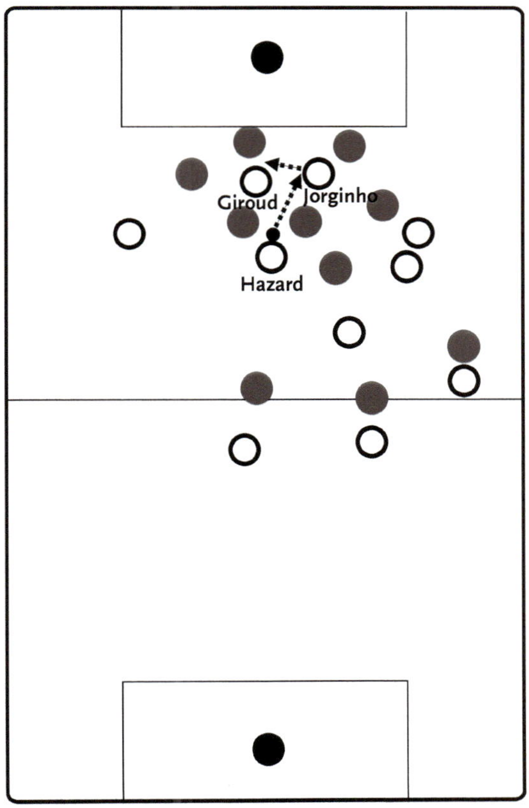

82. Chelsea überlädt die rechte Seite, Teil vier

Seite. Diese Seite soll genutzt werden, um Überzahlen zu kreieren – und um den Gegner damit zu knacken.

Hat eine Mannschaft erst einmal eine Überzahl erzielt, kann sie das Tempo verschärfen. Befindet sich der Gegner in Unterzahl im ballnahen Bereich, kann er nicht sämtliche Handlungsoptionen abdecken. Verschiebt er mit zahlreichen Spielern in die überladene Zone, öffnet er wiederum in anderen Bereichen Räume. Beide Effekte nutzte Chelsea: Zuerst spielten sie ihre eigene Überzahl aus. Nachdem Arsenal die Überzahl gekontert hatte, verlagerten sie das Spiel ins freie Zentrum.

Überzahlen herstellen und verlagern

Einen quantitativen Vorteil zu erzielen, ist eines der schwersten Vorhaben im Fußball. Kaum eine verteidigende Mannschaft wird zulassen, dass der Gegner eine klare Überzahl auf einer Seite herstellt. Je weiter sich die angreifende Mannschaft dem Tor nähert, umso stärker wird die verteidigende Mannschaft versuchen, die gegnerische Übermacht zu kontern. Selbst Chelsea verfügte im Beispiel am Ende nicht mehr über eine Überzahl: Arsenal war mit sechs Mann auf die Seite gerückt.

Das Überladen einer Seite hat entsprechend nicht immer das Ziel, auch auf genau dieser Seite eine Überzahl und damit einen quantitativen Vorteil zu kreieren. Es gilt Guardiolas Leitsatz, den ich bereits im vergangenen Abschnitt zitiert habe: «Das Geheimnis bei jedem Mannschaftsspiel ist, das Spiel auf eine Seite zu verlagern, damit der Gegner ins Schwimmen kommt. Den Gegner auf eine Seite zu locken, damit er die andere Seite freigibt.»

Eine **Spielverlagerung** bezeichnet einen Spielzug, bei dem der Ball von einer Seite zur anderen gespielt wird. Eine Spielverlagerung kann direkt erfolgen: Der Ball wird ohne Umwege von einem Flügel zum anderen geschlagen. Sie kann aber auch indirekt erfolgen. Der Ball wandert in diesem Fall über einen oder mehrere Verbindungsspieler im Zentrum zum gegenüberliegenden Flügel.

Eine Spielverlagerung ist ein guter Weg, einen zu einer Seite verschobenen Gegner zu knacken. Eine Mannschaft lockt den Gegner auf eine Seite, um den Ball auf die andere Seite zu bringen. Rückt der Gegner weit auf eine Seite und verschiebt im Anschluss nicht schnell genug auf die andere, lässt sich ein numerischer Vorteil erzielen – oder zumindest eine Situation, in der man Dynamik aufnehmen kann.

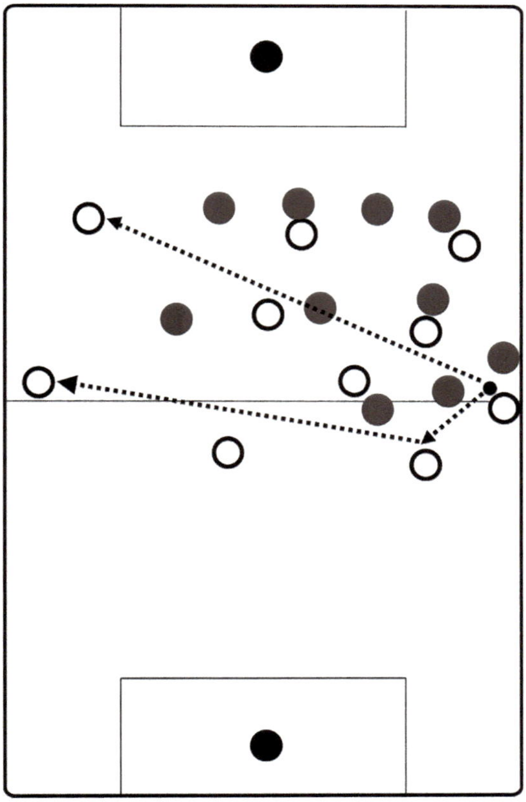

83. Spielverlagerung, direkt und indirekt

Spielverlagerungen können hierbei auf zwei Arten erfolgen: entweder direkt mit einem langen Ball von einer zur anderen Seite. Diese Bälle sind schwer zu spielen und für den Empfänger schwer zu kontrollieren. Alternativ kann man das Spiel auch über einen Verbindungsspieler im Zentrum verlagern. Solch eine indirekte Spielverlagerung bietet die Chance, kürzere und genauere Pässe zu spielen.

Strukturell unterscheidet man bei Überladungen also zwischen drei Zonen: der Bereich, den das Team überlädt – die Überladungszone. Die gegenüberliegende Seite, auf die man das Spiel verlagern kann – die Verlagerungszone. Dazwischen liegt die Unterstützungszone: Hier bieten sich Spieler als Verbindungsmänner an. Sie verbinden die beiden Flügel als Unterstützungsspieler. Nach Ballverlusten können sie helfen, sofort nachzusetzen. Entsprechend sind die Zonen nahe dem Ball meist zahlenmäßig mit mehr Akteuren besetzt als die Verlagerungszonen: Weit abseits des Balls sind die Angreifer nach einem Ballverlust fern des Spielgeschehens, können also nicht helfend eingreifen.

Spielverlagerungen sind ebenfalls eine sehr gute Möglichkeit, den Gegner zurückzudrängen. Nach einer geglückten Spielverlagerung kann der Gegner häufig nicht direkt Druck ausüben auf den Spieler am Ball. Der Gegner wird also zunächst zurückweichen. Selbst wenn eine Mannschaft nach einer Verlagerung nicht hinter oder in die gegnerische Formation gelangt, so erzielt sie doch häufig Raumgewinn: Der Gegner wird sich zurückziehen, die eigene Mannschaft kann sich in der gegnerischen Hälfte festsetzen. Aus diesem Grund gibt es kaum mehr eine Mannschaft, die bei eigenem Ballbesitz nicht den Weg von einem Flügel auf den anderen sucht – und wieder zurück.

Qualitativer Vorteil: Spieler kennen und nutzen

Das Positionsspiel sollte die Stärken und Schwächen der Spieler berücksichtigen. Die Spieler sollten möglichst häufig in Situationen gebracht werden, in denen sie glänzen können – und möglichst selten in Situationen, die sie nicht beherrschen.

Guardiola höchstselbst fasste seine Aufgabe als Trainer des FC Barcelona in einem einfachen Satz zusammen: «Es ist simpel.» Die Mannschaft müsse nur einen Freiraum schaffen für die Alleskönner Lionel Messi, Andrés Iniesta oder Xavi – und diese würden mit ihren Pässen die Mitspieler finden oder mit Dribblings vor das Tor vorstoßen. Das Positionsspiel hatte also das explizite Ziel, Lücken für die Einzelkönner zu öffnen. Die eigene Struktur machte sich die individuellen Eigenschaften der Spieler zu eigen.

Dieser Punkt ist entsprechend der am schwersten zu greifende. Jeder Spieler hat Situationen, die er besonders gut beherrscht. Gelangt er in so eine Situation, kann dies der Mannschaft einen individuellen Vorteil sichern.

An diesem Punkt setzt die Gegneranalyse an: Videoanalysten untersuchen vor jeder Partie genau, was die Schwächen der gegnerischen Mannschaft sind. Sind die gegnerischen Außenverteidiger langsam? Dann wird auf dem Flügel ein Außenstürmer eingesetzt, der ihnen davonsprinten kann. Haben die gegnerischen Innenverteidiger Schwächen im Kopfballspiel? Dann wird ein großgewachsener Stürmer im Strafraum auf Flanken lauern.

Das Ziel lautet entsprechend, die eigenen Spieler in Situationen zu bringen, in denen sie einen Vorteil erarbeiten können. In allen Beispielen dieses Kapitels geschah dies. So kam De Bruyne bei Citys Beispiel in einem Raum an den Ball, in dem er sich wohlfühlt. Das Gleiche gilt für Hazard im Chelsea-Beispiel. Beim Dortmunder Beispiel konnte Witsel seine Pressingresistenz ausspielen, während Sancho seine Fähigkeiten im Eins-gegen-eins-Duell unter Beweis stellte. Die Einzelspieler machen in diesen Situationen den Unterschied.

Ein guter Trainer sorgt dafür, dass die Einzelspieler möglichst häufig in diese Situationen gelangen. Und eine gute Mannschaft erkennt diese Situationen und setzt im richtigen Moment zum Packing an.

Wenn der Angriff läuft: Dynamik ausnutzen

Bislang habe ich mich in diesem Kapitel stark auf die Struktur konzentriert, die erfolgreiche Teams bei Ballbesitz anwenden. Alle Beispiele in diesem Unterkapitel folgen aber nur bis zu einem bestimmten Punkt der Positionsspiel-Struktur. City, Dortmund und auch Chelsea mögen zu Beginn der jeweiligen Situationen in ihrer Zonenstruktur verharren. Am Ende der Szene ist ihre Struktur eine gänzlich andere: Sie bilden nicht mehr überall auf dem Feld Verbindungen, die exakte Besetzung der Zonen ist passé.

Hier kommt der große Unterschied zwischen Ballhalten und Packing zum Tragen: Hat die angreifende Mannschaft den Gegner erst einmal «gepackt», möchte sie den Angriff in der Regel zu Ende spielen. Nun gelten andere Prinzipien als im Spielaufbau: Es soll die entstehende Dynamik ausgenutzt und der Gegner nach hinten gedrückt werden. Das Ballhalten ist endgültig nicht mehr das Ziel, sondern das Toreschießen.

So unterscheiden sich die oben geschilderten Torchancen in ihrer Entstehung zwar erheblich. War der Ball jedoch erst einmal in die gegnerische Formation gespielt, nutzten die Teams ähnliche Prinzipien, um den Angriff zu Ende zu spielen. Diese Prinzipien werden im kommenden Kapitel noch eine ausgiebige Rolle spielen. Es sind nämlich jene Prinzipien, nach denen Teams Konter ausführen. Entsprechend folgt ihre ausführliche Vorstellung im dritten Kapitel. Als kleinen Ausblick nenne ich dennoch hier schon einmal die entscheidenden Prinzipien, die bei einem solchen Angriff gelten:

- Die angreifende Mannschaft will **die Abwehr des Gegners nach hinten drücken**. Dazu muss sie Tiefe schaffen. Im City-Beispiel erkennt man dies sehr gut: Vier Spieler starten in Richtung des gegnerischen Tors, um Tiefe zu schaffen und die gegnerischen Verteidiger nach hinten zu drücken.
- Die angreifende Mannschaft möchte so schnell wie möglich vor das gegnerische Tor gelangen. Ein Pass hinter die Abwehr ist der ideale Weg dafür. Die Angreifer sollten in die **Schnittstellen zwischen den Abwehrspielern starten**, um Pässe hinter die Abwehr erlaufen zu können.
- Die Breite ist hingegen zu vernachlässigen. Zwar muss die angreifende Mannschaft weiterhin den Gegner auseinanderziehen. Allerdings möchte sie auch so nahe wie möglich an das Tor gelangen. Es gilt: **so wenig Breite wie möglich, so viel Breite wie nötig**.
- In einer dynamischen Situation fällt es der Abwehr schwer, die Übersicht zu behalten. Sie muss im Vollsprint zurücklaufen, aber zugleich den Ball, die Gegenspieler und die Mitspieler im Auge behalten. Der Gegner sollte nun zu Fehlern gezwungen werden. **Kreuzen die Stürmer ihre Laufwege**, sind sie schwer gegen den Angreifer zu verteidigen.
- Die angreifende Mannschaft sollte **entgegen der Verschieberichtung der gegnerischen Abwehr spielen**. Das Kalkül: Die Verteidiger haben in ihrem

Rücken keine Augen. Verschiebt die Abwehrkette also zur linken Seite, sollte der Pass in Richtung der rechten Seite gehen – und umgekehrt.

All diese Punkte werden im Kapitel zum offensiven Umschalten ausführlich behandelt.

Theoretisches zum Torschuss

Dem Torschuss fällt eine gesonderte Funktion im Angriffsspiel zu: Er beendet den eigenen Angriff. Im Idealfall führt er zu einem Torerfolg, oft geht er jedoch auch am Tor vorbei oder wird vom Torhüter pariert. In der Bundesliga etwa landet nur jeder zehnte Schuss auch im Tor.

Wie so vieles im Fußball unterliegt auch der Torschuss seit einigen Jahren zunehmender Planung. Die Spieler sollen in eine Situation gelangen, in der der Schuss eine größtmögliche Wahrscheinlichkeit hat, im Tor zu landen. Hier spielen verschiedene Faktoren hinein: Wie weit ist der ballführende Spieler vom Tor entfernt? Wie viel Druck üben Gegenspieler auf ihn aus? Kann er den Ball mit dem Fuß oder mit dem Kopf schießen?

Statistiker haben einen Wert entwickelt, mit dessen Hilfe sich die Qualität von Torschüssen messen lässt: den Expected-Goals-Wert. Jeder Torschuss wird dabei verglichen mit den historischen Daten. Wie häufig landete in der Vergangenheit ein Schuss von exakt jenem Ort in exakt einer solchen Situation im Tor? Daten-Anbieter Opta hat hierfür eine Datenbank aus 300 000 Torschüssen kreiert, um einen Vergleichswert zu schaffen. Ein Elfmeter etwa führt in 76 Prozent der Fälle zu einem Tor, der xG-Wert eines Strafstoßes liegt also bei 0,76. Ein Schuss von der Mittellinie wiederum führte in der Vergangenheit in nicht einmal ein Prozent aller Fälle zum Treffer. Der xG-Wert liegt bei

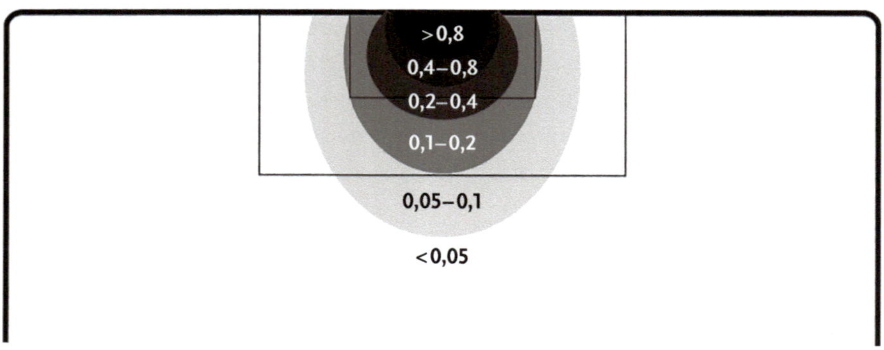

84. Expected-Goals-Werte für Schüsse mit dem Fuß laut der Seite Statsbomb.com

0,01. Für jede Position ergibt sich somit ein eigener Wert. Zudem werden bestimmte Parameter eingerechnet, um die Qualität eines Torschusses zu bewerten. Ein Torschuss mit dem Fuß hat eine höhere Erfolgswahrscheinlichkeit als ein Kopfball. Manche Anbieter ermitteln sogar den Druck, den Verteidiger auf den Schützen ausüben, und lassen diesen in die Expected-Goals-Wertung einfließen.

Trainer arbeiten mit diesem Wert, um besonders gute Schusspositionen für ihre Spieler zu ermitteln. Schüsse von außerhalb des Strafraums haben etwa eine geringere Erfolgswahrscheinlichkeit als aus drei Metern; der Expected-Goals-Wert ist geringer. Die meisten Teams werden versuchen, besonders hochkarätige Chancen zu erlangen. Die Spieler sollen so lange den Angriff fortführen, bis sie sich in einer besonders guten Schussposition befinden.

Es kann aber durchaus auch Sinn machen, in Situationen den Torschuss zu wählen, in denen ein Torerfolg eher unwahrscheinlich ist. Ein Torschuss markiert den Abschluss eines Angriffs. Geht der Ball ins Toraus, kann das Spiel nicht sofort fortgeführt werden; schnelles Umschalten ist bei einem Abstoß nur schwer möglich. Ein Fehlpass hingegen gibt dem Gegner die Möglichkeit, schneller umzuschalten. So wird aus dem Torschuss ein taktisches Mittel: Die geringere Wahrscheinlichkeit des Torerfolges wird in Kauf genommen, um einen Konter des Gegners zu erschweren. Die angreifende Mannschaft kann sich in eine stabile Defensivordnung zurückziehen, ehe der Gegner das Spiel fortführen kann.

Manche Trainer werden ihre Spieler anordnen, früher zu schießen; andere wollen die Chancenqualität möglichst hochhalten. So oder so: Der Torschuss ist der Abschluss eines jeden Angriffs. Ohne Torschuss sind alle vorherigen Überlegungen obsolet. Selbst bei diesem kleinen Aspekt des Fußballs spielen also zahlreiche Überlegungen mit hinein. Sie könnten ein eigenes Buch füllen. (Das ist keine Übertreibung. Es gibt ganze Bücher zum Expected-Goals-Wert. Wer sich für das Thema interessiert, sollte sich mit der Theorie des Expected-Goals-Werts und dessen praktischer Anwendung beschäftigen.)

Lange Bälle und Flanken

Bislang war in diesem Kapitel hauptsächlich Platz für die filigrane Art des Ballbesitzfußballs. In den bisherigen Beispielen arbeiteten die Teams stets mit viel Geduld, um sich anschließend mit flachen Pässen vor das Tor zu kombinieren. Nicht alle Teams zeichnet so viel Geduld aus. Der einfachste Weg, die gegnerische Abwehr zu überspielen, ist ein anderer: der lange Ball.

Der lange Ball ist die wohl simpelste Option, von Ballhalten auf Angreifen umzuschalten. Mit einem hohen Ball lässt sich eine große Strecke des Feldes zurücklegen, man kann direkt vom eigenen vor das gegnerische Tor gelangen. Er ist jedoch weitaus schwerer zu kontrollieren als ein kurzer Pass. Das betrifft die technische wie die taktische Komponente: Ein hoher Ball ist schwer anzunehmen. Außerdem kann sich der Gegner meist auf den langen Ball einstellen, schließlich befindet er sich einige Zeit in der Luft, ehe er beim Stürmer landet. Lange Bälle haben daher eine gänzlich andere Anforderung an die Raumbesetzung als flache Pässe. Gilt es bei Teams, die auf kurze Pässe setzen, in Ballnähe Präsenz zu zeigen, muss bei langen Bällen der Raum vor und an der gegnerischen Abwehrkette besetzt sein. Hierhin soll der Ball gespielt werden, deshalb müssen hier Handlungsoptionen geschaffen werden. Der Raum direkt vor der ersten Linie kann vernachlässigt werden.

Praxisbeispiel langer Ball: Eintracht Frankfurt

Ein Team, das den langen Ball besonders gut zu nutzen wusste, war Eintracht Frankfurt in der Saison 2018/19. Lange Bälle waren ein Eckpfeiler in der Spielweise von Trainer Adi Hütter. Er wollte keine langen Ballbesitz-Phasen kreieren; sein Team sollte schnell vor das gegnerische Tor gelangen. Mit dieser Strategie führte Hütter die Elf vom Main sensationell ins Halbfinale der Europa League.

Eine Szene aus einem Bundesliga-Spiel gegen Augsburg zeigt, wie die Eintracht den langen Ball erfolgreich zu nutzen wusste. Es beginnt schon bei der Grundposition: Ihre Struktur im Positionsspiel ist gänzlich anders gestrickt, als dies bei klassischen Ballbesitz-Teams der Fall ist. Frankfurt steht mit fünf Spielern extrem hoch. Sie schaffen damit nicht nur Breite und Tiefe im Angriffsdrittel. Sie machen auch von Anfang an klar, welche Spielart sie fokussieren: Im Mittelfeld nehmen sie eine Zwei-gegen-vier-Unterzahl in Kauf, um im vorderen Bereich eine Fünf-gegen-fünf-Situation zu schaffen. Kein Wunder: Das

Mittelfeld soll eh mit dem langen Ball überspielt werden. Entscheidend ist, in der Linie viele Spieler zu postieren, in der der lange Ball ankommen soll.

Der ballführende Spieler Makoto Hasebe hat eingangs der Szene gleich fünf Optionen, die er mit einem langen Ball an die gegnerische Abwehrlinie bedienen kann. Zugleich haben die Frankfurter sofort mehrere Optionen in Ballnähe, sobald der lange Ball gespielt wurde – die Gleichzahl in der letzten Linie macht es möglich. Vor langen Bällen geht es also nicht darum, Handlungsoptionen nahe dem Spieler zu schaffen, der den Ball hat; entscheidend ist, dass der Spieler, der den langen Ball erhält, über Handlungsoptionen verfügt.

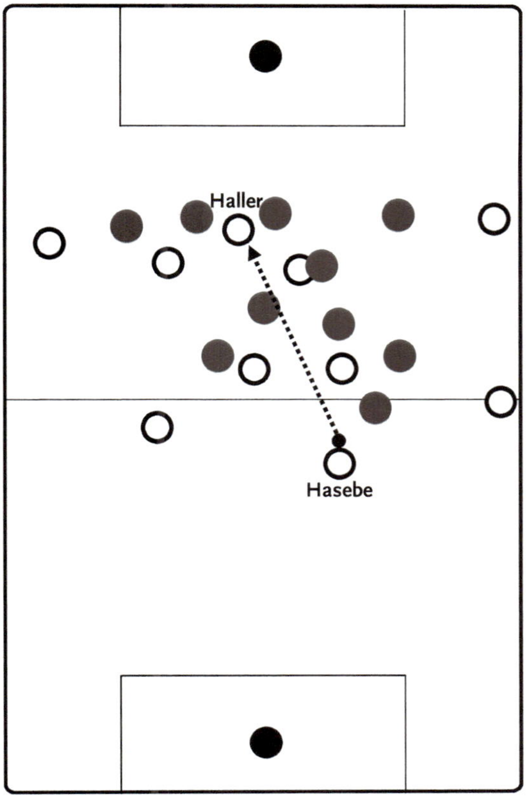

85. Frankfurt und der lange Ball, Teil eins

Makoto Hasebe wählte zur Spielauslösung den langen Ball auf Mittelstürmer Sébastien Haller. Der Angreifer postiert sich genau in der Schnittstelle zwischen zwei gegnerischen Verteidigern. Nachdem Hasebe den langen Ball auf Haller gespielt hat, orientieren sich zunächst beide Augsburger Verteidiger mit ihrem Blickfeld zu Haller. Das Abwehrdreieck, das sie in der Folge bilden, ist stark verformt; es sichert die Tiefe des Raums nicht wirklich gut ab.

Die folgende Reaktion der Frankfurter Angreifer eint das Spiel mit kurzen und mit langen Bällen: Hallers Mitspieler attackieren nach dem erfolgreichen langen Ball direkt die Tiefe. De Guzmán und Jović postieren sich schon vor dem langen Ball so, dass sie die frei werdenden Schnittstellen in Augsburgs Verteidigung attackieren können. Der lange Ball hat hiermit als Auslöser für einen dynamischen Angriff gedient.

Die Szene endete optimal für die Eintracht: Haller konnte den Ball mit dem ersten Kontakt behaupten, mit dem zweiten schickte er de Guzmán hinter die gegnerische Abwehr – siehe Abbildung 86. Tor. So einfach kann Fußball sein. Frankfurt gewann die Partie am Ende mit 3:1.

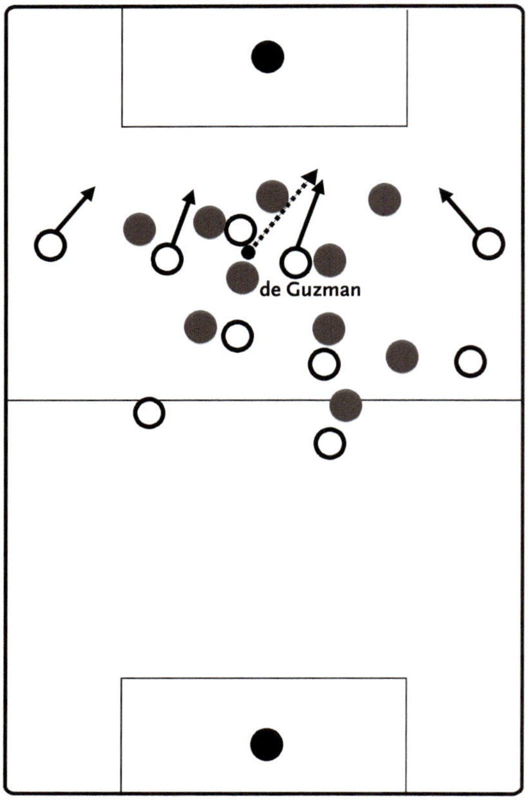

86. Frankfurt und der lange Ball, Teil zwei

Kampf um den zweiten Ball

Das Frankfurter Beispiel ist fast schon eine Nummer zu perfekt: Hasebe kann ohne Gegnerdruck den langen Ball vorbereiten und punktgenau spielen. Haller kann den Ball verarbeiten und direkt den Lauf des Kollegen bedienen. Als Haller den Ball erhält, hat er gleich zwei Möglichkeiten, einen Pass in die Schnittstelle zu spielen. Er wählt de Guzmán. Eine clevere Wahl: Haller spielt damit einen Pass entgegen der Verschieberichtung des Gegners – siehe die Prinzipien eines erfolgreichen Konters. De Guzmán gelangt somit in den Rücken der Abwehr. Es ist eine mustergültige Kombination.

Dieser Pass von Hasebe war jedoch nur einer von knapp 40 000 langen Bällen, die laut Statistik-Anbieter Opta in der Bundesliga-Saison 2018/19 gespielt wurden. Nur wenige lange Bälle führten zu einem Torerfolg. Würde man per Zufallsgenerator einen anderen langen Ball aus dieser Saison wählen, sähe die Situation vermutlich anders aus: Nicht wenige Teams nutzen den langen Ball, um dem Pressing des Gegners auszuweichen. Häufig wird er aus Verlegenheit gespielt. Nicht selten entsteht ein ungenauer langer Ball, der nicht perfekt auf der Brust des Stürmers landet. Dass der Stürmer den ersten langen Ball verwerten kann, ist eher die Ausnahme denn die Regel. In vielen Fällen entsteht ein Abpraller, der bei weitem nicht so kontrolliert ausfällt wie Hallers Pass.

In solchen Situationen zählt vor allem eins: der Kampf um den zweiten Ball. Welche Faktoren bei einem Kampf um zweite Bälle zu beachten sind und welche Räume es zu besetzen gilt, wurde bereits im Kapitel zum gegnerischen Ballbesitz erläutert. Für die angreifende Mannschaft gelten im Groben dieselben Regeln wie für die verteidigende Mannschaft: Die Räume um den Ball müssen besetzt sein, die Spieler müssen besonders in der

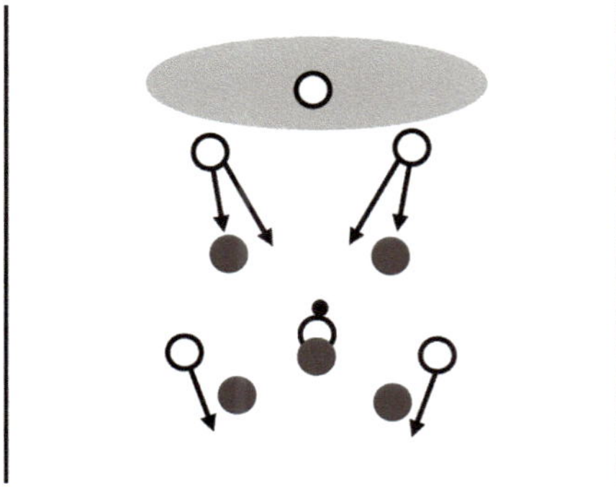

87. Kampf um den zweiten Ball

zentralen Zone hinter und vor dem Zweikampf Präsenz zeigen.

Für die angreifende Mannschaft gibt es ein zusätzliches Ziel: Sie muss Tiefe schaffen. Dies hat gleich zwei Effekte. Zum einen hilft dies, den Kollegen, der den langen Ball erhält, von Gegenspielern zu befreien. Im Frankfurter Beispiel ziehen die vier übrigen Verteidiger in der letzten Linie die Aufmerksamkeit des Gegners auf sich. Augsburgs Verteidiger können sich nicht vollends auf Haller konzentrieren aus Furcht, die Schnittstellen zu entblößen. Die Sprints in die Tiefe helfen, Haller zu befreien. Abermals ist die Besetzung der Tiefe entscheidend für den Erfolg eines Angriffs. (Dass Augsburg weder richtig Druck auf Haller ausübt noch ordentlich die Tiefe absichert, ist für Frankfurt ein großes Glück in dieser Szene.)

Auch die nachrückenden Spieler aus dem Mittelfeld können Dynamik schaffen: Wenn diese im Sprint aus der Tiefe nachrücken, haben sie im Kampf um den zweiten Ball einen Geschwindigkeitsvorteil. Viele Teams nutzen daher im Kampf um zweite Bälle eine etwas tiefer stehende zweite Reihe. Diese kann – je nach Situation – reagieren und im Vollsprint auf den zweiten Ball gehen, sollte dieser vom Tor weggeköpft werden. Auch Frankfurt stünde für so eine Art Kampf um den zweiten Ball bereit mit den beiden tiefstehenden Mittelfeldspielern. Sie würden vorrücken, den zweiten Ball erobern und idealerweise sofort den Pass in die Tiefe spielen.

Das Beispiel beweist: Es muss nicht immer der flache Kurzpass sein, der im Ballbesitzspiel zum Erfolg führt. Entscheidend ist, dass eine Mannschaft einen ganz klaren strategischen Fokus hat. Möchte sie auf lange Bälle setzen, muss die Positionsspiel-Struktur auf diese abgestimmt sein. Eine Struktur mit einer Überzahl im Mittelfeld und einem Drei-gegen-fünf an der letzten Linie hätte in diesem Fall wohl kaum zum Erfolg geführt; Augsburg hätte den langen Ball leichter verteidigen und die Tiefe besser sichern können. Das Positionsspiel muss sich also immer an die Art Fußball anpassen, den eine Mannschaft spielen will. Das ist der Unterschied zwischen vielen der 40 000 langen Bälle, die in der Bundesliga sonst gespielt wurden: Eintracht Frankfurt bereitete den langen Ball gut vor und postierte sich entsprechend. Selbst bei langen Bällen hilft also eine gute Positionsspiel-Struktur, um Erfolg zu haben.

Flanken nutzen am Beispiel von Pep Guardiolas Bayern

Fußball kann eine äußerst zähe Angelegenheit sein. Es gibt Teams, die verteidigen das eigene Tor derart gut, dass selbst die besten Angriffsreihen der Welt nicht durchkommen. Flaches Passspiel? Gegen die vielfüßige Defensive nicht möglich. Lange Bälle? Werden vom Gegner optimal verteidigt. Spielverlagerungen? Wieder und wieder versucht, aber man gelangt einfach nicht an den Außenspielern vorbei.

In diesen Situationen gibt es ein altbewährtes Mittel, um in den Strafraum zu gelangen: Flanken. Das angreifende Team kann damit den Ball in den Strafraum bringen, selbst wenn es an der Defensivformation des Gegners eigentlich nicht vorbeikommt. So erfreuen sich Flanken im modernen Fußball großer Beliebtheit. 3500 Flanken schlugen die Bundesligisten in der Saison 2018/19 vor das Tor. Die Erfolgswahrscheinlichkeit war jedoch verschwindend gering: Nur jede vierte Flanke kam bei einem Mitspieler an. Durchschnittlich 1 bis 3 Prozent aller Flanken führen zu einem Torerfolg; der Wert ändert sich je nachdem, ob man zweite, dritte oder gar vierte und fünfte Bälle hinzuzählt. Flanken sind also ein recht ungenaues Unterfangen. Kein Wunder: Es ist schwierig, eine Flanke präzise auf einen Mitspieler zu schlagen. Auf diesem Niveau weiß zudem jede verteidigende Mannschaft, wie sie den Strafraum zu besetzen hat. Die angreifende Mannschaft muss schon sehr genau agieren, um den Ball ins Tor zu wuchten.

Auch bei Flanken gibt es taktische Prinzipien, die helfen, die Erfolgswahrscheinlichkeit zu erhöhen. Interessanterweise fällt auch in diesem Bereich der Name Guardiola. Von 2013 bis 2016 trainierte er den FC Bayern München. Seine Münchener mögen auf den ersten Blick typischen Guardiola-Fußball gespielt haben: Pass reihte sich an Pass, über Ballbesitz dominierten sie den Gegner. Ziel war es aber nicht immer, über flache Zuspiele in den Strafraum zu gelangen. Guardiolas Bayern waren vor allem über die Flügel eine Macht. Man glaubt es kaum, aber in den drei Jahren unter Guardiola stellten die Bayern sowohl in der Champions League als auch in der Bundesliga jeweils das Team mit den meisten Flanken. Kein anderes Team schlug den Ball so häufig von den Außenbahnen hoch in den Strafraum.

Ein Strukturfanatiker wie Guardiola überlässt auch bei Flanken nichts dem Zufall. Den Ball einfach in den Strafraum flanken und hoffen, dass der Stürmer die Kugel irgendwie erreicht? Nicht mit dem Katalanen.

Eine anschauliche Szene trug sich während Bayern Münchens Champions-League-Achtelfinale der Saison 2015/16 zu. Die Partie gegen Juventus war bereits weit fortgeschritten. Die Nachspielzeit war schon angelaufen,

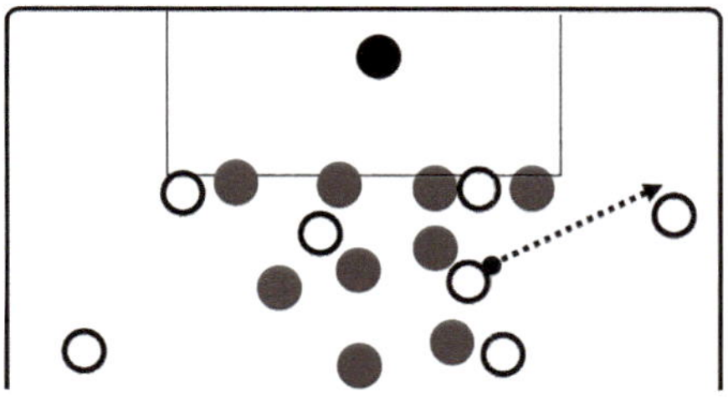

88. Bayern Münchens Flanke, Teil eins

die Bayern lagen 1:2 zurück. Mit diesem Ergebnis wären sie ausgeschieden. Sie benötigten dringend noch ein Tor, um das 2:2 aus dem Hinspiel zu egalisieren und damit eine Verlängerung zu erzwingen.

Die Bayern versuchten ihr Glück über die Flügel. Wieder und wieder passten sie den Ball auf die Außen. Und wieder und wieder flogen Flanken in den Turiner Strafraum. Und wieder und wieder klärte Juventus. Die Turiner verteidigten Flanken nach jenen Prinzipien, die im ersten Kapitel vorgestellt wurden. Die drei Zonen direkt vor dem Tor wurden jeweils von einem Verteidiger gesichert. Die drei Zonen davor sicherten sie ebenfalls mit jeweils einem Verteidiger: ein klassisches 3+3. Ein vierter Verteidiger in der vorderen Linie hatte sich sogar so postiert, dass er den diagonalen Passweg zurück an den Strafraumrand absicherte. Ihre Verteidigung in dieser Situation war so mustergültig, wie sie nach anstrengenden neunzig Minuten nur sein kann.

In der 91. Minute spielte Arturo Vidal den Ball aus dem Zentrum zu Rechtsaußen Kingsley Coman – siehe Abbildung 88. Dieser zögerte nicht lange. Mit dem ersten Kontakt schlug er eine Flanke in den Fünf-Meter-Raum. Seine Kollegen hatten sich bereits vorher in Position gebracht. Drei Spieler besetzten den Strafraum. Am kurzen Pfosten lauerte Robert Lewandowski. In der Mitte positionierte sich Thomas Müller etwas zurückgezogen, nahm kein Tempo auf. Dafür war Franck Ribéry umso flinker auf den Beinen: Er sprintete von der halblinken Seite mit höchster Geschwindigkeit auf das Tor zu – siehe Abbildung 89.

Coman schlug die Flanke so, dass der Ball in den hinteren Bereich des Fünf-Meter-Raums flog. Eigentlich war Ribérys Bewacher für diesen Raum zugeteilt. Ribéry machte sich zunutze, dass die verteidigende Mannschaft im eigenen Strafraum stets Mann-gegen-Mann spielen möchte. Nur so lässt sich effektiv verhindern, dass der Gegner direkt abschließt. Ribéry zog seinen direkten Gegenspieler aus dessen Zone. Müller sah das und schlich sich in den frei werdenden Bereich. Freistehend köpfte er den Ball unhaltbar in den Winkel – siehe Abbildung 90. Wenige Sekunden vor Spielschluss

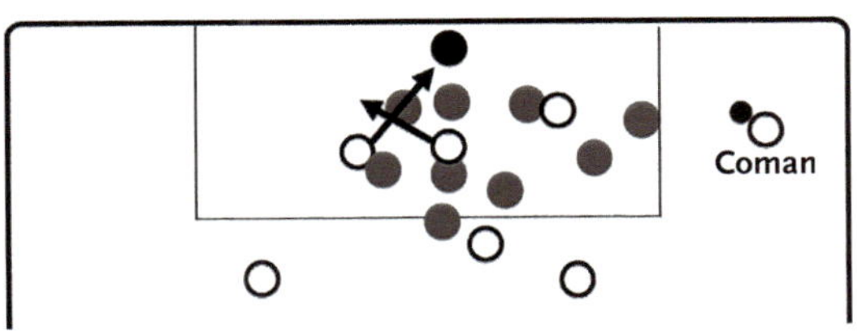

89. Bayern Münchens Flanke, Teil zwei

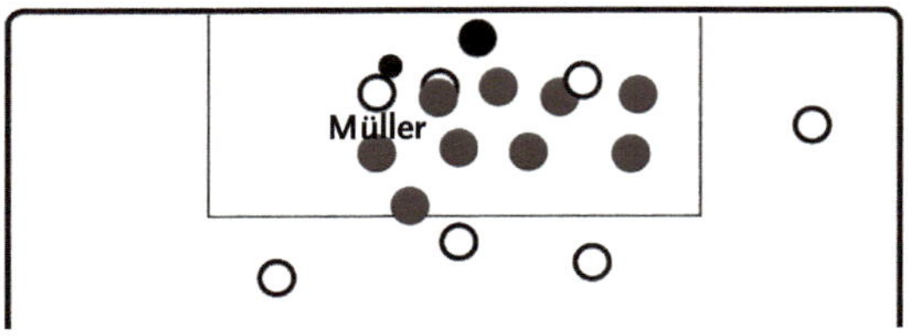

90. Bayern Münchens Flanke, Teil drei

erzwang Müller so die Verlängerung. In dieser schossen die Bayern zwei weitere Tore, damit warfen sie Juventus aus dem Wettbewerb.

Aktion und Reaktion: Dieses simple Gesetz des Fußballs fand auch in dieser Szene Anwendung. Eigentlich hatte Juventus den Strafraum mustergültig besetzt. Dass die Bayern dennoch zum Torerfolg gelangten, hatte einen offensichtlichen Grund: Ribérys Sprint öffnete den Raum, den Müller benötigte. Aber auch Lewandowskis Präsenz half: Er band einen Gegenspieler am ersten Pfosten. Somit verhinderte er, dass die drei gegnerischen Verteidiger sich absprechen konnten.

Müllers Reaktion war nicht minder lehrbuchreif. Als er den Strafraum betrat, orientierte er sich zunächst. Wo könnte ein Raum frei werden, den er besetzen konnte? Er startete leicht versetzt zu Ribéry. Erst als er sah, dass die hintere Zone frei wurde, bewegte er sich dahin. Das ist der zweite Teil des Erfolgs: Ein Spieler öffnet Räume, ein anderer besetzt sie.

Bei Flanken kommen also im Idealfall Prinzipien zum Einsatz, die im Kapitel zum Thema Kontern von großer Bedeutung sein werden: Die Angreifer kreuzen ihre Laufwege und verwirren somit die Gegenspieler. Zugleich starten sie nicht gleichzeitig, sondern leicht versetzt in den Strafraum. Sie ziehen Gegner aus ihrer Position, um im Anschluss die frei gewordenen Räume zu besetzen.

Kampf um den zweiten Ball nach Flanken

Dass eine Flanke direkt eingeköpft wird, ist der absolute Ausnahmefall. Flanken beinhalten aus diesem Grund auch immer ein Risiko. Das Risiko nämlich, dass die Flanke die letzte Aktion einer Ballbesitzphase ist. Häufig kann die verteidigende Mannschaft den Ball klären, vielleicht gelangt sie sogar in eine Kontersituation. Bei Flanken zählt also nicht nur der Kampf um den ersten, sondern vor allem der Kampf um den zweiten Ball.

Dies war Guardiolas eigentliche Leistung bei den Bayern: Er passte seine Spielstruktur so an, dass die Bayern stets Zugriff auf den zweiten Ball erhielten. Die Flanke, die letztlich zum 2:2 führte, war die insgesamt 32. in diesem Spiel. Die Flanken zuvor hatten zwar nicht zum Torerfolg geführt. Immerhin eroberten die Bayern zweite Bälle aber derart erfolgsstabil, dass sie den guardiolatypisch hohen Wert an Ballbesitz-Anteilen verbuchen konnten (75 Prozent). Münchner Ballbesitzphasen endeten nicht nach Flanken.

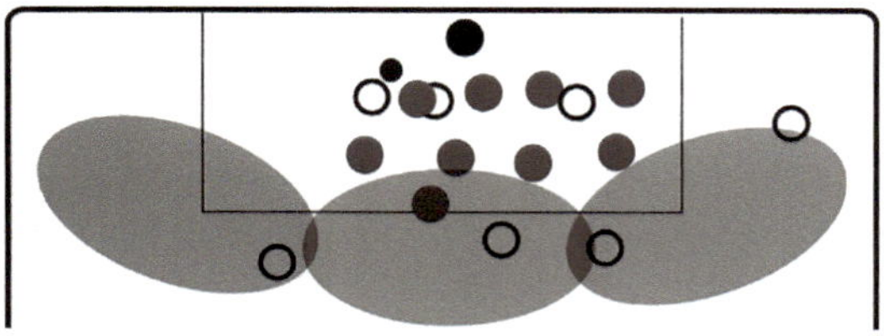

91. Bayerns Besetzung der Zonen für den Kampf um den zweiten Ball

Bei genauer Betrachtung der Beispielszene erkennt man, wieso die Bayern zweite Bälle so gut erobern konnten. Nicht nur postieren sich drei Münchener im Strafraum; alle Zonen im vorderen Bereich sind abgedeckt. Auch im hinteren Bereich stehen drei Spieler bereit, um in die jeweilige Zone des Strafraums zu starten.

Das taten sie jedoch nicht. Würden sie zu früh in den Strafraum starten, würden die Bayern den Raum vor dem Strafraum freigeben. Genau hierhin klären die meisten Verteidiger eine Flanke. Je weiter die eigene Flanke vom Tor und je weiter sie nach außen geköpft wird, umso besser. Die Bayern haben aber genau auf diese Zonen Zugriff. Und wenn der Gegner den Ball nur kurz klärt, können sie von außerhalb des Strafraums heranschießen.

Eine gute Besetzung nach Flanken endet also nicht im Strafraum. Auch die Zonen davor müssen gut besetzt werden. Hier hilft wieder eine gute Zonenstruktur. Bayerns Spieler befinden sich vor dem Strafraum exakt in den drei Zonen, die Guardiola zentral sowie im Halbraum vorsieht. Wäre der Ball vor den Strafraum geköpft worden, die Bayern hätten eingreifen können. Guardiola hatte seine Positionsspiel-Struktur in München so angepasst, dass seine Mannschaft ideal auf Flanken reagieren konnte. Das war eine seiner großen Stärken in seiner Zeit in Deutschland.

Zusammenfassung Phase Ballbesitzspiel

In diesem Kapitel habe ich erläutert, was ein gutes Positionsspiel ausmacht und wie dieses helfen kann, einen organisierten Gegner zu knacken. Es kamen zahlreiche taktische wie strategische Konzepte zur Sprache.

- Idealerweise zwängt das Positionsspiel Spieler nicht in ein Korsett, sondern passt sich an die Stärken und Schwächen der Spieler an. **Die Individualspieler geben die Strategie vor** – nicht umgekehrt!
- **Die Strategie gibt die Struktur vor.** Möchte eine Mannschaft sich flach vor das Tor kombinieren, benötigt sie eine andere Struktur als ein Team, das den langen Ball fokussiert.
- Entscheidend ist es, **den Gegner so oft wie möglich vor Entscheidungen zu stellen**. Angreifer, die einfach nur neben einem Verteidiger stehen, erleichtern diesem die Defensivarbeit. Angreifer müssen Schnittstellen attackieren und die Räume zwischen den gegnerischen Verteidigern besetzen, um die gegnerischen Abwehrreihen zu Fehlern zu zwingen.
- Die verteidigende Mannschaft will, dass der ballführende Spieler möglichst keine Handlungsoptionen erhält. Entsprechend sollte **die angreifende Mannschaft mehr Handlungsoptionen um den Ball schaffen, als der Gegner abdecken kann.** Das Bilden von Rauten um den Ball ist das ideale Mittel, um dies zu verwirklichen.
- Fußballtaktik dreht sich stets um Räume und Zahlen. **Das angreifende Team muss Überzahlen kreieren und diese ausnutzen.** Überladungen eines Raumes können die ideale Möglichkeit sein, eine Überzahl um den Ball herzustellen. Sie können ebenso helfen, den Gegner auf eine Seite zu locken und in der Folge eine Überzahl auf der anderen Seite zu kreieren.
- **Geduld zahlt sich aus.** Verteidigungsarbeit ist anstrengend und kann sehr nervig sein für den Gegner. Welches Kind hat schließlich mit dem Fußballspielen begonnen, um ständig von links nach rechts zu verschieben? Mit Spielverlagerungen den Ball geduldig von einer Seite zur anderen laufen zu lassen, ist eine ideale Möglichkeit, den Gegner zu ermüden und Lücken zu provozieren.
- Ballbesitz sollte kein Selbstzweck sein. **Bietet sich die Gelegenheit, muss ein Team das Tempo verschärfen und den Angriff zügig zu Ende spielen.** Hierbei ist es besonders entscheidend, die letzte Linie des Gegners zu attackieren. Pässe hinter die Abwehr bieten die beste Möglichkeit, zu einer hochkarätigen Torchance zu gelangen. Positionswechsel, Läufe in die Tiefe

sowie Doppelpässe können helfen, Dynamik aufzunehmen.

- **Das angreifende Team sollte stets Breite und Tiefe herstellen.**
- Zum Abschluss ein Klischee: Fußball ist ein Mannschaftssport. Es mag verlockend sein, den Ball zu fordern und zu tun, was man möchte. Eine gute Ballbesitzstruktur zeichnet sich aber dadurch aus, dass **alle Spieler zu jeder Zeit eine Funktion erfüllen**. Kollektivität ist nicht nur im Spiel gegen den Ball, sondern auch mit dem Ball ein Schlüssel zum Erfolg.

Umschalten nach Ballgewinn

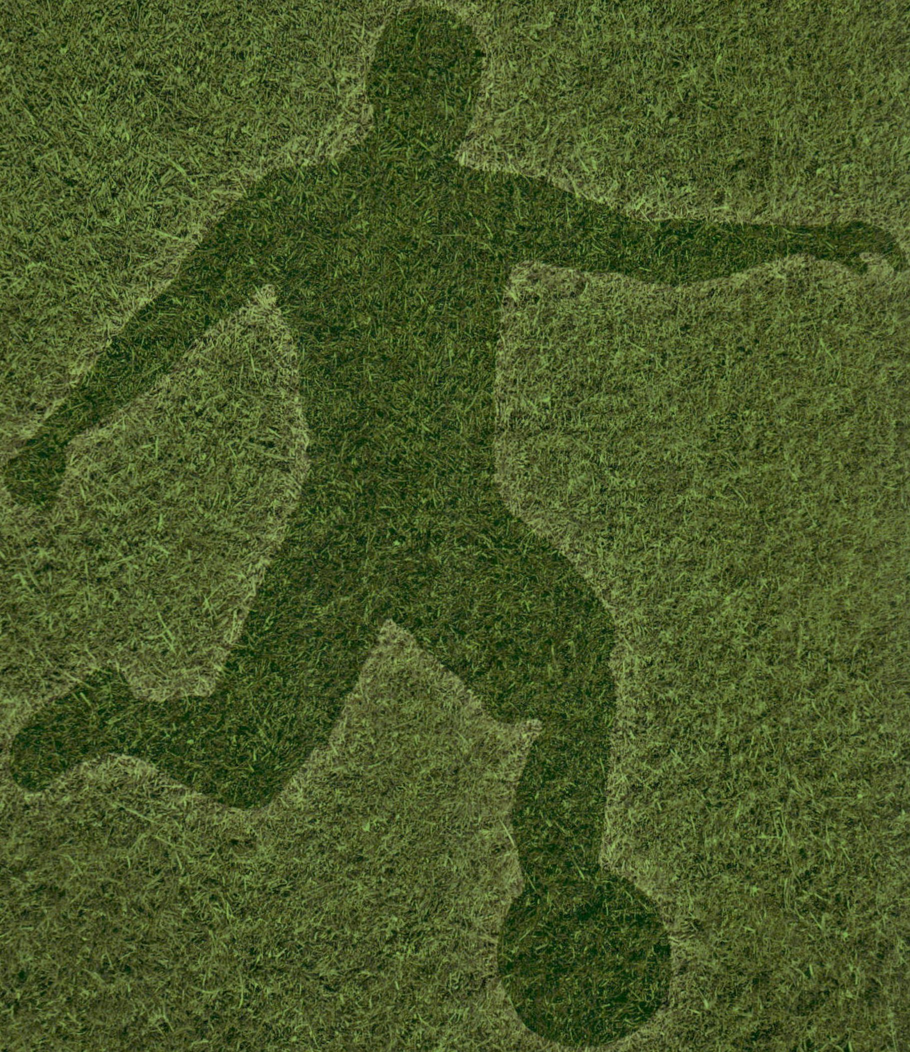

Es ist vollbracht. Die verteidigende Mannschaft hat den Ball erobert. Nun beginnt die vielleicht erfolgversprechendste Phase des Fußballs: das Umschalten nach einem Ballgewinn. Bei der Weltmeisterschaft 2018 in Russland wurden insgesamt 169 Tore erzielt. 40 davon fielen laut dem offiziellen Report der Fifa in die Phase des Umschaltens nach Ballgewinnen. Fast ein Viertel aller Treffer des Turniers fielen also nach Konterangriffen.

Möchte eine Mannschaft nach einem Ballgewinn sofort zu einer Torchance gelangen, startet sie einen **Konterangriff**. Die ballerobernde Mannschaft möchte die Unordnung des Gegners ausnutzen. Dazu muss sie möglichst schnell und mit möglichst wenigen Aktionen vor das gegnerische Tor gelangen.

In diesem Kapitel dreht sich alles um die Frage, wie sich der Umschaltmoment optimal nutzen lässt. Welche Prinzipien gelten für ein erfolgreiches Umschaltspiel? Wann macht es Sinn, sofort den Ball nach vorne zu spielen? Und wann sollte man den Umschaltmoment nutzen, um den Ball in den eigenen Reihen zu halten?

Ballhalten oder Konter?

Der Begriff Umschaltmoment wird häufig als Synonym zum Begriff Konterspiel genutzt. Das ist nicht ganz korrekt. Von der Definition her bezieht sich der Umschaltmoment auf einen Wechsel des Ballbesitzes. Das zuvor angreifende Team verliert den Ball, das verteidigende Team erobert ihn. Der Umschaltmoment erstreckt sich über die Zeit, die die Teams benötigen, um von der Defensivformation in die Offensivformation zu wechseln – und umgekehrt. Jeder Wechsel des Ballbesitzes hat entsprechend einen Umschaltmoment zur Folge.

In diesem Umschaltmoment gibt es für die ballerobernde Mannschaft zwei Möglichkeiten: Sie kann nach der Balleroberung versuchen, einen Konter zu starten. Warum bietet gerade der Umschaltmoment die Chance auf einen erfolgversprechenden Angriff? Im ersten Kapitel ging es ausführlich um die Frage, wie sich defensive Mannschaften organisieren, damit der Gegner keinen Raumgewinn erzielen kann. Gewinnt die eigene Mannschaft den Ball, befindet sich der Gegner jedoch nicht in der organisierten Defensivformation, sondern in der Offensivformation. Diese folgt gänzlich anderen taktischen Gesetzmäßigkeiten. Spieler rücken vor, das Team steht deutlich offensiver als in der Phase des gegnerischen Ballbesitzes; siehe dazu das Kapitel zum eigenen Ballbesitz. Das ist die Chance für die ballerobernde Mannschaft: Mit wenigen Pässen kann sie die unorganisierte Defensive des Gegners überspielen.

Verliert ein Team den Ball bei einem Konterversuch, bietet sich für den Gegner die Chance, einen **Gegenkonter** zu starten. Das ist quasi der Konter des Konters. Gegenkonter sind äußerst schwer zu verteidigen: Manche Spieler befinden sich noch in der Defensivformation, andere sind für den Konter bereits nach vorne gestartet. Nicht selten steht die Mannschaft nach solch einem Ballverlust schlecht gestaffelt und wenig kompakt.

Zunächst einmal klingt es verlockend, nach jedem Ballgewinn einen Konter zu starten. Genau das will doch das Publikum sehen: ein Spiel, in dem beide Teams ständig nach vorne preschen! So eine Partie wäre aber wohl der Albtraum für die meisten Trainer. Ein Konter ist immer auch mit Risiko verbunden. Um den Gegner auf dem falschen Fuß zu erwischen, muss der Ball schnell und direkt vor das gegnerische Tor gespielt werden. Der Angriff soll abgeschlossen sein, ehe der Gegner sich defensiv organisieren kann. Riskante Aktionen wie raumgreifende Dribblings oder Pässe in die Tiefe sind gefordert – Aktionen, die schiefgehen können. Der Ball, der gerade so mühsam errungen wurde, könnte schnell wieder beim Gegner sein. Und dann heißt es sofort wieder umschalten auf die eigene Defensive, ehe der Gegner einen Gegenkonter starten kann.

Man stelle sich vor, eine Mannschaft würde nach jeder Balleroberung riskant nach vorne spielen und sofort den Abschluss suchen. Ihre Zeit im Ballbesitz wäre äußerst gering, das Offensivspiel zugleich äußerst risikoreich. Es wären enorme konditionelle Kräfte erforderlich, um nach jedem Ballgewinn sofort nach vorne zu sprinten und um nach einem Ballverlust sogleich wieder in die Defensive zurückzukehren. So ein Tempo über neunzig Minuten durchzuhalten, fällt schwer.

Deshalb macht es Sinn, den Ball zwischendurch in den eigenen Reihen zu halten. Vielleicht liegt die Mannschaft in Führung und möchte den Ball nicht schnell wieder verlieren; hält sie den Ball, kann der Gegner schließlich kein Tor erzielen. Vielleicht ist sie auch spezialisiert auf das eigene Ballbesitzspiel und möchte zunächst in die Offensivformation wechseln, ehe sie den Torerfolg sucht.

In solchen Momenten lässt die ballerobernde Mannschaft den Umschaltmoment verstreichen. Der Gegner darf in die defensive Ordnung zurückkehren. Sie selbst bereitet in dieser Zeit das eigene Ballbesitzspiel vor. Damit erfüllt sie im Wortsinn die Definition dieser Phase: Sie schaltet vom gegnerischen auf eigenen Ballbesitz um. Jeder Ballgewinn mag also zu einem Umschaltmoment führen. Aber nicht jeder Umschaltmoment führt zu einem Konter.

Wie in den anderen Phasen entsteht ein Spannungsfeld: Auf der einen Seite steht mit dem Ballsichern die sichere, strategisch eher defensive Variante. Auf der anderen Seite steht mit dem Konter die riskante, strategisch eher offensive Variante. Viele Teams unterscheiden genau zwischen Situationen, in denen sie einen Konter spielen und in denen sie den Ball sichern möchten.

Umstände nehmen die Entscheidung ab

Umschaltmomente kommen in einem Fußballspiel häufig vor. Sehr häufig. Nicht nur Fehlpässe oder Zweikämpfe können zu einem Wechsel des Ballbesitzes führen. Der Ball geht ins Seitenaus und wechselt den Besitzer? Umschaltmoment. Ein Schuss geht neben das Tor, und es gibt Abstoß? Umschaltmoment. Eine Mannschaft erzielt ein Tor, und es gibt Anstoß? Umschaltmoment.

In manchen Spielen wechselt der Ballbesitz über 200-mal zwischen den Teams. In den wenigsten dieser Situationen treffen die Spieler aktiv die Entscheidung, wie sie das Spiel fortführen wollen. Während der Torhüter etwa den Abstoß vorbereitet, schaltet eine Mannschaft ganz automatisch aus der eigenen Defensiv- in die Offensivformation um. Der Umschaltmoment verstreicht, ohne dass ein Konter möglich gewesen wäre.

In diesem Kapitel soll es ausdrücklich um jene Umschaltmomente gehen, in denen die ballerobernde Mannschaft die Wahl hat. Wann macht es Sinn, einen Konter zu starten? Wann sollte man den Ball eher sichern? Und wie geht man dabei taktisch vor?

Gemeinsam handeln!

Entscheidend ist: Wenn sich eine Mannschaft für eine der beiden Möglichkeiten entschieden hat, muss sie diese umsetzen – konsequent und gemeinschaftlich. Nichts ist verheerender für ein Team als eine schlecht abgestimmte Reaktion auf einen Ballgewinn. Rücken etwa fünf Spieler zum Konter vor, der ballführende Spieler aber bedient den Konter nicht, kommt die Mannschaft in eine unschöne Situation: Weder kann sie einen Konter fahren noch schnell in eine Offensivformation umschalten, die im weiteren Angriffsverlauf Erfolg verspricht. Ergo entscheidet sich meist bereits in den ersten Sekunden nach der Balleroberung, ob die anschließende Ballbesitzphase erfolgreich ist – sei es mit einem schnellen Konter oder mit einer längeren Phase des Ballbesitzes.

Der Moment der Balleroberung

Ein Wechsel des Ballbesitzes ist immer eine mentale Herausforderung. Eine Mannschaft, die zuvor noch verteidigt hat, muss nun umschalten auf Angriff. Häufig entscheidet sich bereits in der ersten Sekunde, ob dieses Umschalten gelingt. Denn der Gegner wird ebenfalls versuchen, den Umschaltmoment zu nutzen: Manche Gegner werden sich nach einem Ballverlust in die Defensivformation zurückziehen. Andere Teams hingegen möchten den Ball sofort wieder zurückerobern.

In den seltensten Fällen ist bereits im Moment der Balleroberung klar, ob ein Team einen schnellen Konter starten kann oder nicht. Zunächst gilt es sich zu orientieren. Wo befinden sich die Gegenspieler, wo die Mitspieler? Ist ein Pass in die Tiefe möglich? Nicht immer lässt sich ein Konter erzwingen. Manchmal erkennen Spieler erst nach den ersten Aktionen, dass der gewünschte Konter nicht möglich ist.

Spieler müssen direkt nach einer Balleroberung also beide Facetten beachten: Sie müssen sowohl für einen Konter gewappnet sein als auch für eine längere Ballbesitzphase. Die Prinzipien, die sie in den ersten Sekunden nach einem Ballgewinn zu beachten haben, funktionieren in beide Richtungen. Welche Prinzipien helfen Spielern, direkt nach einem Ballgewinn die Kontrolle über das Spiel zu erlangen?

Sich von den Gegenspielern absetzen

Im ersten Kapitel habe ich das Konzept der Mannorientierung vorgestellt. Es gibt Situationen, in denen Verteidiger eng an ihren Gegenspielern stehen; je nach Spielphilosophie und Defensivsystem kommen diese Situationen häufiger oder seltener vor. In jedem Fall sollten Verteidiger den Gegenspielern nicht zu viel Raum geben. Sie wollen im Zweifel Zugriff erzeugen können.

Eine Mannschaft in Ballbesitz möchte in der Regel das Gegenteil erreichen: Die Spieler sollen Pässe erhalten und verarbeiten können, ohne dass der Gegner sie unter Druck setzen kann. Es würde wenig Sinn ergeben, wenn sich alle Angreifer in direkter Nähe zu einem Gegenspieler befinden. Sie müssen Freiräume finden, um Bälle annehmen und weiterverarbeiten zu können.

Ein erster Impuls nach einer Balleroberung sollte also sein, sich von den nächsten Gegenspielern abzusetzen. Nur so können die Spieler Anspielstationen schaffen. Das ist sowohl für die Einleitung des Konters als auch für das Sichern des Balls wichtig: Nur wenn dieser in den eigenen Reihen laufen kann, hat die Mannschaft eine Chance, im Ballbesitz zu bleiben.

In Positionsrichtung ausschwärmen

In welche Richtung sollten die Spieler der ballerobernden Mannschaft ausschwärmen? Offensivformation und Defensivformation unterscheiden sich voneinander. Das bedeutet konkret, dass Spieler im Ballbesitz größtenteils eine andere Position einnehmen, als wenn der Gegner den Ball hat. Das beste Beispiel sind die Außenverteidiger: Bei gegnerischem Ballbesitz reihen sie sich in die eigene Abwehrkette ein. Bei eigenem Ballbesitz hingegen sollen sie Breite im Angriff geben. Die Außenverteidiger müssen sich also von ihrer tiefen Defensivposition auf ihre höhere Offensivposition begeben.

Außenverteidiger sind derweil nicht die einzigen Spieler, die ihre Position nach einem Ballgewinn anpassen müssen. Es gibt kaum einen Akteur, der bei gegnerischem Ballbesitz denselben Raum besetzt wie bei eigenem. Erst wenn die Spieler allesamt ihre offensiven Positionen bekleiden, ist der Umschaltmoment beendet. Entsprechend sollte dieser Moment genutzt werden, um möglichst schnell von der defensiven in die offensive Formation umzuschalten.

Sobald der Ball erobert wird, sollten die Spieler bereits ausschwärmen. Selbst wenn kein direkter Konter möglich ist, so kann man doch auch hier den Faktor Zeit für sich nutzen: Befindet sich das ballerobernde Team schneller in einer guten Offensivformation als der Gegner in der Defensivformation, können sich Lücken auftun, die ausgenutzt werden können. Sollte also kein Konter möglich sein, wird der erste Impuls der Spieler sein, sich sofort in ihre Offensivrolle zu bewegen.

Es gibt natürlich Ausnahmen von dieser Regel. Gerade im ballnahen Bereich kann es sinnvoll sein, zunächst Anspielstationen zu schaffen. Der Gegner könnte versuchen, den Ball sofort wieder zurückzuerobern. Dies lässt sich erschweren, indem die Spieler sich sofort für einen Pass anbieten.

Tiefe und Breite in der letzten Linie

Zwei wichtige Prinzipien des Positionsspiels waren das Schaffen von Tiefe und Breite. Tiefe hilft, die gegnerische Abwehr nach hinten zu drücken. Breite sorgt dafür, dass die gegnerische Abwehr auseinandergezogen wird.

Gewinnt eine Mannschaft den Ball, sollte sie schnellstmöglich versuchen, diese beiden Prinzipien umzusetzen. Dies hat nicht nur den Grund, in der anschließenden Ballbesitzphase eine gute Raumaufteilung zu haben. Vielmehr ist auch im Konter das Schaffen von Tiefe entscheidend: Die Stürmer bieten sich für Pässe hinter die Abwehr an. Zugleich helfen sie, die gegnerische Abwehr nach hinten zu drücken. Im Idealfall erhalten sie also einen Pass hinter die Abwehr, im negativsten Fall beschäftigen sie die gegnerische Abwehr. So oder so: Mindestens ein Spieler sollte sofort in die Tiefe starten.

Eine ähnliche Logik gilt für die Breite: Auch über diesen Weg lässt sich ein schneller Konter fahren. Sollte der Laufweg nicht bedient werden, wird die Positionierung doch im weiteren Angriffsverlauf wichtig. Das sofortige Besetzen der Breite ist insofern entscheidend, als dass dies ein großer Unterschied zwischen Defensiv- und Offensivformation ist: Während in der Defensive Kompaktheit zählt, möchte die angreifende Mannschaft bei eigenem Ballbesitz den Gegner auseinanderziehen. Gerade wenn der Gegner nur über eine dezimierte Restverteidigung verfügt, kann es Sinn ergeben, diese Restverteidigung in die Breite zu ziehen.

Dem Druck entgehen

Sofort nach einem Ballgewinn Breite zu schaffen, kann ebenfalls helfen, dem Druck des Gegners auszuweichen. Kaum ein Gegner schaltet nach einem Ballverlust direkt ab. Bevor die Gegenspieler in die Defensivformation zurückkehren, werden sie eine direkte Rückeroberung des Balls anstreben. Dieses sogenannte Gegenpressing ist ein wesentlicher Faktor im modernen Fußball. Teams stellen sich schon bei Ballbesitz so auf, dass sie nach einem Ballverlust sofort wieder Druck erzeugen können. Viele Mannschaften planen den Ballverlust sogar mit ein, nur um direkt zum Gegenpressing ansetzen zu können. (Dieses Thema wird im Kapitel zum Umschalten nach Ballverlust ausführlich behandelt.)

Das balleroberende Team muss es schaffen, den Druck des Gegners zu umgehen. Dies ist der Hauptgrund, warum sich die Spieler sofort von ihren Gegenspielern absetzen sollten: Nur so kann man eine Anspielstation schaffen, die der ballführende Spieler bedienen kann.

In den meisten Fällen sollte das ballerobernde Team versuchen, möglichst schnell den Raum zu verlassen, in dem es den Ball erobert hat. Genau auf diesen Raum wird sich der Versuch des Gegners konzentrieren, den Ball zurückzuerobern. Nach einer Balleroberung sollte der erste Pass entsprechend immer aus dem Raum heraus erfolgen, in dem der Gegner gerade Druck ausübt.

Es gibt mehrere Optionen, den Raum des Ballgewinns zu verlassen. Ein Rückpass ist die vielleicht stabilste: Zwar bedeutet jeder Rückpass zunächst einen Raumverlust. Ein schneller Konter wird dadurch fast schon unmöglich, da der Gegner zunächst Zeit erhält, sich zu sortieren. Dafür

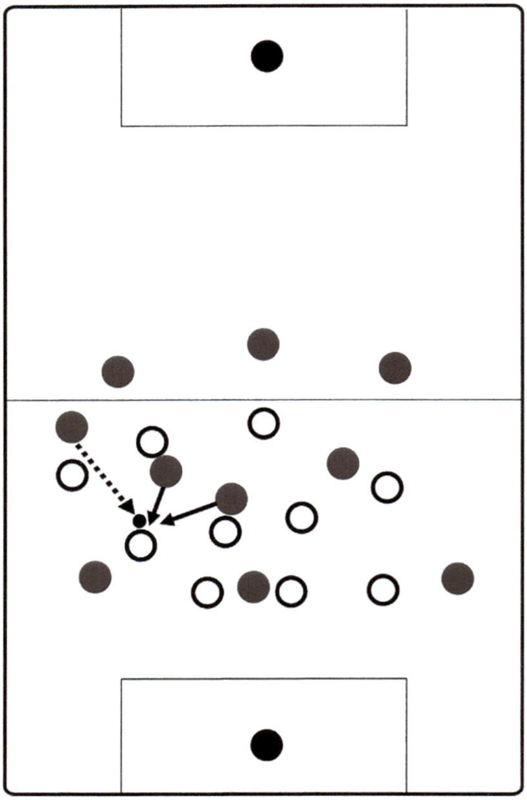

92. Druck im Gegenpressing ausweichen, Teil eins

kann man den Ballbesitz sichern. Er wird in einen Raum gespielt, auf den der Gegner im Idealfall keinen Zugriff hat. Selbst wenn er Zugriff erzeugen möchte, muss er weit herausrücken; das öffnet wiederum Räume für das ballerobernde Team.

Eine riskantere Option ist der Weg der Spielverlagerung: Hiermit kann man den blinden Fleck des Gegners treffen und dem Druck ausweichen. Folgendes Beispiel: Der Gegner spielt einen Fehlpass auf den Außenverteidiger – siehe Abbildung 92. Die ballnahen Spieler werden sich auf ihn stürzen in der Hoffnung, den Ball direkt zurückzuerobern.

Nun erscheint es intuitiv logisch, den Ball von den anstürmenden Spielern wegzuschießen, etwa mit einem Rückpass. Allerdings können die attackierenden Spieler ihre Geschwindigkeit nutzen, um durchzulaufen: Sie laufen am ballführenden Spieler vorbei und gehen auf den Rückpass.

Man kann das Gegenpressing jedoch auch als Chance begreifen: Die Spieler, die nun zur Rückeroberung ansetzen, können den Raum in ihrem Rücken nur mit ihrem Deckungsschatten absichern. Wird der Ball an ihnen vorbeigespielt, müssen sie sich erst umdrehen und neu orientieren. Ein diagonaler Pass oder eine lange Spielverlagerung in die Richtung, aus der Gegenspieler anrücken, ist also nicht leicht zu verteidigen. Schwärmen die eigenen Mitspieler dazu sofort in die Breite aus, ermöglicht das eine Spielverlagerung – siehe Abbildung 93. Im schlimmsten Fall geht der Ball weit weg vom aktuellen Standort wieder verloren. Als loses Prinzip kann man also festmachen: Wenn man sich riskant aus dem Gegenpressing befreien will, dann möglichst in die Richtung, aus der der gegnerische Druck kommt.

Und sollte der Druck zu hoch werden? In diesem Fall gilt: Nichts wie weg mit dem Ball! Wenig im Fußball

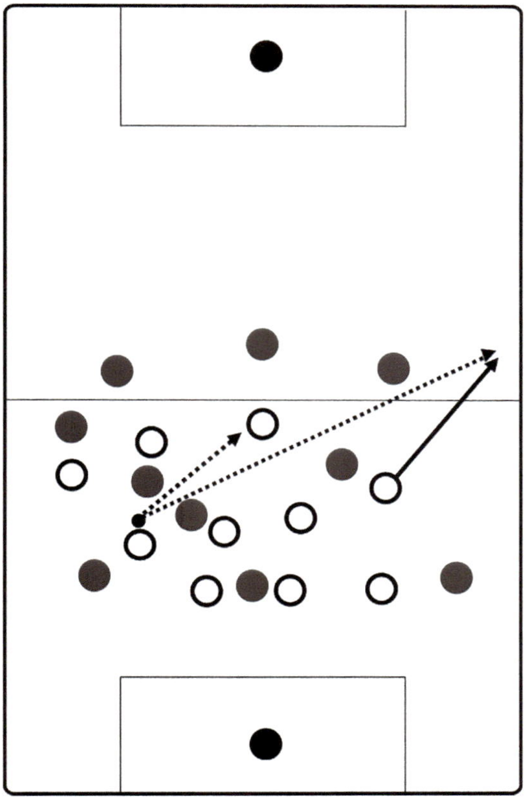

93. Druck im Gegenpressing ausweichen, Teil zwei

ist schlimmer als ein Ballverlust direkt nach einem Ballgewinn. Schaltet die eigene Mannschaft gerade um, befindet sie sich nicht mehr richtig in der Defensivformation, aber auch noch nicht in der Offensivformation. Ein Ballverlust in diesem Moment könnte fatal sein. Gerade spielschwache Teams wagen deshalb bereits früh nach der Balleroberung den langen Ball. Ihre Hoffnung: Vielleicht erzwingen sie mit diesem Ball einen Konter. Zumindest aber befindet sich der Ball dann weit weg vom eigenen Tor. Die ballerobernde Mannschaft kann somit zwar den Ball nicht sichern, aber zumindest schnell wieder in eine kompakte Defensivformation zurückkehren.

Der zweite Pass entscheidet

La Masia ist die vielleicht berühmteste Jugendakademie des Weltfußballs. Die Talentschmiede des FC Barcelona brachte Spieler wie Xaxi, Andrés Iniesta und nicht zuletzt Lionel Messi hervor.

Wer hier ausgebildet wird, bekommt von seinen Trainern schon in jungen Jahren eine wichtige Regel für den Ballgewinn eingebläut: Der zweite Pass entscheidet. Barcelonas Philosophie sieht vor, dass der Balleroberer nicht den Konter einleiten muss. Seine Arbeit ist getan, wenn er den Ball gewonnen hat. Er soll den Ball direkt zum nächsten Mitspieler weiterspielen. Während der Ball erobert wird, kann dieser zweite Akteur sondieren, ob ein Konter möglich ist. Wie stehen die Gegner, wie die eigenen Mitspieler? Welche Räume sind offen? Das lose Prinzip, das sich daraus ableitet: Der zweite Pass entscheidet, ob ein Team einen Konter spielt oder den Ball sichert.

Allerdings ist dies nur ein loses Prinzip. Wenn der ballerobernde Spieler keinen Druck durch einen Gegenspieler erhält, wird er kaum den Ball sofort weiterspielen. Gerade in engen Situationen macht dieses Prinzip aber Sinn. Schließlich fällt es dem ballerobernden Spieler schwer, sich sowohl auf die Balleroberung als auch auf den Umschaltmoment zu fokussieren. Zumal in diesem Moment beide Optionen noch offenstehen: Ein Konter ist noch nicht ausgeschlossen. Kann der zweite Pass nach vorne gespielt werden, könnte eine Situation entstehen, in der ein schneller Abschluss möglich ist.

Prinzipien des Konterns

Kaum ein Trainer feierte in den vergangenen Jahren so viele Erfolge wie José Mourinho. Zu seinen Hochzeiten in Porto, bei Chelsea oder Inter überzeugten seine Teams durch ihr hohes Tempo und die Präzision im Konterspiel. Kein Wunder, dass Mourinho bis heute sagt: «Wer den Konter nicht nutzt, ist dumm. Denn Konter sind ein phantastisches taktisches Mittel.»

In der Tat: Es gibt kaum eine bessere Gelegenheit, zu einem Torerfolg zu gelangen, als nach einem Ballgewinn. Der Gegner befindet sich nicht in seiner Defensivformation, vielleicht steht er gar weit aufgerückt. Um vor das Tor zu gelangen, müssen nicht so viele Gegenspieler überspielt werden, wie dies bei längeren Ballbesitzphasen der Fall ist. Nimmt das ballerobernde Team Dynamik auf, kann es schnell Raumgewinn erzielen und den Gegner nach hinten drücken.

Viele Teams fokussieren sich daher auf den Konter. Bereits bei gegnerischem Ballbesitz versuchen sie, die Chancen auf ein Kontertor zu maximieren. Sie werden versuchen, den Ball in einer möglichst erfolgversprechenden Position zu erobern, nur um dann mit möglichst wenig Kontakten vor das gegnerische Tor zu gelangen. Ein gutes Konterspiel benötigt immer auch Balleroberungen, die einen Konter ermöglichen.

Wann ist ein Konter sinnvoll?

Wann sollte ein Team einen Konter wagen? Die Antwort ist immer auch abhängig von der grundsätzlichen Spielphilosophie und dem Spielsystem, das die Mannschaft in einem konkreten Spiel umsetzen will. Für manche Trainer wie Mourinho oder Adi Hütter hat ein Konter eine hohe Priorität. Ihre Mannschaften werden nach einer Balleroberung eher versuchen, über einen Konter direkt vor das Tor zu gelangen. Andere Trainer wie Pep Guardiola oder Thomas Tuchel fordern ihr Team eher dazu auf, nach einem Ballgewinn zunächst die Kugel zu sichern. Sie wollen den Ball in den eigenen Reihen halten.

Egal, welche Philosophie Trainer wählen: Es gibt grundsätzliche Faktoren, die beeinflussen, ob Spieler nach einem Ballgewinn einen Konterangriff initiieren sollten oder nicht.

- **Der Ort der Balleroberung** bestimmt maßgeblich, ob ein Konter Sinn ergibt oder nicht. Nimmt ein Spieler dem gegnerischen Torhüter den Ball ab, wäre er blöd, nicht direkt zum Torschuss anzusetzen. Andersherum hat eine Mannschaft im Konter einen langen Weg vor sich, wenn sie den Ball im eigenen Strafraum gewinnt. Die Wahrscheinlichkeit, einen erfolgreichen Konter zu spielen, ist wesentlich geringer. Grundsätzlich gilt: Je näher die Balleroberung am gegnerischen Tor stattfindet, umso kürzer ist der Weg zum Tor und umso eher ist ein Torabschluss möglich, bevor der Gegner sich in eine kompakte Defensivordnung zurückgezogen hat. Teams von Jürgen Klopp machen es vor: Sie erobern den Ball möglichst nah am gegnerischen Strafraum und minimieren so den Raum, den sie bei einem Konter überbrücken müssen.

- Der zweite Faktor ist eng verknüpft mit dem ersten. Entscheidend für die Erfolgswahrscheinlichkeit eines Konters ist **die Zahl der gegnerischen Spieler, die sich zwischen Ball und gegnerischem Tor befinden**. Je weniger Gegner nach einer Balleroberung überspielt werden müssen, umso größer ist die Erfolgswahrscheinlichkeit. Sie können nicht nur den Raum des Feldes schlecht abdecken, sie haben zudem wenige Handlungsoptionen. Eine aggressiv vorrückende Mannschaft kann somit nach einer Balleroberung in eine Überzahlsituation gelangen. Befinden sich hingegen alle elf Gegenspieler zwischen Ball und eigenem Tor, ist ein Konter nur schwer möglich.
- Ebenso wichtig wie die Position der Gegenspieler ist **die Position der eigenen Mitspieler**. Auch dies ist logisch: Ziel eines Konters ist es, das gegnerische Tor möglichst schnell und mit möglichst wenigen Aktionen zu erreichen. Befinden sich mehrere Spieler in einer Position, dass sie direkt in Richtung des gegnerischen Tors starten können, ist dies vorteilhaft. Wird der Ball wiederum am eigenen Strafraum erobert und befinden sich alle Mitspieler im eigenen Strafraum, gibt es keine Möglichkeit, den Ball nach vorne zu einem Mitspieler zu passen.
- Ein wichtiger Bestandteil eines guten Pressings lautet, Druck auf den Ballführenden auszuüben. So wird er unter Zeit- und Handlungsdruck zu Fehlern verleitet. Umgekehrt ist das Prinzip ebenfalls wichtig: Wird der Spieler am Ball nicht unter Druck gesetzt, hat er Zeit, sich umzuschauen und die beste Option zu wählen. Er kann, sofern der Raum vor ihm frei ist, zum Dribbling ansetzen und selbst in Richtung Tor laufen. Genauso kann er aber auch die beste Passoption suchen und bedienen. Daraus lässt sich als loses Prinzip ableiten: **Je weniger Druck der ballführende Spieler erhält, umso leichter ist ein Konter möglich**.
- **Die Situation der Balleroberung** kann einen Konter erschweren oder gar unmöglich machen. So manch ein Ballgewinn findet durch einen Ball ins Seiten- oder Toraus oder durch einen Pfiff des Schiedsrichters statt. Konter sind zwar möglich, aber nur unter erschwerten Bedingungen – der Ball muss eventuell erst ins Feld zurückgebracht werden, der Schiedsrichter könnte das Spiel unterbrechen, der Gegner die Ausführung eines Ab-

oder Freistoßes verhindern. Es gibt also Umschaltsituationen, in denen ein direkter Konter schlicht unmöglich ist. Teams können sich aber auch ganz bewusst entscheiden, einen Frei- oder Abstoß bzw. Einwurf erst dann auszuführen, wenn sie selbst in der passenden Offensivordnung stehen.

Nicht immer sind diese Faktoren für die Spieler auf dem Feld leicht zu erkennen. Das ist ein Grund, warum Teams viel Trainingszeit in die Balleroberung investieren: Die Trainer geben ihren Spielern genaue Anweisungen mit, was nach der Balleroberung zu passieren hat. Welche Räume sollen angelaufen, welche Pässe gespielt werden? Wenn die Balleroberung exakt so passiert wie im Training geplant, kann eine Mannschaft ihre Automatismen abspulen.

Doch auch wenn der Ball in einer Situation erobert wird, die nicht trainiert wurde, wissen Profis, wie sie zu kontern haben. Das Konterspiel unterliegt heutzutage – wie jeder Teilbereich des Fußballs – klaren Prinzipien. Spieler lernen bereits in den Nachwuchsakademien, wie sie sich bei einem Konter zu verhalten haben. Diese Prinzipien lassen sich recht gut an einem konkreten Beispiel erläutern. Willkommen bei der Weltmeisterschaft 2018.

Kontern am Beispiel: Belgien gegen Japan

Das Achtelfinale zwischen Belgien und Japan war eines der spannendsten Spiele der Weltmeisterschaft 2018. Beide Teams hatten bereits in der ersten Halbzeit hochklassige Chancen. Nach der Pause ging Japan mit 2:0 in Führung, ehe Belgien den Rückstand aufholen und zum 2:2 ausgleichen konnte. Kurz vor Schluss der Partie hatten sich die Zuschauer in der Rostow-Arena bereits auf eine Verlängerung eingestellt.

In der 94. Minute errangen die Japaner einen Eckball. Die Nachspielzeit war abgelaufen, es war also bereits klar: Der Eckball wird die letzte Aktion der regulären Spielzeit sein. Die Japaner wollten ihre Chance nutzen. Fünf Angreifer boten sich im Strafraum an, zwei weitere standen an der Eckfahne zur Ausführung bereit. Die schwach getretene Ecke landete jedoch in den Armen von Belgiens Torhüter Thibaut Courtois. Gefahr erkannt, Gefahr gebannt. Die Situation schien beendet – und damit auch die Partie.

Doch Courtois hatte eine Idee. Er sah, wie Kevin De Bruyne im Zentrum sofort zu einem Sprint ansetzte. Mit ihm starteten drei weitere Belgier in Richtung der gegnerischen Hälfte – siehe Abbildung 94. Stürmer Romelu Lukaku lauerte bereits dort. Wie von der Tarantel gestochen rannten fünf

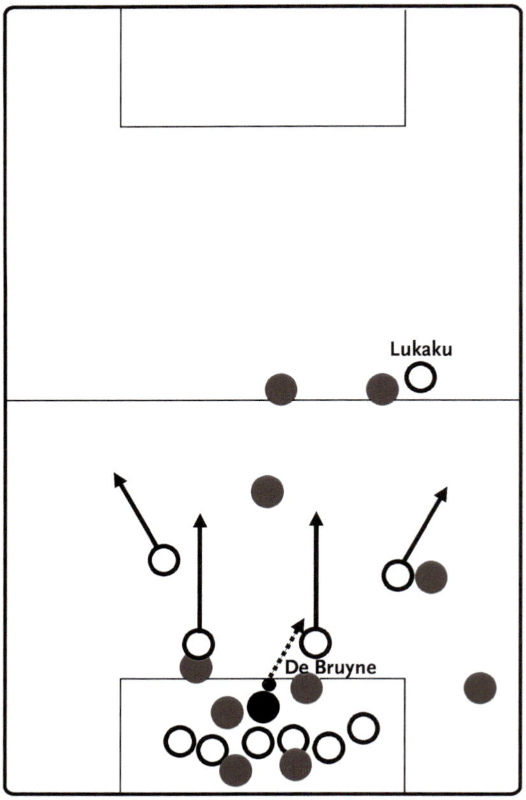

94. Belgiens Konter gegen Japan, Teil eins

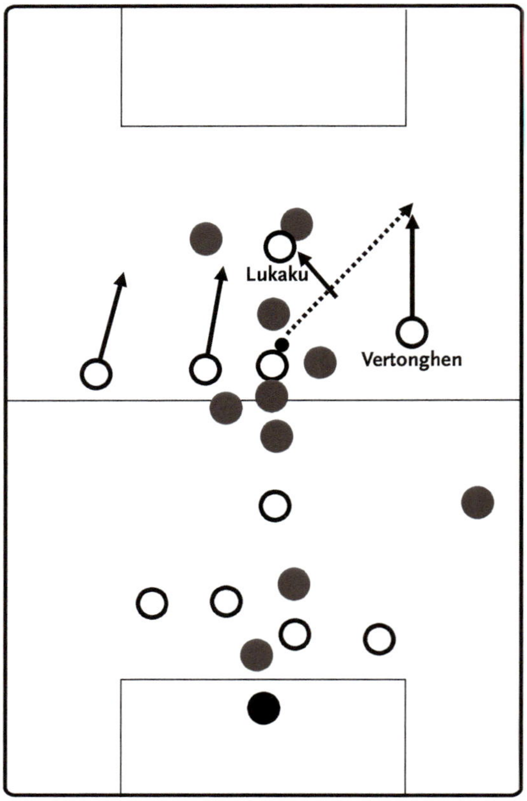

95. Belgiens Konter gegen Japan, Teil zwei

Belgier auf drei japanische Verteidiger zu.

Alles funktionierte wie automatisiert: Lukaku sprintete diagonal in die Tiefe und zog damit die Aufmerksamkeit der Verteidiger auf sich. Er öffnete damit den Raum auf dem rechten Flügel – siehe Abbildung 95. De Bruyne spielte den Ball in den Lauf des freistehenden Jan Vertonghen. Unbedrängt konnte er den Ball zurück ins Zentrum passen. Lukaku lief dem Ball entgegen, doch das war nur eine Finte. Er ließ ihn durchlaufen, der aus dem Hintergrund heranrauschende Nacer Chadli musste den Ball nur noch ins Tor schieben – siehe Abbildung 96.

Zwischen der Balleroberung durch Torhüter Courtois im eigenen Strafraum und dem Abschluss von Chadli vor dem gegnerischen Fünfmeterraum vergingen gerade einmal zwölf Sekunden. Drei Pässe benötigte Belgien, um die ganze Länge des Feldes zu überbrücken. Die Partie, die gefühlt bereits in der Verlängerung war, hatte

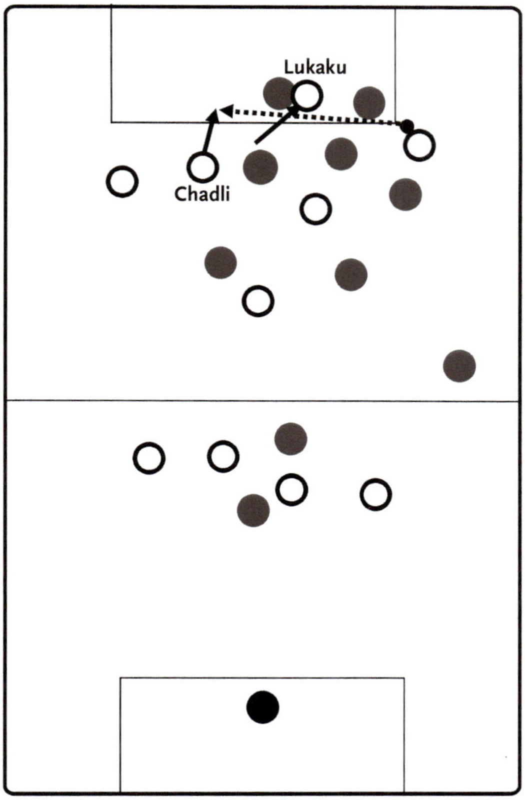

96. Belgiens Konter gegen Japan, Teil drei

plötzlich einen Sieger. Belgien stand im Viertelfinale der Weltmeisterschaft.

Möglichkeit und Bereitschaft

Das Beispiel eignet sich, um die Prinzipien des Konterspiels zu erläutern. Im Falle der Belgier trafen zahlreiche Faktoren zusammen, die von Beginn an für einen erfolgreichen Konter sprachen. Zwar war der Ort der Balleroberung im eigenen Strafraum nicht optimal. Jedoch befanden sich nur drei Japaner zwischen Ball und Tor. De Bruyne hatte hingegen vier Mitspieler um sich, die ihn im Konter unterstützten. Belgien hatte eine Überzahl. Auch war der Druck auf De Bruyne äußerst gering. Er konnte, ehe er den Pass auf Vertonghen spielte, komplett ungestört durch die eigene Hälfte laufen. Er legte damit einen großen Raum in kurzer Zeit zurück. Dasselbe gilt für Vertonghen, der frei von Gegenspielern bis zum gegnerischen Strafraum lief. Nichts erleichtert das eigene Konterspiel so sehr wie ein unsortierter Gegner, der sich auch noch in Unterzahl befindet.

All das wäre nichts wert, wenn die Belgier die Situation nicht richtig eingeschätzt und die Chance nicht ergriffen hätten. Obwohl bereits die 94. Minute der Partie angebrochen war, sprinteten fünf Belgier aus der eigenen bis weit in die gegnerische Hälfte. Sie zögerten keine Sekunde, nachdem De Bruyne den Ball erhalten hatte, und hielten das Tempo bis zum Schluss hoch. In diesem Fall kamen also die zwei Grundbedingungen für einen jeden Konter zusammen: Es gab die Möglichkeit zu kontern, und die Spieler waren mental wie körperlich bereit, diese Möglichkeit zu ergreifen.

Sprint in die Tiefe

Im ersten Moment des Konters hielt sich Lukaku noch bedeckt. Er befand sich in hoher Position, schaute zu De Bruyne und wartete ab, was als Nächstes passierte. Doch bereits in der Ausgangssituation erfüllte er eine Funktion: Dadurch dass er während der Ecke am Mittelkreis wartete, zwang er die Verteidigung dazu, mit Spielern in der eigenen Hälfte präsent zu sein. Er schuf Tiefe.

Erinnern Sie sich zurück: Ein Pass in die Tiefe ist der Albtraum für jede Defensive. Stünde kein japanischer Verteidiger in der Ausgangssituation am Mittelkreis, könnte De Bruyne einfach einen langen Ball auf Lukaku spielen. Um dies zu verhindern, bewachten zwei Japaner die Tiefe, selbst bei eigenem Ballbesitz bzw. bei einem eigenen Eckball. Lukaku band mit seiner Grundposition also gegnerische Verteidiger. Seine reine Präsenz genügte, um eine Gefahr für die Tiefensicherung des Gegners darzustellen.

> Verbleibt ein Stürmer auch bei gegnerischem Ballbesitz an der letzten Linie, **zockt** er. Er erfüllt keine defensive Funktion, sondern lauert auf den Umschaltmoment, um sofort Tiefe zu kreieren und die letzte Linie des Gegners zu attackieren.

Als De Bruyne sich der Mittellinie näherte, wurde Lukaku aktiv. Er setzte zum Sprint hinter die Abwehr an. In dieser konkreten Situation hatte der Sprint den Effekt, dass Lukaku einen Gegenspieler auf sich zog. Damit öffnete er den Passweg zu Vertonghen. Warum aber ging der Abwehrspieler überhaupt mit Lukaku mit? Wäre er nicht mitgegangen, hätte er die Schnittstelle geöffnet für einen Pass auf Lukaku. Der belgische Angreifer wäre frei hinter die Abwehr gelangt. Dass der Flügel dadurch offen stand, war in dieser Situation das kleinere Übel. Es gilt das Prinzip, das im ersten Kapitel vorgestellt wurde: Die Absicherung des Zentrums hat Vorrang vor der Absicherung der Breite.

Lukakus Lauf hatte noch einen weiteren positiven Effekt: Er befreite De Bruyne von einem Gegenspieler. Der zentrale Verteidiger rückte in dieser Situation nur halbgar aus der Abwehr. Er hatte seinen Blick gerichtet auf Lukaku, der in den Raum hinter ihm gelangen wollte. Das verschaffte De Bruyne einige weitere Meter, die er mit dem Ball am Fuß laufen konnte.

Sowohl mit seiner Positionierung als auch mit seinem cleveren Lauf setzt Lukaku ein entscheidendes Prinzip des Konterspiels um: Ohne Spieler, die in die Tiefe sprinten, kann ein Konter keinen Erfolg haben. Die primäre Funktion der Tiefenbesetzung ist es, Anspielstationen hinter der gegnerischen Abwehrkette zu schaffen. Werden diese Sprints mit einem Pass bedient, entsteht sofort eine hochklassige Torgelegenheit. Doch allein dadurch, dass der Gegner die Tiefe absichern muss, ergeben sich selbst dann, wenn kein Pass möglich ist, Vorteile. Der Gegner wird nach hinten gedrückt, was wiederum Räume vor der Abwehr befreit. Daher gilt: Je mehr Spieler in die Tiefe sprinten, umso besser.

Prinzip der minimalen Breite

Eine konternde Mannschaft sollte nicht nur Tiefe schaffen, sondern auch Breite. Dies ist zunächst einmal nicht ganz so einleuchtend wie die Tiefe. Schließlich hat für die defensive Mannschaft die Verteidigung der Tiefe Vorrang vor der Verteidigung der Breite. Defensive Teams versuchen ja sogar, den Gegner auf die Flügel zu lenken – in dem Wissen, dass von dort weniger Gefahr droht als aus dem Zentrum.

Warum also soll ein Team im Konter Breite erzeugen? Nur so lässt sich der Raum des Feldes optimal nutzen und der Gegner auseinanderziehen. Stünden im Beispiel der belgischen Mannschaft alle Angreifer im Zentrum, wäre der Angriff für die Verteidiger viel leichter zu entschärfen. Sie könnten sich zusammenziehen, ohne Gefahr zu laufen, über die Flügel ausgespielt zu werden.

Genau das erlauben die Belgier nicht. Sie besetzen beide Flügel. Ziehen sich die Verteidiger eng zusammen, stehen die Flügelspieler frei. Rücken sie weit auf die Außen, um die Flügel zu schließen oder gar die Flügelspieler zu decken, vergrößern sich wiederum die Schnittstellen im Zentrum. Bei Kontern geht es wie bei jedem Angriff auch darum, den Gegner vor Entscheidungen zu stellen, die nicht eindeutig aufzulösen sind.

Entscheidend ist hierbei, auf beiden Seiten Breite zu erzeugen. Stünde nur auf einer Seite ein Spieler frei, könnte die Abwehr auf diese Seite rücken. Beim belgischen Angriff wiederum hat De Bruyne gleich zwei Anspielmöglichkeiten: auf dem linken sowie auf dem rechten Flügel. Das erschwert nicht nur die Verteidigungsarbeit, sondern schafft auch Handlungsoptionen für den Spieler am Ball.

Wie viel Breite ist genug Breite? Auch wenn das Schaffen von Breite das Ziel jeder konternden Mannschaft sein sollte: Es ergäbe keinen Sinn, in jeder Situation zwei Spieler direkt an den Seitenauslinien abzustellen. Das primäre Ziel eines Konters sollte schließlich der Torerfolg sein. Dementsprechend sollte das konternde Team versuchen, so schnell wie möglich so nah wie möglich an das Tor zu gelangen. Das Tor wiederum steht im Zentrum und nicht auf den Flügeln. Ein Pass ganz nach außen

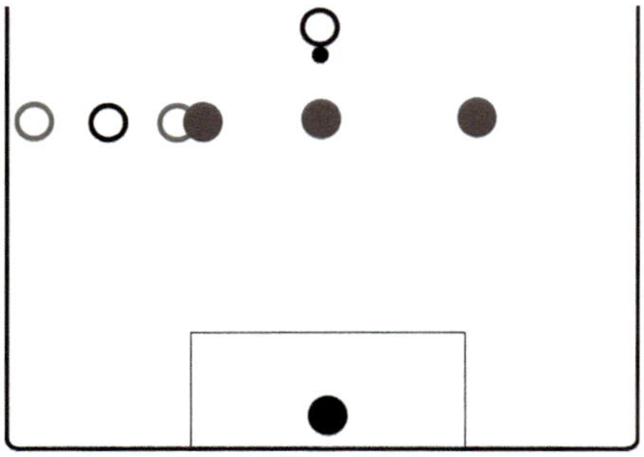

97. Prinzip der minimalen Breite

entfernt das eigene Team vom Tor. Zugleich erleichtert es der Defensive die Verteidigungsarbeit. Sie würde den Konter genau in diesen Bereich auf den Flügel lenken, der weit entfernt ist vom eigenen Tor.

Belgiens Außenspieler positionierten sich nicht an der Seitenauslinie. Sie agierten etwas eingerückt, um hier auf den Ball zu lauern. Dennoch befanden sie sich weiter außen als die Abwehrspieler des Gegners. Sie schufen also Breite im Vergleich zur gegnerischen Abwehr, ihr direkter Weg zum Tor war aber nicht länger als nötig.

Diese Grundidee nennt man das «Prinzip der minimalen Breite». Die Außenspieler sollen sich derart weit außen postieren, dass der äußerste gegnerische Außenspieler auf den Flügel gezogen wird. Im Idealfall kann er keinen direkten Körperkontakt aufnehmen. Gleichzeitig sollen die Außenspieler so weit innen stehen wie möglich. Wenn sie den Ball erhalten, sollen sie einen möglichst kurzen Weg Richtung Tor haben. Das Prinzip der minimalen Breite besagt also: Die Außenspieler sollten so weit außen postiert sein wie nötig und so weit innen wie möglich.

In die Tiefe spielen

Ein Konter ist immer ein Wettlauf gegen die Zeit – oder besser gesagt: ein Wettlauf gegen den Gegner. Nach einem Ballverlust wird dieser versuchen, schnell in die eigene Defensivordnung zurückzukehren. Hätte Courtois beispielsweise seinen Abwurf langsamer ausgeführt, wären Japans Angreifer aus dem gegnerischen Strafraum zurückgekehrt in ihre Defensivposition. Die Japaner hätten sich sortieren können, die Belgier hätten keine Überzahlsituation schaffen können.

Studien zeigen, dass eine Profimannschaft acht bis zwölf Sekunden benötigt, um in eine kompakte Defensivformation zurückzukehren. Innerhalb dieses Fensters sollte der eigene Konter abgeschlossen sein. Aus dieser Logik ergibt sich ein weiteres Prinzip des Konterspiels: Pässe sollten möglichst viel Raumgewinn erzielen und in Richtung des gegnerischen Tors erfolgen.

Die konternde Mannschaft kann sich damit einen physikalischen Vorteil sichern. Einfach ausgedrückt: Der Ball ist schneller als jeder Mensch. Mit zwei, drei gutgewählten Pässen kann eine Mannschaft den Gegner ausspielen, ehe dieser in die defensive Formation zurückgekehrt ist. Entscheidend ist, den Ball möglichst tief zu spielen. Der Pass hinter die Abwehr ist das Ideal: Die gesamte gegnerische Abwehr wird ausgespielt, zugleich erhält der Stürmer den Ball mit dem Gesicht zum Tor und muss die Dynamik des Sprints nicht abbrechen.

Diese Pässe können aber nicht nur hinter die Abwehr erfolgen. De Bruynes Pass auf Vertonghen ist zwar ein diagonaler Pass auf den Flügel. Aber dadurch dass er den Ball in den Lauf Vertonghens spielt, schafft er Raumgewinn. Zugleich kann Vertonghen den Ball im Vollsprint verarbeiten und die Dynamik des Angriffs hochhalten. Gewollt sind also Pässe, die die Dynamik des Angriffs aufrechterhalten und die der angespielte Mitspieler mit Blickrichtung Tor verarbeiten kann. Auch hier lässt sich wieder eine «Nötig-Möglich»-Regel formulieren: Pässe im Konter sollten so lang wie möglich und so kurz wie nötig gespielt werden.

Gegen die Verschieberichtung spielen

Bislang betrachtete ich den Konter aus einer Vogelperspektive. Im Fokus standen die Besetzung des Raums sowie die Wahl des richtigen Passes. Nun ist es in der Praxis aber so, dass die Spieler in einer Kontersituation unter einem enormen Druck stehen. Sie müssen im Vollsprint Entscheidungen in Millisekunden treffen, eine falsche Entscheidung lässt den Konter misslingen.

Das gilt auch für die Verteidiger. Es ist gar nicht so leicht, in einer dynamischen Situation den Überblick zu behalten – im wahrsten Sinne des Wortes, schließlich hat der Mensch nur zwei Augen. Es ist nur schwer möglich, den Blick jederzeit auf den ballführenden Gegenspieler zu richten und gleichzeitig die Tiefe und die Breite im Blickfeld zu behalten. De Bruyne nutzte genau dies zu seinem Vorteil. Lukakus Gegenspieler behielt diesen im Auge. Vertonghen kam dadurch abseits seines Blickfeldes frei. De Bruyne wählte Vertonghen als Anspielpunkt und nicht etwa den neben sich freistehenden Chadli oder den links postierten Eden Hazard.

Wieso war dies eine gute Wahl? De Bruyne spielte mit einem Pass gegen die Verschieberichtung der gegnerischen Abwehr. Diese orientierte sich in dieser Situation mit ihren Körpern in die andere Richtung. Der Abwehrspieler, der Vertonghen am nächsten war, drehte ihm den Rücken zu – er versuchte, Lukaku zu decken. Er konnte damit nicht direkt auf den Pass reagieren. Um auf den Flügel hinauszuschieben, musste er erst seine Körperstellung anpassen und sich umdrehen. Deshalb konnte er später Vertonghens Pass ins Zentrum nicht verhindern: Er war drei Schritte zu weit entfernt.

Es lässt sich daraus ein allgemeines Prinzip ableiten: Im Konter sollte stets versucht werden, einen Pass entgegen der Verschieberichtung der Abwehr zu spielen. Das ergibt sich in vielen Situationen aus der reinen Logik: Befindet sich der Ball auf dem linken Flügel, verschiebt der Gegner auf diese Seite. Die konternde Mannschaft will aber ins Zentrum zurückkehren, um ein Tor erzielen zu können. Sie spielt also den Ball entgegen der Verschieberichtung der Abwehr nach rechts.

In anderen Situationen ist die Lage komplexer, so auch beim belgischen Angriff durch das Zentrum. Doch auch hier sind die Vorteile des Passes entgegen der Verschieberichtung ersichtlich: De Bruyne findet einen freien Spieler und kann die Dynamik des Angriffs hochhalten. Er spielt gegen die Blick- und Bewegungsrichtung der Abwehrspieler, was die Verteidigungsarbeit für sie erschwert. Es lohnt sich also, im Konter einen diagonalen Ball entgegen der Verschieberichtung der Abwehr zu spielen. De Bruyne wusste dies instinktiv.

Einlaufen in Wellen

Der belgische Torschütze war nicht der ganz vorne postierte Lukaku, sondern der aus dem Rückraum startende Chadli. Auch dies war kein Zufall. Stellen wir uns zunächst vor, wie der Angriff ausgesehen hätte, hätten sich Chadli und Lukaku auf einer Höhe befunden. Die Belgier hätten die japanischen Verteidiger vor ein unweigerliches Problem gestellt: Sie hätten mit zwei Verteidigern zwei gegnerische Stürmer sowie den ballführenden Außenspieler verteidigen müssen. Ein schwieriges Unterfangen.

Es hätte aber in einem anderen Punkt die Abwehrarbeit erleichtert: Lukaku und Chadli hätten dieselbe horizontale Linie besetzt. Interaktionen zwischen den beiden Spielern wären nicht möglich gewesen. Die Optionen für den Passgeber Vertonghen wären beschränkt gewesen: Er hätte nur einen Pass in den Strafraum in den Lauf der beiden spielen können.

Dadurch dass Chadli jedoch tiefer steht, ergibt sich eine weitere Option: Vertonghen kann den Pass an den Elfmeterpunkt spielen; ein Pass, der nicht in den Lauf von Lukaku geht, aber in den Lauf von Chadli. Lukaku täuscht clever an, den Ball erreichen zu wollen, lässt ihn dann aber im entscheidenden Moment durch für Chadli. Der kann mit Druck auf den Ball und ohne Druck eines Gegenspielers abschließen.

Diese einzelne Aktion lässt sich in einem größeren Prinzip zusammenfassen. Spieler sollten nicht gleichzeitig in den Strafraum sprinten und dabei ähnliche Laufwege wählen. Das würde die Optionen für den Passgeber beschränken. Vielmehr sollten sie ihr Timing anpassen. Man spricht in diesem Fall von einem wellenförmigen Einlaufen: Lukaku ist die erste Welle, die in den Strafraum einläuft, Chadli die zweite.

Laufen mehrere Spieler nicht gleichzeitig in den Strafraum, sondern nacheinander, spricht man vom **wellenförmigen Einlaufen**. Die erste «Welle» ist dabei der oder die Spieler, die zunächst in den Strafraum starten. Es folgt etwas versetzt die zweite Welle (und eventuell gar noch eine dritte oder vierte).

Was sind die Vorteile? Die Aktionen der einzelnen Spieler lassen sich miteinander verbinden: Lukakus erste Welle zieht die Aufmerksamkeit der Abwehr auf sich. Chadli kann gezielt den Raum besetzen, der durch Lukakus Lauf frei wird. Somit kann eine konternde Mannschaft bewusst die Laufwege des Gegners manipulieren und ausnutzen.

Ein weiterer Vorteil: Es lassen sich mehr unterschiedliche Zonen im Strafraum besetzen. Im ersten Kapitel habe ich beschrieben, wie Teams den Strafraum in einer 3+x-Variante verteidigen. Diese Variante war für die Japaner nicht möglich; es standen nur zwei Verteidiger im eigenen Strafraum. Für Belgien war es also vorteilhaft, unterschiedliche Zonen im Strafraum anzulaufen und die gegnerische Verteidigung zu strecken. So konnten sie ihre Überzahl ausspielen. Lukaku machte dies sehr clever, indem er seinen Gegenspieler in eine vordere Zone lockte und die hintere Zone für den nachrückenden Chadli öffnete. Auch dies wurde durch ein wellenförmiges Einlaufen erleichtert.

Kreuzen

Eine Unterform des Einlaufens in Wellen ist das sogenannte Kreuzen. Hierbei kreuzen sich die Laufwege zweier Angreifer. Der erste Angreifer startet einen diagonalen Lauf. Zeitgleich oder kurz darauf startet ein zweiter Angreifer ebenfalls einen diagonalen Lauf. Er stößt in den Raum vor, den der andere Angreifer soeben verlassen hat. Malt man nun beide Laufwege auf eine Taktiktafel, ergibt sich ein Kreuz.

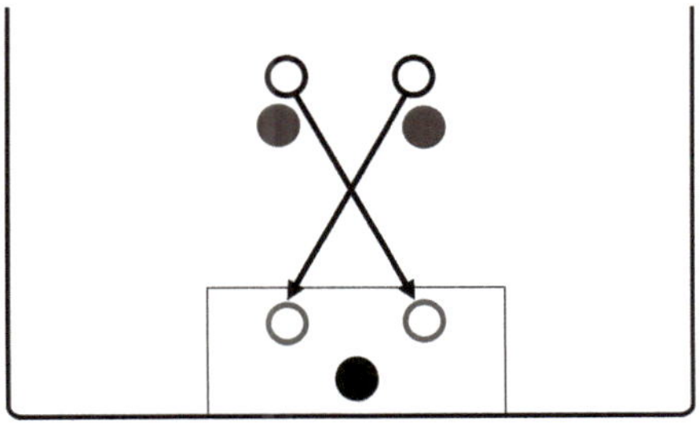

98. Die Stürmer kreuzen ihre Laufwege

Gut ausgeführt, kann diese Art des Einlaufens die gegnerische Abwehr verwirren und Lücken schaffen. Starten beide Angreifer versetzt, ergibt sich die Möglichkeit, dass der erste Angreifer Verteidiger herauszieht und der zweite Angreifer in eine Lücke starten kann. Allgemein setzen die Angreifer bei dieser Variante darauf, dass die Abwehr Schwierigkeiten bei der Übergabe der Spieler hat. Verteidigen sie mannorientiert, lässt sich über diesen Weg leicht Raum öffnen für einen Mitspieler; der dynamische Vorteil ist schließlich auf Seiten der Angreifer, die überraschend den Laufweg wählen können.

Prinzipien des Konters sind anwendbar auf alle Tempoangriffe

Das Schöne an diesen Prinzipien: Sie lassen sich nicht nur auf die Phase des Umschaltens nach Ballgewinnen anwenden. Sie haben diese Prinzipien bereits im Kapitel zum eigenen Ballbesitz in Aktion erlebt. Auch hier nutzten die angreifenden Teams die Prinzipien des Konterspiels, sobald sie mit Tempo auf die gegnerische Abwehr zuliefen.

In beiden Fällen gleichen sich die Zwischenziele: Die angreifende Mannschaft möchte die eigene Dynamik ausnutzen und möglichst schnell zum Torabschluss gelangen. Dazu versucht sie, hinter die gegnerische Abwehr zu kommen oder zumindest diese nach hinten zu drücken. Läufe in die Tiefe, Pässe entgegen der Verschieberichtung, wellenförmiges Einlaufen: Alle diese taktischen Mittel kann man auch im eigenen Ballbesitzspiel nutzen, nachdem man einen Tempoangriff aus dem Spielaufbau heraus kreiert hat. Als Lernhilfe können Sie sich erneut die Beispiele aus dem Kapitel zum Ballbesitzspiel anschauen. Welche Prinzipien setzen City, Dortmund und Chelsea um?

Das Ende des Konters

Nicht immer läuft im Konter alles so reibungslos wie in diesem Beispiel. Dynamik ist der entscheidende Faktor. Hält die konternde Mannschaft die Dynamik in den eigenen Aktionen hoch, kann der Gegner nicht rechtzeitig in die eigene Ordnung zurückkehren. Doch das ist leichter gesagt als getan. Manchmal genügt es, wenn ein Pass nicht perfekt in den Lauf eines Angreifers gespielt wird. Der Angreifer muss das Tempo herausnehmen, vielleicht sogar stehen bleiben. Die Dynamik ist dahin – und der Gegner kann in die eigene Ordnung zurückkehren.

Nicht jeder Konter vermag es, der angreifenden Mannschaft einen Abschluss zu sichern. Manchmal genügt es, mit Hilfe eines Konters Raumgewinn zu erzielen. Selbst wenn der Gegner in die eigene Ordnung zurückfindet, befindet er sich doch nun in einer tieferen Position. Die angreifende Mannschaft kann den Konter abbrechen und das Spiel neu aufbauen. Kontern und Ballsichern müssen sich also nicht immer ausschließen.

Wann endet der Umschaltmoment?

Pep Guardiola sagte einst, um endgültig vom gegnerischen auf den eigenen Ballbesitz umzuschalten, muss eine Mannschaft mindestens fünfzehn Pässe spielen. Erst dann könne sie aus dem Ballbesitz heraus das gegnerische Tor angreifen. Für einen Positionsspiel-Fetischisten wie Guardiola mag diese Zahl stimmen; die wenigsten Teams brauchen jedoch so viele Pässe, ehe sie von Defensive auf Offensive umgeschaltet haben.

Befinden sich alle Spieler in der eigenen Offensivformation, sollte der Ball wieder gut durch die eigenen Reihen laufen können. Der direkte Druck des Gegners wurde umgangen, der Ballbesitz gesichert. Die Phase des eigenen Ballbesitzes beginnt von neuem. Nun gilt es, einen defensiven Gegner zu knacken – mit all den taktischen Mitteln, die im zweiten Kapitel vorgestellt wurden.

Zusammenfassung Phase nach Ballgewinn

In diesem Kapitel ging es um die Frage, wie eine Mannschaft die Phase nach einem Ballgewinn erfolgreich gestalten kann. Diese Phase bietet die Chance, den Gegner mit einem schnellen Konter zu düpieren.

- Im Umschaltmoment bewegen sich die Spieler von ihrer defensiven auf ihre offensive Position. Nach einem Ballgewinn sollten möglichst schnell die Prinzipien des Positionsspiels umgesetzt werden. Vor allem sollte die ballerobernde Mannschaft sofort **Tiefe und Breite in der letzten Linie herstellen.**
- Die Spieler sollten sich schnell **von ihren Gegenspielern absetzen** und **in Positionsrichtung ausschwärmen**.
- Bereits im Moment des Ballgewinns müssen die Spieler entscheiden, ob sie einen Konter spielen oder den Ball sichern wollen. Maßgeblich für diese Entscheidung sind **Ort und Situation der Balleroberung, die Position der Gegenspieler und der Mitspieler** sowie die Frage, ob der **Gegner Druck ausübt auf den Ballführer**.
- Für den Erfolg eines Konters gelten zahlreiche Prinzipien: Die Mannschaft sollte den Ball möglichst **schnell in die Tiefe spielen**. Eine **gute Besetzung der Tiefe** sowie **minimale Breite im Angriff** helfen, Anspielstationen zu schaffen und den Gegner nach hinten zu drücken. Taktische Mittel wie das **Einlaufen in Wellen**, das **Kreuzen der Laufwege** oder **Passwege entgegen der Verschieberichtung** erhöhen die Erfolgschance.
- Entscheidend im Umschaltmoment ist die **mentale Bereitschaft der Spieler**: Nur wer auf den Ballgewinn schneller reagiert als der Gegner, hat eine Chance, diese Phase erfolgreich zu gestalten.

Umschalten nach Ballverlust

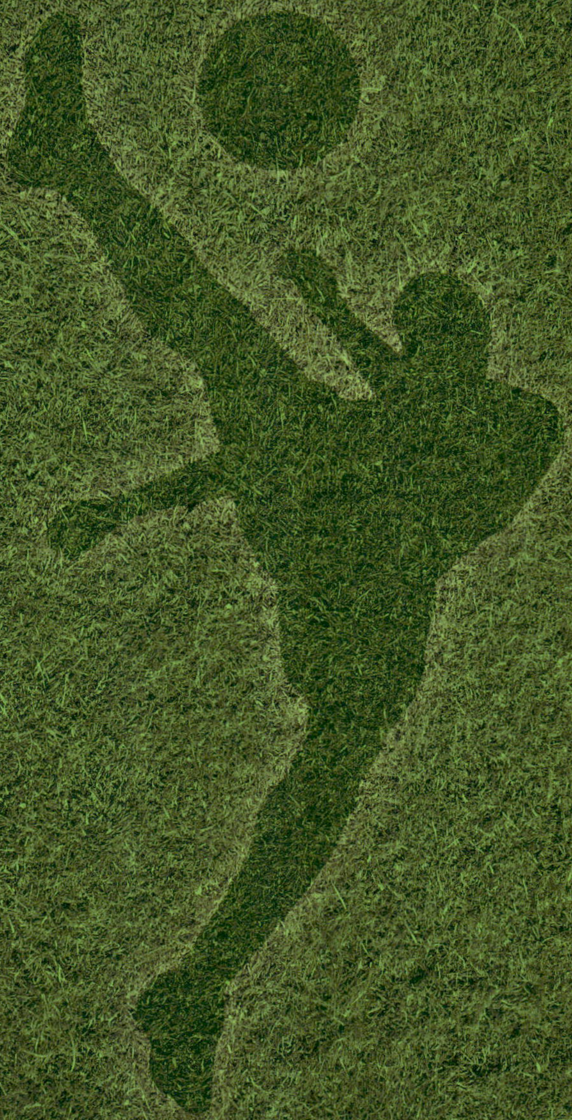

Selbst der besten Mannschaft der Welt unterlaufen Fehler. Eine schlechte Ballannahme, ein Pass, der das Ziel verfehlt, ein Schuss neben das Tor – und schon wechselt der Ballbesitz. Im vorherigen Kapitel wurde beschrieben, wieso dieser Moment heikel ist für das Team, das den Ball verliert. Es steht in der offensiven Grundordnung. Je weiter das Team vorgerückt ist, umso verwundbarer ist es für einen Konter. Wenn der Gegner das Spiel sofort fortführen kann, wird er bestrebt sein, diese defensive Unordnung auszunutzen. Es droht Gefahr für das eigene Tor.

In den vergangenen Jahren erfolgte jedoch eine mittelschwere Revolution im Fußball. Wieso sollte es nicht möglich sein, auch den Umschaltmoment nach einem Ballverlust für sich zu nutzen? Wieso sollte man nicht die Oberhand behalten, selbst nachdem man den Ball verloren hat?

Es war schon immer so, dass Spieler nach einem Ballverlust nicht sofort abschalteten. «Nachsetzen!», lautet das Zauberwort, das bereits D-Jugend-Trainer ihren Spielern eingebläut haben. Diese individualtaktische Aktion – das Nachsetzen nach einem Ballverlust – wurde in den vergangenen Jahren systematisiert. Trainer haben sich Gedanken gemacht, wie sich ihre Mannschaft nach einem Ballverlust verhalten sollte. Das «Nachsetzen» ist nicht mehr nur reines «Nachsetzen»; es gibt ganze Bücher über die Frage, wie sich Teams nach einem Ballverlust zu verhalten haben.

Jürgen Klopp prägte hier einen Begriff, der seitdem in aller Munde ist: das Gegenpressing. Dieser Begriff hat sich eingebürgert, um das systematische Nachsetzen nach einem Ballverlust zu bezeichnen. Im Endeffekt ist es eine abgewandelte Form des Pressings. Auch hier geht es darum, kollektiv Druck auszuüben auf den Gegner. Der Unterschied: Das Gegenpressing wird nicht aus der defensiven Formation, sondern aus dem Positionsspiel heraus initiiert.

Das **Gegenpressing** bezeichnet das systematische Nachsetzen nach einem Ballverlust. Vom regulären Pressing unterscheidet es sich dadurch, dass sich die pressende Mannschaft in der Offensivformation befindet. Die

Spieler versuchen, den soeben verlustig gegangenen Ball zurückzuerobern. Zumindest aber versuchen sie, den Konter des Gegners zu ersticken. Die Briten betiteln das Gegenpressing daher als «Counter Pressing». Dies trifft es besser: Gepresst wird nämlich der gegnerische Konterversuch.

Dieses Kapitel dreht sich um die Frage, wie sich eine Mannschaft nach einem Ballverlust zu verhalten hat. Wann soll sie die direkte Rückeroberung der Kugel anstreben, und wie geht diese vonstatten? Und wann und wie sollte sich ein Team in die Defensive zurückziehen, wenn ein Nachsetzen nicht möglich ist?

Warum Gegenpressing?

Im Verlaufe dieses Buchs habe ich das Fußballspiel als ständige Abfolge von vier Phasen vorgestellt. Gegnerischer Ballbesitz, Ballgewinn, eigener Ballbesitz, Ballverlust: Diese vier Phasen wiederholen sich, wieder und wieder.

Ich habe an einer entscheidenden Stelle geflunkert. Folgende Situation: Das eigene Team verliert den Ball. Der Gegner wittert die Chance, einen Konter zu starten. Doch der Konter wird durch ein aggressives Nachsetzen unterbrochen. Bereits nach wenigen Sekunden hat die eigene Mannschaft den Ball zurückerobert. Weder hat der Gegner seinen Konter zu Ende spielen können, noch hat er in eine Ballbesitzphase umschalten können. Stattdessen geht das Spiel mit einer

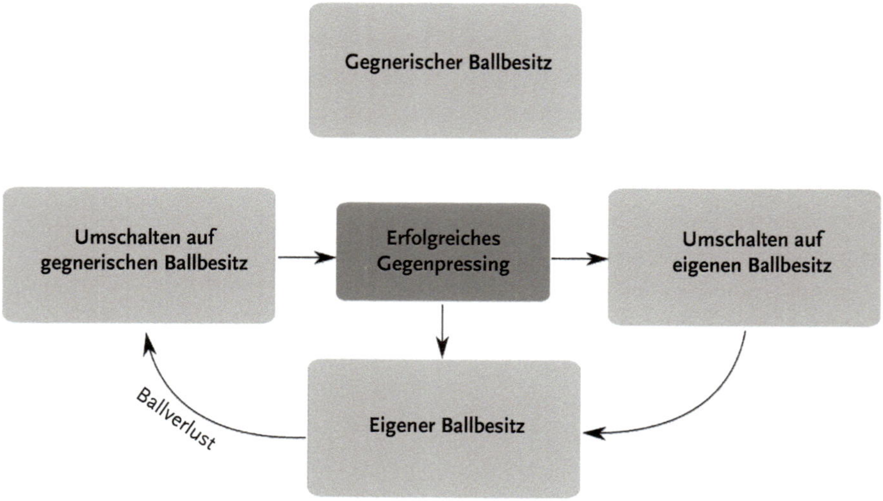

99. Gegenpressing hebelt das Vier-Phasen-Modell aus

eigenen Ballbesitzphase weiter – oder sogar mit einem Gegenkonter, wenn man nach der Balleroberung schnell in die Tiefe spielen kann.

Das Gegenpressing bietet demnach die Chance, die Phasenstruktur auszuhebeln: Auf die Umschaltphase folgt sofort wieder eine Phase, in der man selbst den Ball hat. Man könnte argumentieren, dass dies auch für einen guten Konter gilt: Er sorgt für einen Torabschluss, und man überspringt die Phase des eigenen Ballbesitzes. Der Konter endet in diesem Fall aber damit, dass man in eine Phase zurückkehrt, in der der Gegner das Tor erreichen kann. Ein gelungenes Gegenpressing wiederum sorgt dafür, dass exakt die Phasen übersprungen werden, in denen der Gegner ein Tor erzielen kann.

Anders ausgedrückt: Über die Verbindung zwischen Ballbesitz und Gegenpressing ist es in der Theorie möglich, dass der Gegner nie in eine Ballbesitzphase gelangt. Dieses Prinzip macht sich zum Beispiel Pep Guardiola zunutze. Seine Teams haben auch deshalb so hohe Ballbesitzanteile, weil sie möglichst wenig Phasen des gegnerischen Ballbesitzes zulassen. Guardiola fordert von seinen Spielern ein aggressives Gegenpressing, eben um die Ballbesitzphasen des Gegners zu überspringen. «Mein Traum wäre, alle elf Spieler des Gegners von der ersten Minute in dessen Strafraum zu drängen und zu verhindern, dass sie auch nur einmal die Mittellinie überschreiten.» Ohne eine direkte Rückeroberung der Ballverluste lässt sich dieser Traum von der totalen Dominanz nicht verwirklichen.

Als Jürgen Klopp das Gegenpressing für sich entdeckt hat, war seine strategische Idee eine andere. Er wollte nicht die totale Kontrolle über den Ball erreichen, sondern eine «Vollgasveranstaltung», wie er es selber nennt. Er sah im Gegenpressing die Chance, den gegnerischen Konter zu unterbrechen und stattdessen selbst zu kontern. Nach einem Ballgewinn im Gegenpressing spielte Dortmund sofort wieder einen riskanten Pass nach vorne. Und wenn dieser schieflief, gingen sie sofort erneut ins Gegenpressing über. Geordnetes Chaos war das Ziel, nicht Kontrolle.

Ob man Dominanz nun über Kontrolle oder Chaos erzielen möchte: In beiden Fällen ist das Gegenpressing ein mächtiges taktisches Mittel. Guardiola und Klopp haben in den vergangenen Jahren intensiv am Gegenpressing gefeilt. Sie wollen die Umschaltmomente für sich nutzen, um dem Gegner keine Ballbesitzphase zu erlauben.

Warum nicht immer Gegenpressing?

Die Vorteile des Gegenpressings leuchten ein. Wer den Ball verliert, setzt nach. Wer nachsetzt, erobert den

Ball oder verhindert zumindest einen gegnerischen Konter. Läuft alles nach Plan, kann man sogar selbst einen Gegenkonter initiieren.

Es bleibt nur eine Frage: Warum sollten Teams darauf verzichten nachzusetzen? Ja, warum dauerte es überhaupt so lange, ehe Trainer den Umschaltmoment nach Ballverlust als derart wichtige Phase des Fußballs identifiziert haben? Zwar haben auch Teams vor zwanzig Jahren bereits nach einem Ballverlust nachgesetzt. Die theoretischen wie praktischen Grundlagen, kollektiv ins Gegenpressing zu gehen, wurden jedoch erst in den vergangenen zehn Jahren geschaffen. Guardiola und Klopp haben in diesem Bereich Meilensteine gesetzt.

Gegenpressing gehört zu den vielen taktischen Mitteln im Fußball, die auf dem Papier simpel klingen, in der Praxis aber schwer umzusetzen sind. Das wird deutlich, wenn man bei einem Ballbesitzwechsel die Ausgangslage der beiden Teams vergleicht. Für die defensive Mannschaft kündigt sich der Umschaltmoment zumeist an. Sie arbeitet aktiv auf die Eroberung des Balls hin. Jedes Team möchte den Ball gewinnen. Häufig wissen die Spieler genau, wann und wo sie den Ball erobern können. Entsprechend leicht fällt der Umschaltmoment: Er wird rechtzeitig antizipiert und sofort ausgenutzt. Es gibt Stürmer, die starten bereits in die Tiefe, wenn der Ball noch gar nicht erobert wurde. Sie vertrauen auf ihre Mitspieler. Sie wissen, was kommt, und sie wissen, was zu tun ist.

Bei einem Ballverlust ist häufig das Gegenteil der Fall. Kein Team möchte den Ball verlieren. Die angreifende Mannschaft rechnet selten damit. Während bei Balleroberungen genau geplant werden kann, wo diese geschehen, ist dies bei Ballverlusten nicht der Fall. Automatismen sind schwerer abzurufen. Die Spieler müssen noch viel stärker als beim Ballgewinn allgemeine Prinzipien beherrschen und korrekt anwenden.

Hinzu kommt eine mentale Komponente. Fußballspieler wollen den Ball haben. Sie wollen aktiv ein Tor erzielen. Gewinnen sie den Ball, ist es vollkommen natürlich, sofort an das Toreschießen zu denken. Bei Ballverlusten muss eine gewisse Hemmschwelle überwunden werden. Der Spieler, der den Ball verloren hat, muss sofort seinen Fehler abschütteln. Sofort umzuschalten auf die unmittelbare Rückeroberung des Balls, erfordert höchste Konzentration sowie mentale Bereitschaft. Gerade für Spieler der älteren Fußballergeneration war dies ein massiver Umdenkprozess. Sie waren darauf getrimmt, nach einem Ballverlust sofort in die Defensive zurückzukehren. Es ist ein natürlicher Impuls: «Der Gegner hat den Ball, ich muss das eigene Tor verteidigen!» Diesen Impuls zu überwinden, erfordert ein mentales Umdenken.

Nicht nur in individueller, sondern

auch in kollektiver Hinsicht ist das Gegenpressing eine Herausforderung. Wie das reguläre Pressing kann auch das Gegenpressing nur dann funktionieren, wenn sämtliche Spieler mitmachen. Es nützt wenig, wenn drei Spieler einer Mannschaft sofort die Rückeroberung anstreben, der Rest sich aber zurückzieht. Es entstünden Lücken in der eigenen Formation, in die der Gegner stoßen kann. Die Gefahr eines gegnerischen Konters steigt hierbei sogar: Es könnten sich Räume öffnen, die dem Gegner das Kontern erleichtern. Gegenpressing erfordert also ein hohes Maß an Absprache.

Ein Gegenpressing ist heikel. Extrem heikel. Gelingt es dem Gegner, das eigene Gegenpressing zu umspielen, gelangt er in eine ideale Kontersituation; die Mannschaft, die den Ball verliert, ist schließlich aus der ohnehin offensiven Formation noch einmal vorgerückt. Deshalb erfordert Gegenpressing neben genauen Abläufen die physische wie psychische Bereitschaft der Spieler, sofort nachzusetzen. Zugleich ist die Wahrnehmung der Spieler entscheidend: Sie müssen genau wissen, wann sie ins Gegenpressing gehen sollen, und sofort entscheiden, ob sie es tun. Ein Fehler im Gegenpressing kann zu einem Gegentor führen, noch viel stärker als ein Fehler in einer geordneten Defensive, die sich im Zweifel leicht unterstützen kann. Aus diesem Grund ist das Gegenpressing nicht nur eins der mächtigsten, sondern auch eines der riskantesten taktischen Mittel im modernen Fußball.

Spannungsfeld zwischen Gegenpressing und Zurückfallen

Das Spannungsfeld, in dem sich ein Team nach einem Ballverlust bewegt, ist klar umrissen: Die Mannschaft kann entweder die sofortige Ballrückeroberung anstreben. In diesem Fall hält sie den Druck hoch, bewegt sich zum Ball und geht zum Zweikampf über. Die Alternative lautet, sich zurückfallen zu lassen. Der Umschaltmoment wird seinem Namen gerecht: Die Spieler wechseln von der offensiven Formation, die sie im Ballbesitz genutzt haben, zurück in die defensive Formation. Aus dieser defensiven Grundordnung lassen sich jene taktischen Mittel nutzen, die im Kapitel zum gegnerischen Ballbesitz vorgestellt wurden. Der Kreislauf der vier Phasen beginnt von neuem.

Erneut lässt sich zwischen einer strategisch offensiven und einer strategisch defensiven Variante unterscheiden. Das Gegenpressing ist die strategisch offensive Variante: Die Mannschaft rückt nach vorne, erhöht den Druck, will aktiv das weitere Vorgehen des Gegners beeinflussen. Die schnelle Rückkehr in die eigene Defensivordnung ist die strategisch defensive Variante. Passivität wird in

Kauf genommen, um die anschließende Ballbesitzphase des Gegners besser verteidigen zu können.

Umstände nehmen die Entscheidung ab

Bereits im Kapitel zum Thema Umschaltmoment nach Ballgewinnen habe ich festgehalten, dass in den meisten Situationen der Umschaltmoment von allein verstreicht. Dies gilt auch für den Ballverlust. Ein Schuss ins Toraus, ein Pass ins Seitenaus, ein Anstoß: In all diesen Situationen wird die Mannschaft, die den Ball verliert, automatisch in die Defensivformation zurückkehren. Eine direkte Rückeroberung des Balls ist nicht möglich.

Dieses Kapitel soll sich entsprechend um jene Momente drehen, in denen eine Mannschaft nach dem Ballverlust eine Wahl hat. Soll sie die Rückeroberung anstreben oder sich kollektiv hinter den Ball zurückziehen?

Der Moment des Ballverlusts

Das Unterkapitel zum Moment des Ballgewinns habe ich eingeleitet mit der Bemerkung, ein Umschaltmoment sei immer eine mentale Herausforderung. Für den Ballverlust gilt dies noch in viel stärkerem Maße. Dadurch dass Konter ein derart mächtiges Mittel im Fußball sind, ist der Moment des Ballverlustes äußerst prekär. Reagiert die Mannschaft zu langsam oder taktisch falsch auf den Ballverlust, öffnet sie Tür und Tor für eine hochklassige Chance des Gegners.

In den meisten Fällen entscheidet sich bereits im Moment des Ballverlustes, ob einer Mannschaft Gefahr droht oder nicht. Im Idealfall ist die Mannschaft gerüstet für den Ballverlust: Sie verliert die Kugel in einer Situation, die sie kontrollieren kann. Entweder kann sie schnell in eine kompakte Defensivordnung zurückfinden – oder sie kann direkt zum Gegenangriff übergehen und den Gegner unter Druck setzen.

Nicht immer verliert eine Mannschaft den Ball in einer Situation, die sie begünstigt. Ein Fehlpass weit in der eigenen Hälfte? Ein verlorener Zweikampf? Ein Torschuss, der unkontrolliert abprallt und direkt in den Füßen des freistehenden Gegenspielers landet? Nun ist guter Rat teuer. In allen Fällen sollen die folgenden Prinzipien den Spielern helfen, auf einen Ballverlust zu reagieren.

Druck oder kein Druck möglich?

Die Entscheidung, die die Spieler nach einem Ballverlust treffen müssen, lautet: Soll ich mich am Gegenpressing beteiligen und Druck auf den Gegner ausüben? Oder soll ich mich zügig zurückziehen und meine defensive Position einnehmen? Dieses Spannungsfeld bestimmt maßgeblich, wie die initiale Reaktion der Spieler auf den Ballverlust ausfällt.

In anderen Phasen ließ sich dieses Spannungsfeld nur schwer auflösen. Nach einem Ballverlust müssen sich Spieler nur eine Frage stellen: Können wir Druck ausüben auf den Gegner? Falls ja: Ab ins Gegenpressing! Falls nein: Zurück in die Defensivformation!

Doch nichts in der Fußballtaktik ist wirklich simpel – so auch nicht die Antwort auf diese Frage. Ob eine Mannschaft Druck auf den Gegner ausüben kann, hängt von diversen Faktoren ab. Die Faktoren für ein gutes Pressing gelten auch für ein gutes Gegenpressing: Die Mannschaft muss den ballführenden Spieler unter Handlungsdruck setzen. Sie muss die gegnerischen Handlungsoptionen begrenzen. Dazu hilft es, eine Überzahl um den Ball zu bilden. Währenddessen muss sie stets die eigene Tiefe absichern, um einen Pass hinter die Abwehr zu verhindern.

Sind diese Faktoren erfüllt? Um sich nach einem Ballverlust zu orientieren, sind erneut die vier Referenzpunkte entscheidend:

- Wie ist die Position der Gegenspieler? Hat der Gegner eine klare Überzahl in Ballnähe? Welche Anspielmöglichkeiten besitzt er? Kann er mit einem einfachen Pass viel Raumgewinn erzielen?
- Wie ist die Position der Mitspieler? Hat die eigene Mannschaft eine Überzahl in Ballnähe? Kann ein Mitspieler direkt Druck ausüben auf den Gegenspieler? Erhalte ich Unterstützung, wenn ich ins Gegenpressing gehe? Oder bewegen sich die Mitspieler allesamt im Sprint vom Ball weg?
- Wo befindet sich der Ball? Hier spielt vor allem die Art des Ballverlustes hinein. Ein Fehlpass direkt in den Fuß eines freien Gegenspielers ist eine potenziell große Gefahr: Er hat den Ball fest unter Kontrolle und kann sofort das Spiel fortführen. In den seltensten Fällen aber kontrolliert der Gegner den Ball nach einer Eroberung derart sauber. Befindet sich der Ball in der Luft? Muss der Gegenspieler die Kugel erst kontrollieren? Befindet er sich in einer instabilen Körperposition? In diesen Fällen gewinnt die Mannschaft wichtige Sekunden, um zum Gegenpressing vorzurücken.
- Wo im Raum fand der Ballverlust statt? Verliert eine Mannschaft den Ball am eigenen Strafraum, hat die Sicherung des Tors Vorrang vor der direkten Rückeroberung. Am gegnerischen Strafraum darf es mehr Risiko sein: Eine direkte Rückeroberung bietet die Chance, direkt abzuschließen. Der Gegner wiederum muss im Konter einen weiten Weg zurücklegen.

Wie die Spieler die Lage einschätzen, beeinflusst ihre Reaktion auf den Ballverlust. Kommen sie zu dem Schluss, den Gegner direkt unter Druck zu setzen, werden sie es tun. Sie werden in Richtung des Balls rücken. Manche Spieler werden direkt zum Zweikampf übergehen. Andere Spieler werden Handlungsoptionen des Gegners blockieren. Dazu können sie ballnahe Gegenspieler abdecken oder Passwege unterbrechen.

Kommt ein Spieler zu dem Schluss, dass er nicht zum Druck auf den Gegner beitragen kann, wird er sich zügig in Richtung seiner Defensivposition zurückziehen. Hier gelten ähnliche Prinzipien wie nach einem Ballgewinn. Die Spieler der Mannschaft, die den Ball verlor, werden in ihre defensive Position ausschwärmen, sprich: Sie werden sich zurück- und kompakt zusammenziehen. Dabei orientieren sie sich zum Gegenspieler hin: Kein Gegner sollte die Chance erhalten, mit dem Ball am Fuß aufzudrehen und Richtung Tor zu starten.

Gegner nach außen lenken

Diese Ausführungen sind arg theoretisch. Ein Spieler auf dem Feld kann kaum all diese Aspekte beachten, direkt nachdem der Ball verlorengegangen ist. Würde er sich erst orientieren, verlöre er wichtige Millisekunden im Kampf um den Ball. Auf Profiniveau können diese Millisekunden entscheiden. Aus diesem Grund ist es wichtig, dass die Spieler auf ihre Mitspieler vertrauen können: Sie müssen wissen, dass in der eigenen Struktur ein Gegenpressing möglich ist. (Wie eine gute Positionsspielstruktur Gegenpressing begünstigt, beschreibe ich im kommenden Unterkapitel.)

Nehmen wir an, ein Spieler befindet sich nach Ballverlust in der Nähe des Balls. Er hat keinen genauen Überblick, wo sich seine Mitspieler befinden. Er weiß nur: Niemand ist so nahe am ballführenden Gegenspieler wie er. Er kann sofort hinsprinten und den Gegner unter Druck setzen. Wie soll er dies anstellen?

Hier kommt ein Prinzip des Defensivspiels zum Tragen, das bereits im Kapitel zum gegnerischen Ballbesitz ausgiebig besprochen wurde: Die Sicherung des Zentrums hat Vorrang vor der Sicherung der Flügel. Im Zentrum kann der Gegner aufdrehen in Richtung Tor, er hat zahlreiche Optionen, das Spiel fortzuführen. Die Außenlinie beschränkt die Handlungsoptionen des Gegenspielers jedoch.

Geht ein Spieler also zum Gegenpressing über, ohne einen genauen Überblick über die Situation zu besitzen, sollte er dieses Prinzip beachten: Im Zweifel sollte er den Gegner nach außen lenken. Ein bogenförmiger Lauf etwa ist geeignet, um mit dem Deckungsschatten den vertikalen bzw. diagonalen Passweg abzusichern. Dem Gegner bleibt nichts anderes übrig, als den Ball nach außen zu spielen. Abbildung 100 veranschaulicht das

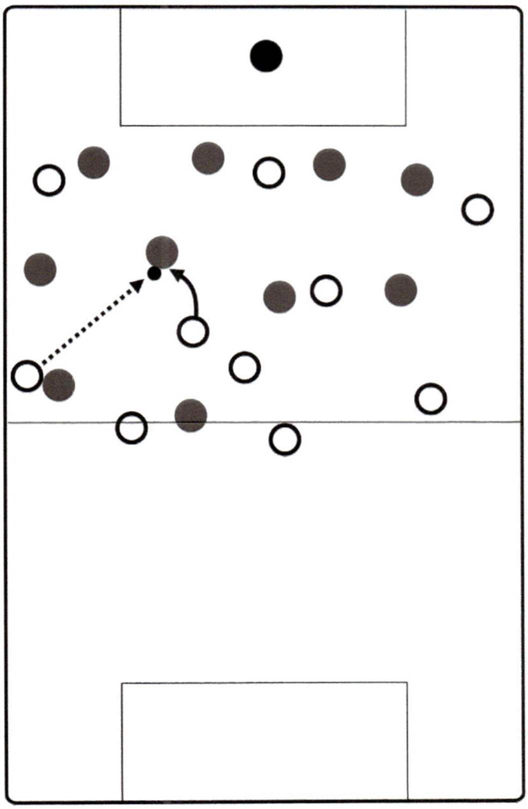

100. Gegner im Gegenpressing nach außen lenken

Prinzip: Nach einem Fehlpass von der linken Seite hat der Gegner den Ball. Der anlaufende Spieler wird ihn nun nach außen lenken in der Hoffnung, den Gegner dort im weiteren Verteidigungsverlauf isolieren zu können. Auch hier gibt es also Parallelen zwischen regulärem Pressing und Gegenpressing.

Sicherung der Tiefe

Verliert eine Mannschaft den Ball, endet ihre Ballbesitzphase zunächst. Der Gegner hält nun die Kugel. Auch wenn direkt nach einem Ballverlust die sofortige Rückeroberung noch möglich ist, gelten nun bereits die Ziele, die im ersten Kapitel formuliert wurden; schließlich soll ein Gegentor verhindert und in eine stabile Defensivformation umgeschaltet werden.

Das wichtigste Ziel einer Mannschaft ohne Ball lautet, dem Gegner keinen Pass hinter die letzte Linie zu ermöglichen. Dieses Ziel muss eine Mannschaft nach einem Ballverlust sofort umsetzen. Der Gegner möchte nichts sehnlicher, als sie mit einem Pass in die Tiefe zu düpieren.

Gerade die Spieler in der tiefsten Linie stehen vor der Entscheidung, ob sie im Moment des Ballverlustes vorrücken, die Position halten oder sich zurückfallen lassen sollten. Die wichtigste Frage in dieser Situation lautet: Hat der Gegner Zeit und Raum am Ball? Falls ja, kann er mit dem Ball am Fuß Richtung Tor laufen und seine Optionen ausloten. Die tiefste Linie sollte nun unbedingt zurückweichen, da ein Pass in die Tiefe droht. Sie sollte dabei vorgehen wie im ersten Kapitel beschrieben: Sie weicht trichterförmig zurück, bis sie kurz vor dem eigenen Strafraum ankommt.

Kann der Gegner hingegen unter Druck gesetzt werden, fällt die Antwort komplexer aus. Es gibt Situationen, in denen ein Vorrücken der Abwehr in diesem Fall Sinn macht. Die Tiefe lässt sich schließlich auch sichern, indem der Gegner ins Abseits gestellt wird. Genauso sollte eine Abwehr vorrücken, wenn der Gegner die Tiefe gar nicht attackiert. In diesem Fall kann sie die Kompaktheit und damit den Druck auf den Gegner erhöhen.

Manchmal fällt die Antwort auch unterschiedlich aus für jeden einzelnen Spieler in der letzten Linie. Nicht ohne Grund achten Teams in Ballbesitz darauf, in der Restverteidigung eine Überzahl zu haben. Das ermöglicht einem Spieler das Vorrücken nach einem Ballverlust, während seine Mitspieler sich sofort an einem Gegenspieler orientieren. Ist dies möglich, lassen sich beide Facetten verbinden: ein aggressives Vorrücken im Gegenpressing sowie das Absichern der Tiefe.

So oder so: Entscheidend ist, dass die Spieler nach einem Ballverlust sofort die eigene Tiefe sichern. Sie müssen sich orientieren: Kann der Gegner einen Pass in die Tiefe spielen? Falls ja: Wie kann ich dazu beitragen, die eigene Tiefe zu sichern? Dies ist das oberste Prinzip für Verteidiger. Es gilt auch direkt nach einem Ballverlust.

Die Fünf-Sekunden-Regel

Auf dem Trainingsplatz von RB Leipzig steht eine große Stoppuhr. In der Regel ist diese Stoppuhr auf fünf Sekunden eingestellt. Die fünf Sekunden sind kein Zufall. Sie sind fester Bestandteil der Leipziger Spielphilosophie. Exakt fünf Sekunden lang sollen die Spieler nach einem Ballverlust ins Gegenpressing gehen. Haben sie den Ball dann noch nicht gewonnen und können sie keinen Zugriff erzeugen, sollen sie in die eigene Defensivformation zurückkehren.

Die fünf Sekunden sind ein willkürlicher Wert. Trotzdem haben sie sich als Richtwert durchgesetzt, zumindest im deutschen Fußball. So sieht man häufig, dass die Mannschaften auch dann nachsetzen, wenn der Gegner sich aus dem initialen Gegenpressing befreien kann. Sie halten den Druck hoch und versuchen weiterhin, den Gegner zu einem Fehler zu verleiten. Nach einigen Sekunden wird das Jagen des Gegners aber eingestellt. Gerade wenn der Gegner einen weiten Rückpass spielt, hat das Gegenpressing seinen Zweck erfüllt: Der Gegner hat den Konter aufgegeben zugunsten der Ballsicherung. Nun kann auch das Team, das den Ball verloren hat, in die reguläre Defensivordnung zurückkehren.

Wie sieht eine Rückkehr in die Defensivformation aus? Im Idealfall hat die Mannschaft bereits im Gegenpressing die Grundlage geschaffen, um in die Defensivformation zurückzukehren. Die Spieler haben sich um den Ball zusammengezogen, sie haben sich zu ihren Gegenspielern hin orientiert und eine gemeinschaftliche Verteidigungslinie gebildet. Im nächsten Schritt zieht sich die Mannschaft kollektiv hinter den Ball zurück. Jeder Spieler begibt sich endgültig von seiner Offensivposition in seine Defensivposition. Nach spätestens zehn Sekunden sollte dieser Vorgang abgeschlossen sein: Die Mannschaft sollte nun in ihrer kompakten Formation verteidigen und den Gegner mit den taktischen Mitteln des Defensivspiels bekämpfen können. Die Phasenstruktur beginnt von neuem.

Gegenpressing

Vor fünfzehn Jahren noch lieferte die Suchmaschine Google keinen einzigen Treffer, wenn man den Begriff «Gegenpressing» eingegeben hatte. Er existierte schlicht nicht. Mittlerweile spuckt Google über 200 000 Ergebnisse für Gegenpressing aus. Zeitungsartikel finden sich genauso darunter wie Ratschläge für Trainer oder Meinungen von Fans. Gegenpressing hat sich nicht nur als Begriff etabliert, sondern auch als Konzept. Heute gehört es zum Fußball dazu. Kaum ein Team verzichtet darauf, nach einem Ballverlust nachzusetzen.

Wäre das Gegenpressing leicht auszuführen, wäre es bereits vor Jahrzehnten ein elementarer Teil des Fußballs geworden. Es dauerte, ehe Trainer wie Guardiola oder Klopp aus dem individuellen Nachsetzen ein kollektives taktisches Mittel geformt hatten. Gegenpressing besteht eben nicht nur daraus, dass einzelne Spieler nachsetzen. Ein komplexes Vorgehen ist vonnöten, das Bereitschaft wie Aktivität von sämtlichen Spielern erfordert.

Gegenpressing versus Nachsetzen

Im vergangenen Unterkapitel habe ich erläutert, wann Spieler nachsetzen sollten und wann sie auf die eigene Defensivposition zurückkehren müssen. Doch nur weil einzelne Spieler nachsetzen, bedeutet das noch nicht, dass eine Mannschaft ein kollektives Gegenpressing betreibt.

Abbildung 101 zeigt ein Beispiel: Ein Spieler auf rechtsaußen befindet sich allein auf weiter Flur. Seine Mitspieler unterstützen ihn nicht. Er wagt gegen zwei Verteidiger ein Dribbling. Es passiert das, was zu erwarten ist: Er verliert gegen die Übermacht den Ball. Der Spieler, der den Ball verliert, lässt jedoch nicht locker: Er setzt nach, geht in den Zweikampf, will den Ball zurückerobern. Ein kollektives Gegenpressing ist diese Szene nicht. Die Mitspieler haben keinen Anlass, ebenfalls Druck auszuüben: Der Ball befindet sich weit von ihnen entfernt, der Gegner hat eine Überzahl um den Ball. Der Spieler am Ball hat nur wenig Aussichten, die Kugel direkt zurückzuerobern. Seine Mitspieler werden versuchen, in eine kompakte Defensivformation zurückzukehren.

Gegenpressing zeichnet sich dadurch aus, dass der Spieler um den Ball eben nicht allein gelassen wird. Es ist ein kollektives taktisches Mittel, das mehrere Spieler gemeinschaftlich ausführen. Nur wenn die Mannschaft kollektiv agiert und den Druck hochhält, steigert sie ihre Chance, den Ball wieder zurückzuerobern.

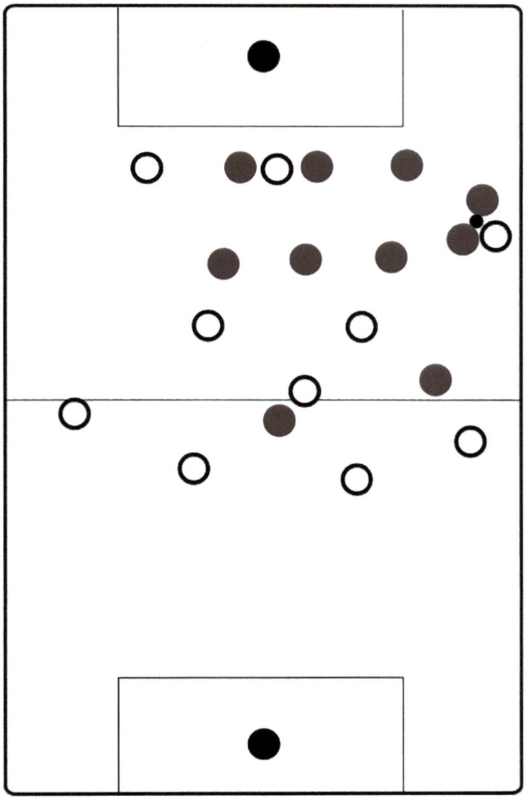

101. Ballverlust auf rechtsaußen

Gegenpressing beginnt schon bei Ballbesitz

Bereits im Kapitel zum eigenen Ballbesitzspiel habe ich erklärt, wieso Gegenpressing und Positionsspiel eng miteinander verbunden sind. Guardiolas Idee, das Spielfeld in einzelne Zonen aufzuteilen, rührte nicht allein aus seiner Vorliebe für das Ballbesitzspiel. Nur wenn ein Team sich bei eigenem Ballbesitz gut aufstellt, kann es nach einem Ballverlust zum Gegenpressing ansetzen. Das zeigt sich am Negativbeispiel in Abbildung 101: Bei Ballbesitz herrschen keine Verbindungen um den ballführenden Spieler.

Diese Verbindungen helfen nicht nur im Ballbesitz, sondern auch im Moment des Ballverlusts. Optimalerweise sind die Abstände bereits beim Ballbesitz so, dass sich die Gegenspieler nach einem Ballverlust unterstützen können. Dies ist nicht möglich, sollten die Abstände zwischen den Spielern zu groß sein. Kaum ein Prinzip eines guten Pressings lässt sich einhalten: Die Mannschaft mag vielleicht sofort Druck auf den Ballführenden ausüben können. Doch weder hat sie eine Überzahl in Ballnähe, noch kann sie sämtliche Handlungsoptionen des Gegners abdecken. Der Gegner kann sich mit einem einfachen Pass aus dem Druck befreien.

Sind zu viele Spieler in Ballnähe, sind schon mehr Prinzipien einhaltbar. Das Gegenpressing ist wiederum einfach auszuhebeln: Die Mannschaft muss nur schnell den Bereich verlassen, in dem sich der Ball gerade befindet. Es ist nicht möglich, nach einem gescheiterten Gegenpressing schnell in eine gute Defensivordnung zurückzukehren.

Die Einhaltung der Prinzipien des Positionsspiels ist also auch für das eigene Umschaltspiel wichtig. Die richtigen Abstände einzuhalten, hilft im Moment des Ballverlusts: Die Mannschaft kann eine Überzahl herstellen, sich unterstützen, sofort den

Gegner jagen und ihn an die richtige Stelle lenken. Sollte das Gegenpressing fehlschlagen, kann sie in eine kompakte Ordnung zurückkehren. Es ist also keine Überraschung, dass Positionsspielmodelle heutzutage nicht mehr einzig nach den Vorteilen bei eigenem Ballbesitz gedacht werden. Auch nach Ballverlusten soll die eigene Struktur dem Team helfen, einen Vorteil gegenüber dem Gegner zu erzielen.

Gegenpressing-Staffelung am Beispiel RB Salzburg

Ralf Rangnick ist ein Mann mit einem Plan. Als Mastermind hinter den RB-Vereinen entwarf er die Philosophie der Klubs aus Leipzig und Salzburg. Die Teams sollten mit schnellem, schnörkellosem Fußball für Aufsehen sorgen. Rangnick forderte von den Trainern der jeweiligen Teams nicht nur ein aggressives Pressing sowie ein schnelles Umschalten nach Ballgewinn, auch das Gegenpressing war ein Eckpfeiler seiner Strategie.

Ironischerweise waren es nicht die großen Leipziger, die in der Saison 2018/19 auf der internationalen Bühne für Aufsehen sorgten. Stattdessen stieß der kleine Schwesterverein aus Salzburg bis ins Halbfinale der Europa League vor. Trainer Marco Rose ließ seine Mannschaft einen aggressiven Stil spielen. Vor allem die Raumaufteilung der Salzburger überzeugte.

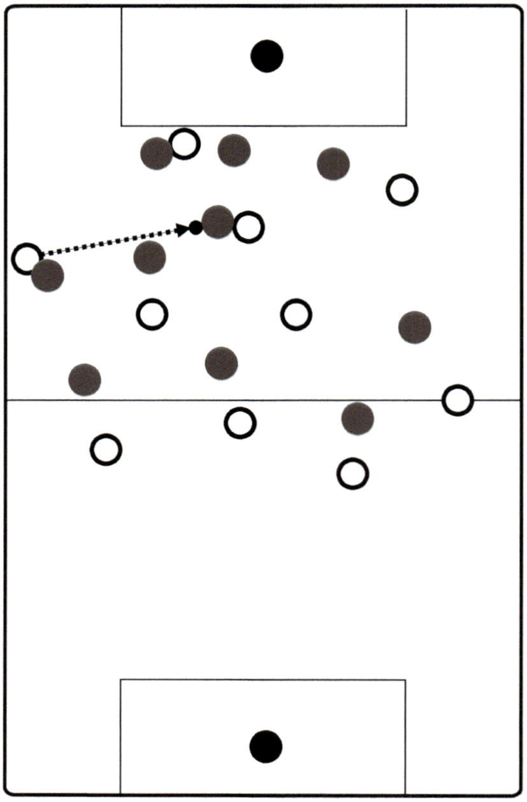

102. *Salzburgs Gegenpressing, Teil eins*

Nach Ballverlusten konnten sie sofort Zugriff erlangen.

Das folgende Beispiel stammt aus dem Europa-League-Spiel gegen Olympique Marseille. Salzburg griff über den linken Flügel an. Die Flanke ins Zentrum landete jedoch beim Gegner. RB verlor den Ball – siehe Abbildung 102.

Doch dieser Ballverlust war für Salzburg kein Drama. Sie standen so gestaffelt, dass sie zur sofortigen Rückeroberung des Balls ansetzen konnten: Ein Angreifer stand bereits

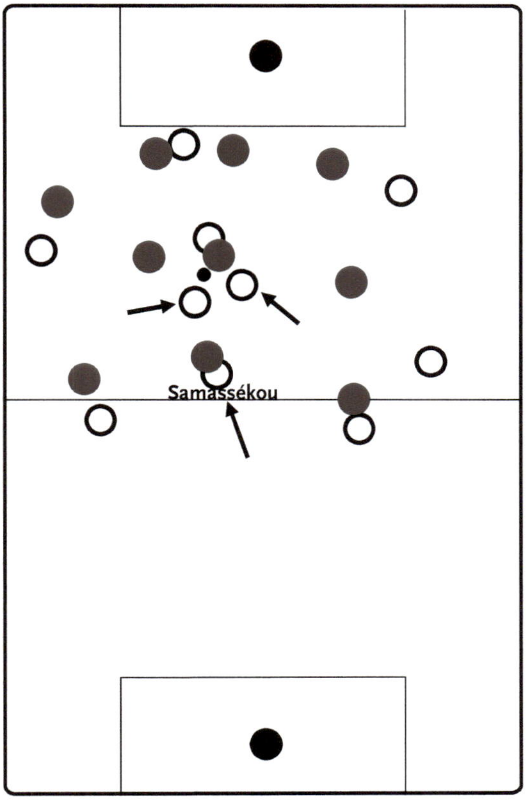

103. Salzburgs Gegenpressing, Teil zwei

bei Ballverlust in der Nähe des gegnerischen Spielers am Ball. Zwei weitere zentrale Mittelfeldspieler waren dahinter postiert. Das Dreieck der Mittelfeldspieler zog sich sofort zusammen. Zu dritt setzten sie den Gegenspieler unter Druck. Sie isolierten ihn am Ball von seinen Mitspielern – siehe Abbildung 103.

Salzburg hielt die Prinzipien des Positionsspiels ein. Zwischen den Spielern herrschten Verbindungen, sie besetzten gleichmäßig die Zonen und standen versetzt zueinander.

Die Struktur, die bei Ballbesitz herrschte, half in der direkten Rückeroberung der Kugel: Salzburg hatte die Zone um den Ball unter Kontrolle. Das Mittelfeld-Dreieck musste sich nur zusammenziehen, um den Gegner zu umzingeln. Das war in dieser Situation erfolgreich, auch weil der Gegner den scharf getretenen Pass nicht direkt kontrollieren konnte.

Diese Gegenpressing-Szene hatte ein Happy End: Salzburg eroberte nicht nur den Ball, sie konnten auch sofort das Tempo verschärfen. Über den rechten Flügel gelangten sie vor das Tor. Treffer. Hier erfüllte das Gegenpressing also eine defensive (Konterabsicherung) sowie eine offensive Funktion (Gegenkonter).

Zentrum verriegeln

Ein Zwischenziel einer guten Defensive lautet, das Zentrum zu schließen. Von hier aus kann der Gegner das Spiel in alle Richtungen fortführen. Ihm stehen alle Wege offen. Aus diesem Grund ist es entscheidend, diese Zone im Gegenpressing zu kontrollieren. Die Verteidigung der Mitte hat Vorrang vor dem Verteidigen der Flügel. Viele Teams werden im Gegenpressing versuchen, den Gegner sofort zu einem Pass auf die Außen zu verleiten. Hier begrenzt die Auslinie die Handlungsoptionen.

Auch RB Salzburg gelang dies: Sie standen gut gestaffelt im Zentrum, um nach dem Ballverlust sofort nachsetzen zu können. Sie blockierten umgehend die Anspielwege nach vorne in Richtung Zentrum. Der Gegner hätte sich höchstens über einen Pass auf die Flügel befreien können. Auch dies gelang nicht, da der Druck durch die Salzburger zu hoch war.

Vorwärtsverteidigen der Abwehr

Auf einen Aspekt des Salzburger Beispiels möchte ich gesondert hinweisen: die Höhe der Restverteidigung. Eingangs der Szene befanden sich die tiefsten Salzburger Spieler noch in der eigenen Hälfte. Nach dem Ballverlust rückten sie kollektiv nach vorne. Sie suchten Zugriff auf den jeweils nahe postierten Gegenspieler. Gerade Diadie Samassékou rückte weit nach vorne, um den zurückfallenden Gegenspieler zu verfolgen.

Dass die Restverteidigung im Moment des Gegenpressings vorrückt, ist ein häufig genutztes taktisches Mittel. Es bietet mehrere Vorteile. Die Mannschaft, die den Ball verliert, stellt schnell Kompaktheit her. Der Abstand zwischen höchstem und tiefstem Spieler verringert sich. Salzburgs Mittelfeldspieler konnten auch deshalb aggressiv ins Pressing vorrücken, da sie wussten, dass hinter ihnen der Raum besetzt wird.

Das Vorrücken hat einen weiteren Effekt: Gegnerische Stürmer, die auf Konter lauern, werden ins Abseits gestellt. Mit einer Abseitsfalle lässt sich die eigene Tiefe absichern.

Zugleich ist das Vorrücken ein riskantes Mittel. Passiert es im falschen Moment, kann der Gegner mit einem einfachen Pass den Ball hinter die Abwehr spielen. Für das Vorrücken der Abwehr gelten also dieselben Prinzipien wie bereits in der Phase des gegnerischen Ballbesitzes: Kann der Gegner am Ball nicht unter Druck gesetzt werden, hat die Sicherung der Tiefe oberste Priorität. Die Abwehrkette soll die Höhe halten oder – sofern die Tiefe attackiert wird – sogar zurückweichen.

Im Salzburger Beispiel ist jedoch das Gegenteil der Fall: Die Mannschaft kann Druck ausüben auf den Gegner. Aus diesem Grund rückt die Abwehr heraus. Ein Pass in die Tiefe ist hier keine akute Gefahr. Wichtiger ist es, den Druck auf den Gegner hochhalten zu können, auch wenn dieser den Ball nach vorne spielt. Das erreicht Salzburg durch das Vorrücken der tiefsten Linie.

Gegenpressing am Beispiel Liverpool

Pressingmonster – so bezeichnet Jürgen Klopp seine Mannschaften am liebsten. Schon in Dortmund war das Gegenpressing ein entscheidender Eckpfeiler seiner Strategie. In Liverpool hat er das Gegenpressing noch weiter verfeinert. Klopps herausragende Eigenschaft ist seine Verbindung von taktischem Wissen und Charisma. Er entwirft genaue Pläne, wie sich seine Spieler zu verhalten haben. In den Spielern wiederum weckt er Vertrauen und Leidenschaft, damit sie diese Pläne umsetzen.

Die folgende Szene stammt aus der Champions-League-Saison 2018/19, als Liverpool den Titel erringen konnte. Im Gruppenspiel gegen Roter Stern Belgrad stand es nach 20 Minuten 0:0. Gegen die diszipliniert verteidigenden Serben hatte Liverpool Probleme, sich Chancen zu erarbeiten.

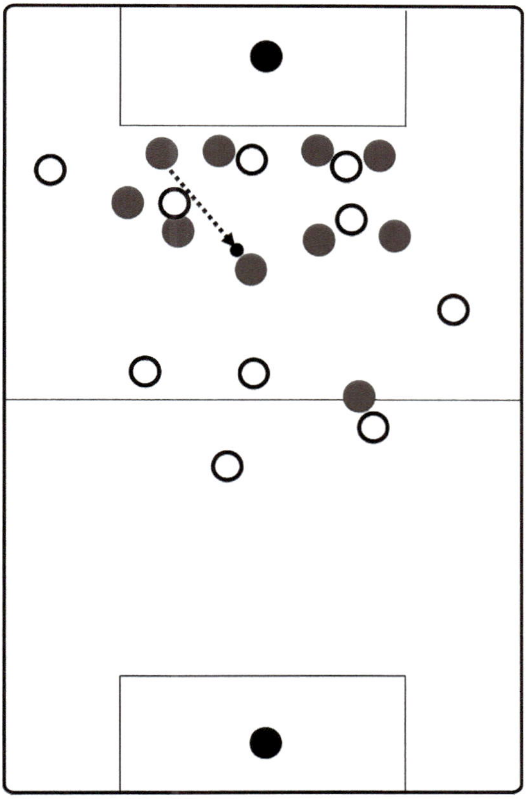

104. Liverpools Gegenpressing gegen Belgrad, Teil eins

In dieser Szene wollten sie einen Angriff erzwingen und mit einer engen Kombination Belgrads kompaktes Zentrum überspielen. Das Vorhaben scheiterte. Belgrads Abwehrkette eroberte den Ball, der Innenverteidiger spielte sofort einen Pass ins zentrale Mittelfeld. Die Lage für Liverpool sah nicht gut aus: Fünf seiner Spieler waren mit einem Pass überspielt. Es drohte ein Konter – siehe Abbildung 104. Doch ehe Belgrad sich für den Konter formieren konnte, schritt Liverpool bereits zur Rückeroberung. Vier der fünf Spieler, die sich vor dem Ball befanden, orientierten sich sofort nach hinten. Liverpool zog sich kompakt zusammen. Um den ballführenden Gegenspieler herum standen binnen kürzester Zeit vier Spieler. Sie umzingelten ihn und zwangen ihn in einen Zweikampf – siehe Abbildung 105. Ausgerechnet die beiden Spieler, die sich zuvor am weitesten entfernt befunden hatten, eroberten den Ball zurück: Xherdan Shaqiri

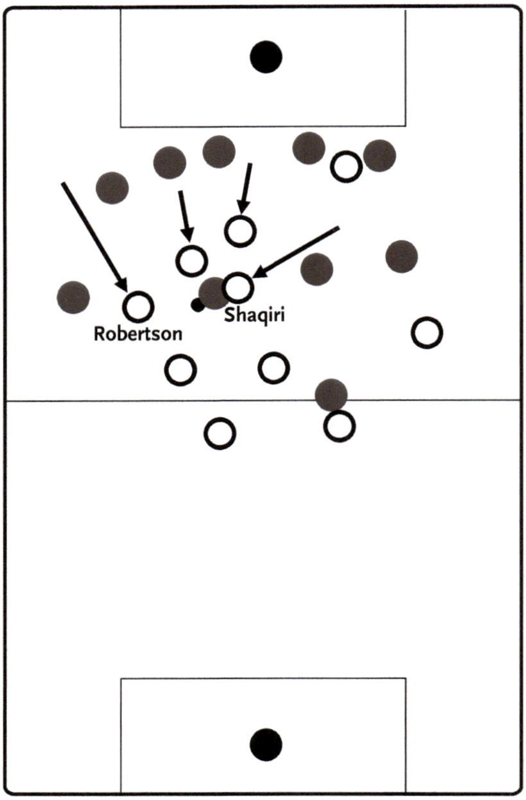

105. Liverpools Gegenpressing gegen Belgrad, Teil zwei

spitzelte dem Gegner den Ball vom Fuß, Andrew Robertson sammelte ihn auf.

Liverpool unterdrückte mit dieser Balleroberung nicht nur den Konter des Gegners. Sie konnten in der Folge auch angreifen: Mit einem schnellen Pass auf den Flügel schufen sie Raum, die anschließende Hereingabe verwerteten sie zum 1:0. Das Gegenpressing hatte in dieser Szene sowohl eine defensive (Konterverhinderung) als auch eine offensive Funktion (Gegenkonter).

Kompaktheit herstellen

Beeindruckend ist in dieser Situation vor allem die Handlungsschnelligkeit der Liverpooler. Kaum war der Ball verloren, traten sie bereits im Vollsprint den Rückweg an. Belgrad schaltete hingegen langsamer um; nur wenige Spieler bewegten sich sofort auf ihre Offensivposition. Das verschaffte Liverpool einen entscheidenden Vorteil: Sie konnten den Gegenspieler am Ball umzingeln und eine Überzahl in Ballnähe schaffen.

In einer Hinsicht verteidigte Liverpool diese Szene lehrbuchmäßig: Sie schufen binnen kürzester Zeit eine hohe Kompaktheit. Dies ist der große Unterschied zwischen der offensiven und der defensiven Formation: Während man im Ballbesitz den Gegner strecken möchte, zieht man sich bei gegnerischem Ballbesitz zusammen. Der Raum für den Gegner soll verengt werden.

Genau dies zeichnet ein Gegenpressing aus: Ist es möglich, den Gegner unter Druck zu setzen, sollte man sich sofort um den Ball zusammenziehen. Die Außenspieler rücken dazu nach innen, die zentralen Spieler gehen direkt zum Zweikampf über. So lässt sich eine hohe Kompaktheit um den Ball herstellen.

Warum eine hohe Kompaktheit auch im Gegenpressing erwünscht ist, ergibt sich wiederum aus den Gesetzmäßigkeiten eines guten Defensivspiels. Viele Faktoren eines erfolgreichen Pressings lassen sich auch auf ein erfolgreiches Gegenpressing anwenden. Das Ziel lautet in beiden Fällen, den Ball zu erobern. Um dieses Ziel zu erreichen, muss der Druck auf den ballführenden Gegner hochgehalten werden. Er muss seiner Handlungsoptionen beraubt werden. Es hilft, eine Überzahl in Ballnähe zu schaffen. Dadurch können die Verteidiger alle Handlungsoptionen des Gegners abdecken. Der Gegner wird unter Zeit- und Handlungsdruck versetzt. Hinter dem Gegenpressing müssen die Mitspieler absichern. All diese Faktoren ergeben sich, wenn eine Mannschaft nach einem Ballverlust sich sofort kompakt um den Gegner zusammenzieht. Sie kann Handlungsdruck entfachen, eine Überzahl herstellen und zugleich die direkte Rückeroberung des Balls anstreben.

Rückwärtspressing

Die Ausgangslage für ein Gegenpressing war in dieser Szene eigentlich nicht gut: Zahlreiche Akteure befanden sich vor dem Ball, kein Spieler konnte von vorne Druck ausüben auf den Gegner. Liverpool umging dieses Problem, indem es sich aggressiv zurückzog. Der Gegner wurde von hinten gejagt und unter Druck gesetzt. Diese Form des Pressings nennt man Rückwärtspressing: Der Gegner wird von hinten angegangen.

Nach einem Ballverlust müssen die Spieler häufig nach hinten rücken, um in ihre Verteidigungsposition zurückzukehren. Setzen sie dabei den Gegner unter Druck, spricht man von einem **Rückwärtspressing**.

Im besten Fall kann man wie Liverpool in dieser Szene den Ball erobern. Im schlimmsten Fall zwingt man den Gegner dazu, das Tempo hochzuhalten. Spieler ohne Ball sind meist schneller als Spieler, die dribbeln. Der Gegner wird von hinten gejagt. Die Hektik soll ihn zu einem Fehler verleiten. Das bietet sich vor allem an, wenn der Konter des Gegners im ersten Moment nicht zu verhindern ist.

Arten des Gegenpressings

Müsste man den Idealfall eines Gegenpressings skizzieren, sähe er ungefähr so aus: Eine Mannschaft staffelt sich dank ihres guten Positionsspiels so, dass sie im Umschaltmoment eine Überzahl um den Ball hat. Die Spieler reagieren sofort auf den Ballverlust und ziehen sich zusammen. Dabei setzen einer oder mehrere Spieler den ballführenden Gegner unter Druck.

Die restlichen Spieler blockieren die Handlungsoptionen um den Ball oder sichern die eigene Tiefe ab.

Nun gibt es mehrere Möglichkeiten, wie sich die gegenpressende Mannschaft in dieser Situation positionieren kann. Die Optionen sind davon abhängig, auf welche Art die Mannschaft die Handlungsoptionen des Gegners blockieren will. Die folgenden Beispiele sind allesamt idealisiert; selten lässt sich in der Praxis derart genau zwischen unterschiedlichen Arten des Gegenpressings unterscheiden. Trainer können jedoch über ihre Anweisungen und über das Training ihre Spieler beeinflussen, auf welche Art sie ins Gegenpressing gehen.

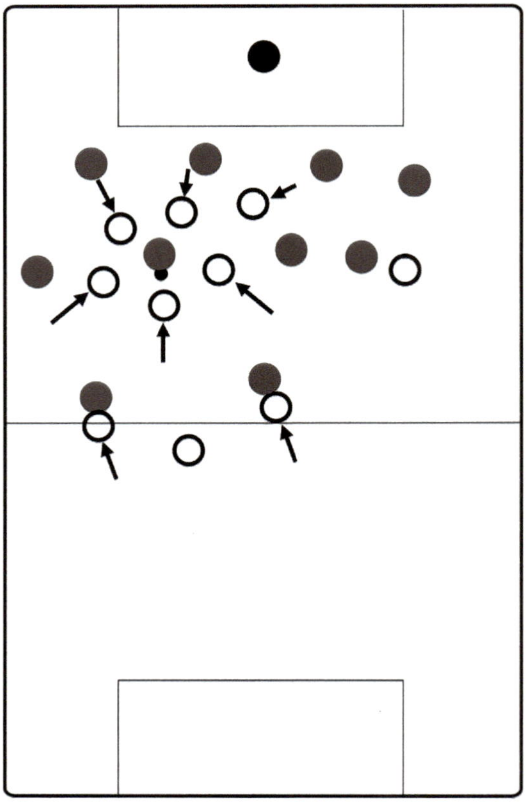

106. Zugriffsorientiertes Gegenpressing

- Die Mannschaft kann alles auf eine Karte setzen. In diesem Fall wählt sie ein **zugriffsorientiertes Gegenpressing**: Sie zieht sich kompakt zusammen um den Spieler am Ball – siehe Abbildung 106. Der direkte Zugriff auf den Ball steht im Vordergrund. Der ballführende Gegenspieler soll in einem Netz gefangen werden. Nur wenn das zugriffsorientierte Gegenpressing gut vorbereitet ist und kollektiv ausgeführt wird, öffnen sich keine Lücken für den Gegner. Das ist die große Schwierigkeit: Gelingt der Zugriff nicht direkt, können Lücken entstehen.
- Eine etwas passivere Variante ist das **passwegorientierte Gegenpressing**. Ziel ist es nicht, maximalen Druck auszuüben auf den Gegenspieler. Vielmehr sollen seine Anspielstationen zugestellt werden – siehe Abbildung 107. Entweder arbeiten die Spieler dazu mit ihrem Deckungsschatten. Oder aber sie lassen einen Korridor offen, sprinten dann aber in den Pass. Diese Art des Gegenpressings erzeugt zwar keinen so hohen Druck, hat aber einen entscheidenden Vorteil: Ein abgefangener Pass lässt sich in der Regel sofort weiterverarbeiten, im Idealfall sogar in Richtung des gegnerischen Tors. Nach einem

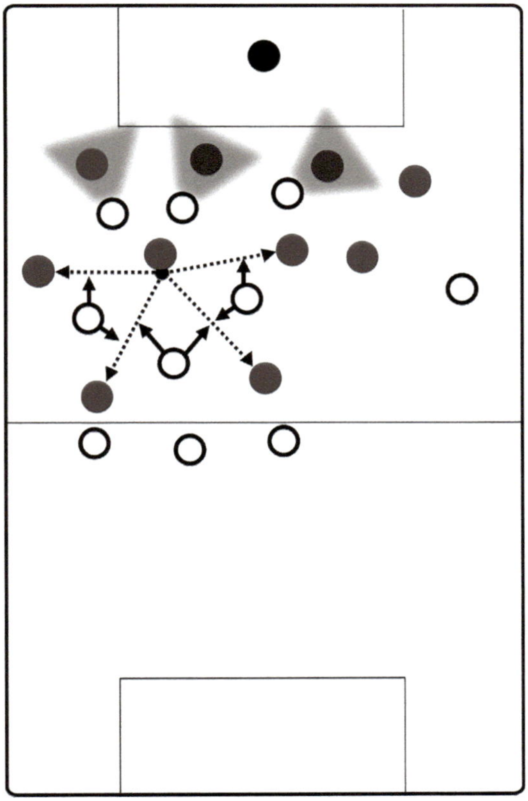

107. *Passwegorientiertes Gegenpressing*

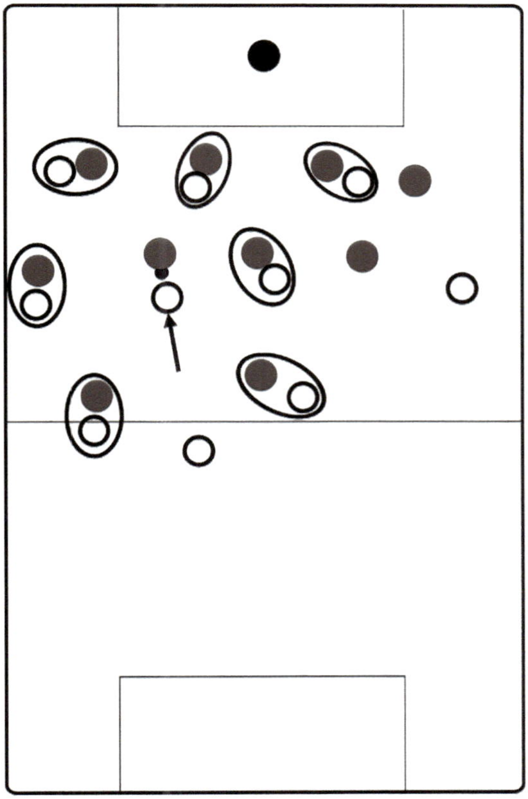

108. *Mannorientiertes Gegenpressing*

Zweikampf befindet sich der Gegner noch in direkter Nähe, selten wird ein «sauberer» Ballgewinn erzeugt.

- Mannorientierungen sind stets eine gute Option, sämtliche Handlungsoptionen des Gegners zu blockieren. Ein **mannorientiertes Gegenpressing** sorgt dafür, dass jedem ballnahen Gegenspieler ein Verteidiger zugewiesen wird – siehe Abbildung 108. Nach dem Ballverlust orientieren sich die Spieler sofort am nächsten Gegenspieler. Das kann für hohen Druck sorgen. Gewinnt der Gegner jedoch das Eins-gegen-eins-Duell, könnte das mannorientierte Pressing fehlschlagen: Ein anderer Verteidiger müsste sich von seinem Gegenspieler lösen. Dieser steht wiederum frei und könnte einen Pass erhalten. So hat auch das mannorientierte Gegenpressing seine Risiken.

Zweikampf? Oder Pass abfangen?

Trainer Julian Nagelsmann ist ein Mann der Prinzipien. 31 Prinzipien hat er aufgestellt. Diesen sollen seine Spieler folgen. Seine defensiven Prinzipien sollen der Mannschaft vor allem eins ermöglichen: Die Verteidiger sollen Pässe abfangen. An Ballereberungen durch einen Zweikampf ist Nagelsmann nicht interessiert.

Woran liegt das? Zwingt man den Gegner in einen direkten Zweikampf, erhält man selten einen «sauberen» Ballgewinn. Der Gegner kann sofort wieder nachsetzen, häufig kann der Ball nicht sofort kontrolliert werden. Ein abgefangener Flachpass wiederum kann in der Regel sofort weiterverwertet werden. Im Idealfall erobert der Verteidiger den Ball mit dem Gesicht zum Tor und kann direkt zum Sprint ansetzen.

Im Gegenpressing arbeiten viele Trainer nach dem Prinzip, dass gegnerische Fehlpässe provoziert werden sollen. Einige Trainer gehen sogar so weit, ihre Spieler anzuweisen, im Gegenpressing durchzulaufen. Das bedeutet, dass sie nicht abbremsen für den Zweikampf. Sie laufen im Zweifelsfall am Gegenspieler vorbei – siehe Abbildung 109. Sie sollen den Gegner nicht stellen und in einen Zweikampf verwickeln, sondern Hektik verbreiten: Wenn ein Gegenspieler in hohem Tempo auf den ballführenden Spieler zugelaufen kommt, ist dieser geneigt,

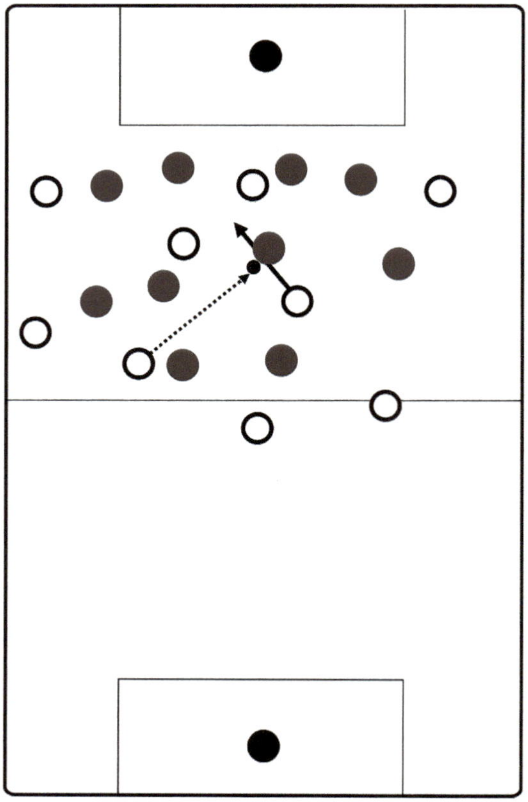

109. *Durchlaufen im Gegenpressing*

den Ball direkt weiterzuspielen. Er soll seine Optionen gar nicht erst ausloten können.

Nur wenige Teams nutzen dieses Prinzip im regulären Pressing; hier ist es entscheidend, überhaupt Zugriff zu erzeugen. Im Gegenpressing sieht man es jedoch häufig, dass der erste Spieler durchläuft und nicht den ballführenden Spieler stellt. Er will schlicht einen Pass provozieren. Seine Mitspieler sollen diesen Pass abfangen – und darauf einen schnellen Gegenkonter einleiten.

Das taktische Foul

Guardiola genießt in der Welt des Fußballs den Ruf eines fairen Sportsmanns. Seine Teams kassieren in der Regel weniger Gelbe und Rote Karten als die Konkurrenz. Kein Wunder: Guardiolas Mannschaften haben stets einen hohen Ballbesitzanteil. Wer viel Ballbesitz hat, kann wiederum seltener foulen; Fouls geschehen schließlich zumeist, wenn der Gegner den Ball hat. Stellt man die Fouls jedoch in Relation zum Ballbesitzanteil, ergibt sich ein anderes Bild. Rein auf die Zeit bezogen, in der der Gegner den Ball hält, foulen Guardiolas Teams häufiger als die meisten anderen.

Das ist kein Zufall. Ein Gegenpressing, wie Guardiola es vorschwebt, ist eine aggressive wie riskante Sache. Der Gegner soll unter Druck gesetzt werden, nach Ballverlusten wird sofort der Zweikampf gesucht. Das steigert die Wahrscheinlichkeit eines Fouls.

Ein Foul im Gegenpressing kann jedoch auch eine taktische Komponente haben. Befreit sich der Gegner etwa aus dem Gegenpressing, hat er häufig die Chance, einen schnellen Angriff zu starten. Die Mannschaft, die sich soeben für das Gegenpressing zusammengezogen hat, ist verwundbar. Einige Spieler sind vielleicht entgegen ihrer Defensivposition gesprintet, um das Gegenpressing zu unterstützen. Möglicherweise hat sich die Mannschaft auch derart kompakt um den Ball zusammengezogen, dass sie eine Lücke auf dem gegenüberliegenden Flügel geöffnet hat. So oder so: Ein Foul löst dieses Problem. Der Konter des Gegners wird unterbrochen.

Taktische Fouls haben einen Nachteil: Den Regeln zufolge sollen sie mit Gelb bestraft werden. Das ist das Perfide an Fouls in Gegenpressing-Situationen: Nur selten ist auf den ersten Blick ersichtlich, wie folgenreich so ein Foul sein kann. Wird ein Spieler etwa von drei Gegenspielern umzingelt, käme kein Schiedsrichter auf die Idee, eine Kontersituation auszumachen. Das ist aber Teil der Strategie: Die Mannschaft traut sich in eine riskante Gegenpressing-Situation mit der Maßgabe, sich im Notfall mit einem Foul behelfen zu können.

Nicht immer stehen derart niedere Absichten hinter einem Foul im Gegenpressing. Häufig ergibt sich dieses schlicht aus der Situation: Gegenpressing macht besonders in Momenten Sinn, in denen kein Spieler wirkliche Kontrolle hat. Zu viel Körpereinsatz oder ein falsch eingesetzter Fuß sorgen hier für ein Foul.

Egal, wie man es dreht und wendet: Fouls sind eine Möglichkeit, eine Gegenpressing-Situation zu beenden und den Konter des Gegners zu unterdrücken.

Zusammenfassung Phase nach Ballverlust

In diesem Kapitel habe ich erklärt, welche Prinzipien Teams nach dem Verlust eines Balls einhalten sollten. Nach einem Ballverlust besteht die Gefahr, einen Konter zuzulassen. Der Ballverlust kann jedoch auch genutzt werden, um zur direkten Rückeroberung des Balls anzusetzen.

- Im Moment des Ballverlustes gelten dieselben Leitlinien wie für den gegnerischen Ballbesitz: Die Mannschaft muss **die Tiefe sichern, das Zentrum verriegeln und den Gegner im Zweifel nach außen lenken**.
- Die Spieler müssen im Moment des Ballverlustes entscheiden, ob sie direkt nachsetzen – oder ob sie sofort aus ihrer offensiven in ihre defensive Position zurückkehren. Entscheidend dafür ist die Frage: Können die Spieler **Druck auf den Gegner** ausüben?
- Die Staffelung vor dem Ballverlust ist entscheidend für die Frage, ob ein kollektives Nachsetzen sinnvoll ist. **Gegenpressing und Positionsspiel sind deshalb untrennbar miteinander verbunden**.
- Für ein gutes Gegenpressing gelten dieselben Faktoren wie für ein gutes Pressing: Die Mannschaft muss **Druck auf den ballführenden Spieler ausüben**. Sie muss **die Handlungsoptionen des Gegners beschränken**. Dazu hilft es, **eine Überzahl in Ballnähe zu schaffen**. Gleichzeitig muss jederzeit **die Tiefe abgesichert sein**.
- Um diese Faktoren zu erreichen, hilft es, sich **nach einem Ballverlust sofort kompakt zusammenzuziehen**.
- Führt das Gegenpressing nicht zu einem Ballgewinn, sollten die Spieler **spätestens nach fünf Sekunden in die eigene Defensivformation zurückkehren.**
- Nach **spätestens zehn Sekunden** sollten die Spieler in ihre Defensivformation zurückgekehrt sein.

Standardsituationen

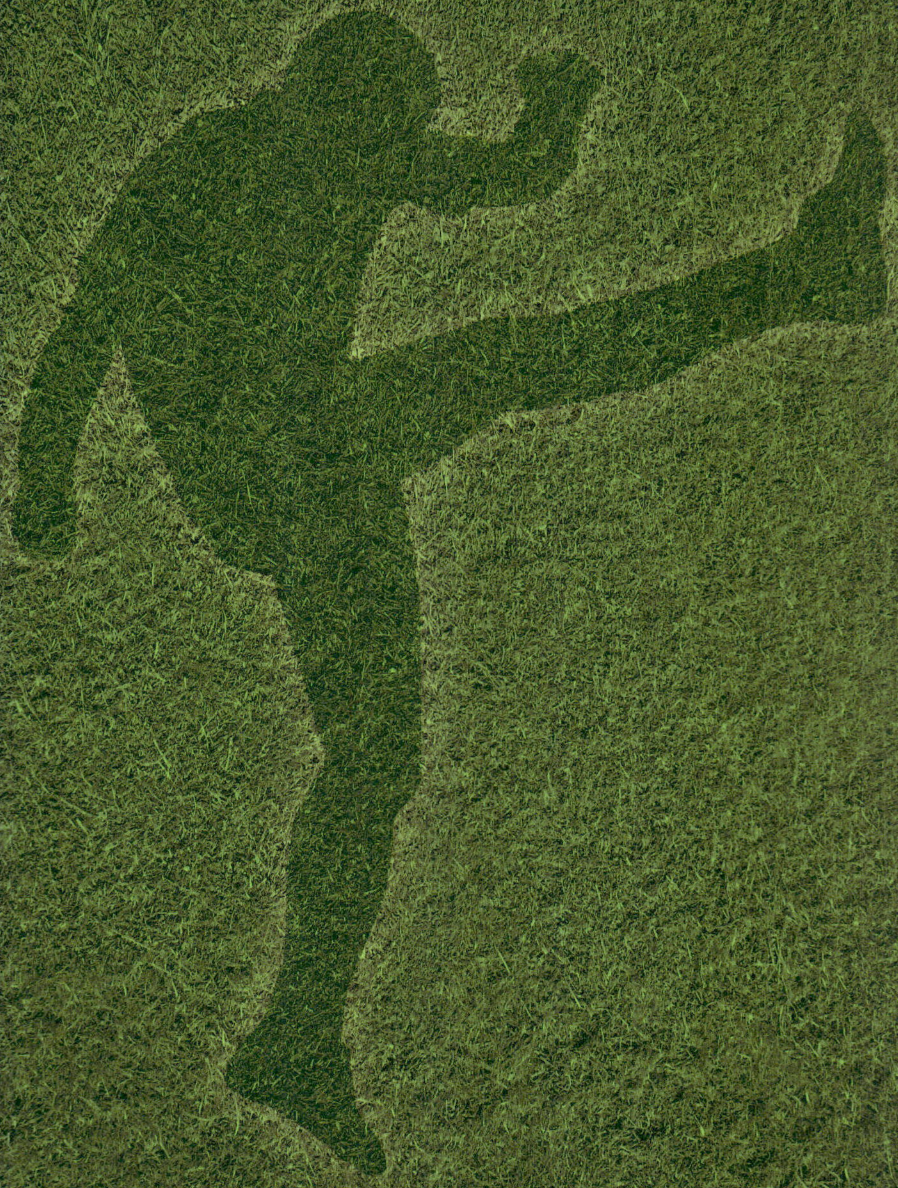

Die Fußballweltmeisterschaft 2018 war die Weltmeisterschaft der Standardsituationen. In den 64 Spielen fielen 61 Tore über Standardsituationen, nahezu jeder zweite Treffer fiel nach einem ruhenden Ball. Das ist kein Zufall: Immer mehr Nationaltrainer verwenden ihre Trainingszeit darauf, ruhende Bälle einzustudieren. Es ist der einfachste Weg, um gegen einen kompakt verteidigenden Gegner zu einer Torchance zu gelangen, gerade wenn das eigene Team seine Stärken nicht im Ballbesitzspiel hat.

Vor allem die Engländer setzten auf dieses taktische Mittel. Trainer Gareth Southgate ließ sich vom Basketball und American Football inspirieren. In der Tat sind ruhende Bälle jene Facette des Fußballspiels, die am ehesten vergleichbar ist mit anderen Sportarten: Es sind Situationen, bei denen die Ausgangssituation stets die gleiche ist wie etwa beim Baseball oder American Football. Über einstudierte Varianten kann die offensive Mannschaft zu Torchancen gelangen. Die defensive Mannschaft wiederum überlegt sich genau, wie sie die Standardsituationen zu verteidigen hat.

Nicht nur bei Weltmeisterschaften werden Standardsituationen immer wichtiger. In allen Wettbewerben stieg in den vergangenen zehn Jahren der Anteil an Standardtoren, sei es in der Champions League, der Bundesliga oder bei Länderspielen der Frauen-Nationalteams. Schließlich sind Standards Situationen, die sich ständig wiederholen und daher leicht einzuüben sind. Es gibt mittlerweile sogar Trainer, die sich rein auf Standardsituationen spezialisiert haben. So hat etwa der FC Liverpool in Thomas Grønnemark einen Trainer eingestellt, der einzig für Einwürfe zuständig ist. Richtig gelesen: Grønnemark bestreitet seinen gesamten Lebensunterhalt mit Einwürfen.

In diesem Kapitel dreht sich alles darum, wie Standardsituationen aus taktischer Sicht genutzt werden können. Darunter fallen Eckbälle, Freistöße, Einwürfe, Abstöße sowie Anstöße. Bei allen Formen der Standards betrachte ich zuerst die defensive, dann die offensive Seite.

Kontext entscheidet

Standardsituationen ragen aus dem Vier-Phasen-Prinzip insofern heraus, als sie kein natürlicher Bestandteil des Modells sind. Einem Team kann potenziell in jeder Phase ein Freistoß oder Eckstoß zugesprochen werden. Für den Freistoß oder Eckstoß wiederum ist es größtenteils irrelevant, in welcher Phase sich das Team zuvor befand. Standards reihen sich in die jeweilige Phase ein, in der sie zugesprochen werden.

Ein Beispiel: Ein Team erobert den Ball. Der Gegner möchte den Konter über ein Foul im Gegenpressing unterbinden. Das muss noch nicht bedeuten, dass die Umschaltsituation vergangen ist: Der gefoulte Spieler könnte sich sofort aufrappeln und einen Pass in die Tiefe spielen. Genauso könnte er aber auch das Tempo herausnehmen und sich Zeit lassen mit der Ausführung des Freistoßes. Das Spannungsfeld ergibt sich also nicht aus der Standardsituation an sich, sondern aus der Phase, in der sie stattfindet.

Ein ähnliches Beispiel wäre eine Ecke im Anschluss an eine Ballbesitzphase. Das offensive Team könnte die Ecke vor das Tor schlagen in der Hoffnung, ein Tor zu erzielen. Es könnte die Ecke aber auch kurz spielen und in der Folge den Ball zurück zum eigenen Innenverteidiger passen. Damit würde die Mannschaft im Ballbesitz bleiben und einen gegnerischen Konter verhindern.

Welches Ziel ein Standard hat, erschließt sich entsprechend immer aus dem Kontext. Kaum ein Team wird die Chance verstreichen lassen, eine Ecke vor das Tor zu schlagen, wenn es in der 90. Minute mit 0:1 hinten liegt. In diesem Fall würde es mit so vielen Spielern wie möglich den Strafraum besetzen. Sogar der Torhüter könnte mit nach vorne rücken. Ganz anders gestaltet sich die Ecke, wenn dasselbe Team mit 1:0 führt. Wesentlich weniger Spieler würden den Strafraum besetzen, die defensive Absicherung stünde im Vordergrund.

Alle taktischen Ideen, die ich im Folgenden vorstelle, stehen daher unter einem Vorbehalt: Es kommt ganz auf die Situation an, welche Variante bei einem Standard angewandt werden sollte. Es ist müßig, ein Team dafür zu kritisieren, den gegnerischen Strafraum bei Ecken nur mit wenigen Spielern zu besetzen, wenn es 2:0 führt.

Ecken defensiv

Die Verteidigung von Ecken hat sich in den vergangenen Jahren zu einer Gretchenfrage des Fußballs entwickelt. Sollte man eine Ecke in einer Manndeckung oder in einer Zonendeckung verteidigen? Sollten die Pfosten besetzt werden? Oder lieber nicht? Über wenig streiten Trainer, Experten und mittlerweile sogar Fans lieber als über die Verteidigung bei Eckstößen. An dieser Stelle möchte ich die grundlegenden Konzepte vorstellen sowie ihre Stärken und Schwächen beleuchten.

Manndeckung

Der natürlichste Weg, eine Ecke zu verteidigen, ist die Manndeckung. Die Ausführung ist simpel: Jeder Verteidiger deckt einen Angreifer. Die Aufgabe des Verteidigers lautet, Körperkontakt zum Gegenspieler aufzunehmen und diesen innerhalb des Strafraums zu verfolgen.

Im Kapitel zum gegnerischen Ballbesitz habe ich den Begriff Manndeckung noch abgelehnt. Hier trifft er aber voll zu: Der gegnerische Angreifer ist in diesem Fall der einzig wirkliche Referenzpunkt für den Verteidiger. Wenn jeder gegnerische Angreifer gedeckt wird, gilt es für die Verteidiger nur noch, das jeweilige Duell zu gewinnen oder zumindest den Abschluss des Gegenspielers so zu stören, dass dieser nicht im Tor landet. Die verteidigende Mannschaft kann damit auf alle Eventualitäten des Gegners reagieren. Egal, ob der Eckball lang auf den zweiten Pfosten fliegt oder flach an den ersten Pfosten kommt, an den Aufgaben und Zuordnungen ändert sich nichts. Jeder Spieler hat einen klaren Referenzpunkt, an dem er sich orientieren kann – siehe Abbildung 110.

Die Bezeichnung **kurzer** und **langer Pfosten** bezieht sich auf die Richtung, aus der der Eckball kommt. Der kurze Pfosten ist derjenige, der näher liegt zu der Seite, auf der der Eckball ausgeführt wurde. Er wird auch als erster Pfosten bezeichnet. Der lange bzw. zweite Pfosten liegt abgewandt von dem Punkt, an dem der Eckball ausgeführt wird.

Der wohl deutlichste Nachteil dieser Variante lautet, dass die Verteidigung sich vollends auf die individuellen Stärken ihrer Spieler verlässt. In dieser puren Form der Manndeckung ist jeder Verteidiger auf sich allein gestellt. Wenn ein Verteidiger seinen Gegenspieler nicht eng genug deckt, kann dies direkt zu einer Torchance führen.

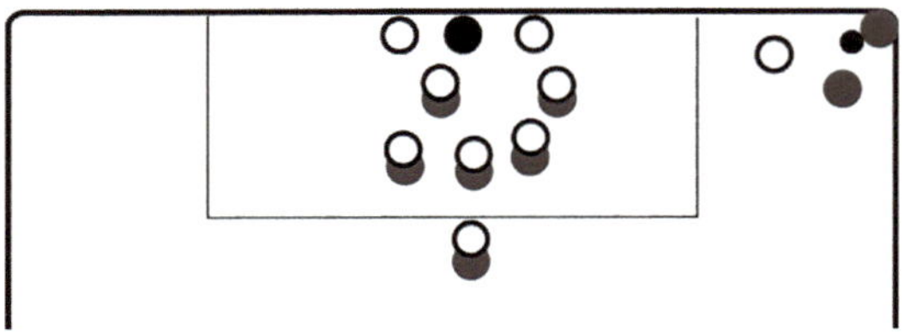

110. Manndeckung bei Ecken mit zusätzlicher Sicherung der Pfosten

Eine Absicherung ist in der reinen Manndeckung nicht vorgesehen. Die Verantwortung wird also auf die Schulter der Einzelspieler gelegt. So bereitet diese Variante Probleme, wenn die Angreifer bei Kopfbällen individuell stärker sind als die zugeordneten Verteidiger.

Mischung aus Mann- und Zonendeckung

Um die Risiken der reinen Manndeckung abzufedern, kann das verteidigende Team bestimmte Räume im Strafraum zusätzlich sichern. Sollte ein Verteidiger also seinen Gegenspieler nicht eng genug decken, steht ein absichernder Mitspieler bereit, der den Ball eventuell noch klären kann.

Die klassische Form dieser Absicherung ist das Besetzen der Pfosten. Am kurzen und/oder am langen Pfosten postiert die Verteidigung einen Spieler. Sollte der Gegenspieler zum Abschluss gelangen, können diese Akteure den Ball auf der Linie klären. Sie haben damit quasi die Funktion eines zweiten bzw. dritten Torhüters – siehe Abbildung 110.

Diese Form der Absicherung wählen im Profibetrieb immer weniger Teams. Wer einen oder zwei Spieler am Pfosten abstellt, wird in anderen Räumen eine Unterzahl in Kauf nehmen müssen. Bei vielen Teams hat sich die Philosophie durchgesetzt, lieber den Abschluss des Gegners zu verhindern, anstatt den Torschuss auf der Linie zu blocken.

Die Manndeckung wird daher heutzutage zumeist mit einer anderen Form der Absicherung verbunden. Dazu müssen wir zu den drei Zonen zurückkehren, die ich bei der Verteidigung von Flanken skizziert habe: Hereingaben sind sowohl auf den kurzen Pfosten, mittig vor das Tor oder auf den langen Pfosten möglich. In diesen drei Zonen kann die Verteidigung einen zusätzlichen Zonendecker abstellen. Die Aufgabe des Zonendeckers lautet, Bälle zu klären, die in diese Zone gelangen. Somit hat das verteidigende Team in den wichtigsten Zonen eine zusätzliche Absicherung, sollte ein Gegenspieler seinem Manndecker entwischen.

Die meisten Teams entscheiden sich dazu, vor allem die Bereiche um den nahen Pfosten zusätzlich abzusichern. Statistisch gesehen ist dies die Zone, in der die meisten Tore nach Eckbällen fallen. Das lässt sich logisch erklären: Bälle, die an den ersten Pfosten fliegen, befinden sich kürzer in der Luft als

Bälle auf den zweiten Pfosten. Die Abwehr hat weniger Zeit zum Reagieren. Auch der Torhüter kann nicht direkt eingreifen: Während er Flanken direkt vor das Tor oder auf den zweiten Pfosten abfangen oder wegfausten kann, erreicht er Bälle an den ersten Pfosten nicht vor dem gegnerischen Angreifer. Aus diesem Grund sichert nicht nur ein Zonendecker den nahen Pfosten, sondern noch ein zusätzlicher Spieler. Dieser postiert sich meist am äußersten Punkt des Fünf-Meter-Raums. Er soll kurz geschlagene Ecken klären. Diese sollen nicht an den ersten Pfosten weitergeleitet oder verwertet werden können.

Nicht wenige Teams sichern also den direkten Bereich vor dem Tor mit einer Viererkette ab: drei Zonenverteidiger in den drei Strafraumzonen plus zusätzlich ein Verteidiger am vorderen Fünf-Meter-Raum-Eck. Die restlichen Spieler decken wiederum die Gegenspieler. Es ist also eine Mischform aus Mann- und Zonendeckung: Einzelne Spieler orientieren sich am Gegner, andere am Raum bzw. ihrer Zone – siehe Abbildung 111.

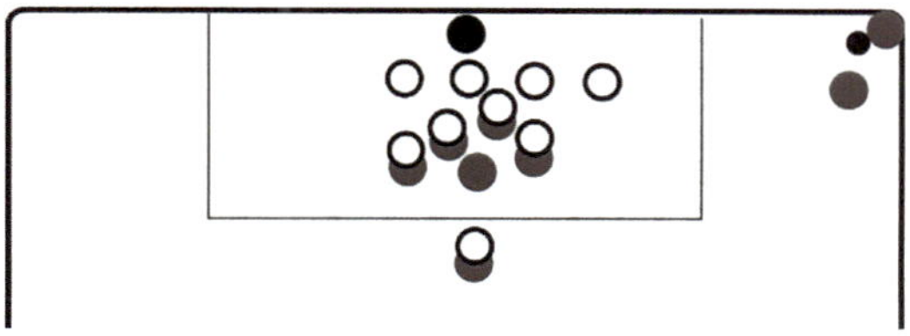

111. Mischform aus Mann- und Zonendeckung

Die Mischung aus Mann- und Zonendeckung hat zahlreiche Vorteile. Sie verbindet die Stärken beider Varianten: Besonders kopfballstarke Spieler des Gegners erhalten eine enge Bewachung, im Idealfall können sie nicht direkt abschließen. Zugleich muss ein abgehängter Manndecker nicht bedeuten, dass ein Gegner direkt zum Abschluss kommt: Die wichtigsten Bereiche sind zusätzlich gesichert.

Auch diese Variante hat jedoch Schwachstellen. Dadurch dass sie einen Kompromiss darstellt, gehen die Stärken der reinen Mann- bzw. Zonendeckung teilweise verloren. Es lassen sich weder alle Zonen des Strafraums noch sämtliche Gegenspieler effektiv decken.

In der Praxis gestaltet sich diese Variante ebenfalls schwierig: Dadurch dass die Spieler unterschiedliche Aufträge verfolgen, können sie leicht miteinander kollidieren, im wahrsten Sinne des Wortes: Der Gegner kann die Manndecker exakt in die Räume ziehen, die bereits von einem Zonendecker besetzt werden. Der gedeckte Spieler gelangt zwar in eine Zwei-gegen-eins-Unterzahl. Aber wie immer gilt: Entsteht in einem Bereich des Feldes eine Unterzahl, entsteht in einem anderen Bereich eine Überzahl. Somit erfordert diese Variante auch ein hohes Maß an Abstimmung zwischen den einzelnen Verteidigern.

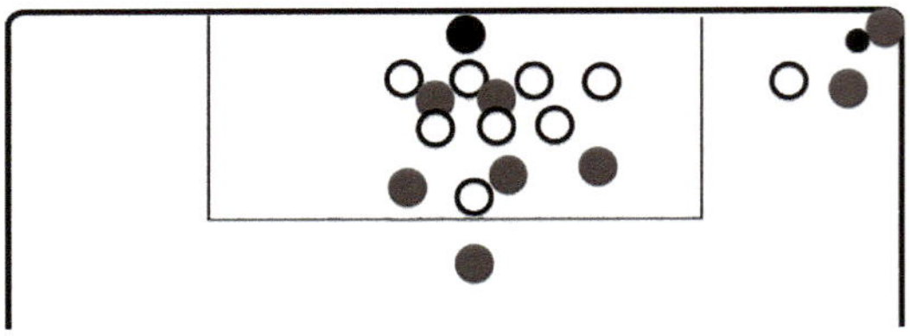

112. *4-3-Zonendeckung*

Reine Zonendeckung

Das verteidigende Team kann noch einen Schritt weitergehen: Warum nur einzelne Zonen des Strafraums besetzen und nicht gleich die gesamte Defensivtaktik auf eine Zonendeckung ausrichten? Das ist der Hintergedanke der Zonendeckung, häufig auch Raumdeckung genannt. Der Strafraum wird in einzelne Zonen geteilt, jede Zone wird von einem Spieler gesichert.

In dieser Variante sichern zusätzlich zu den drei Verteidigern an der Fünf-Meter-Linie drei weitere Verteidiger den Rückraum ab. Es entsteht eine 4-3-Staffelung – siehe Abbildung 112. Sie erinnert an die 3+3-Variante, die bei der Flankenverteidigung bereits vorgestellt wurde. Alle sechs Zonen vor dem Tor werden abgesichert. Die Spieler sollten dabei versetzt stehen, um die Schnittstellen zu schließen. Hier kommt das Prinzip zum Einsatz, das im Kapitel zum gegnerischen Ballbesitz vorgestellt wurde. Weitere Spieler können die Pfosten abdecken. Zusätzlich wartet häufig noch ein weiterer Spieler am Strafraumrand. Er soll verhindern, dass ein Gegenspieler hier zum Abschluss gelangt.

Der Vorteil der Zonendeckung: Die verteidigende Mannschaft hat alle relevanten Räume im Strafraum besetzt. Sie kann auf jede Variante des Gegners reagieren. Die Zonendeckung bietet zudem die Chance, die kopfballstarken Spieler exakt in jenen Zonen abzustellen, die besonders gefährdet sind. Es besteht nicht die Gefahr, dass ausgerechnet die kopfballstarken Verteidiger durch eine Manndeckung des Gegners in einen «toten» Raum gezogen werden. Zugleich ist die Raumdeckung äußerst anpassungsfähig. Gegen Gegner, die häufiger an den kurzen Pfosten flanken, könnte man die Zonen nach vorne schieben. Ein weiterer Spieler am Fünf-Meter-Raum ist genauso denkbar, wie den Strafraumrand mit zwei Akteuren zu verteidigen.

Diese Variante verlangt eine hohe Konzentration und Positionstreue von den Spielern. Die Verteidigung steht nur stabil, wenn sämtliche Spieler konsequent ihre Zonen verteidigen. Gegenseitiges Vertrauen ist genauso entscheidend wie gute Kommunikation. Rückt ein Spieler beispielsweise einen Meter nach vorne, um eine Hereingabe zu klären, müssen die Akteure hinter ihm reagieren und die Lücke schließen. Zonendeckungen sind besonders verwundbar, wenn der Ball direkt zwischen zwei Verteidiger geschlagen wird. Reagiert die Mannschaft zu halbherzig, gelangt der Gegenspieler frei zum Abschluss.

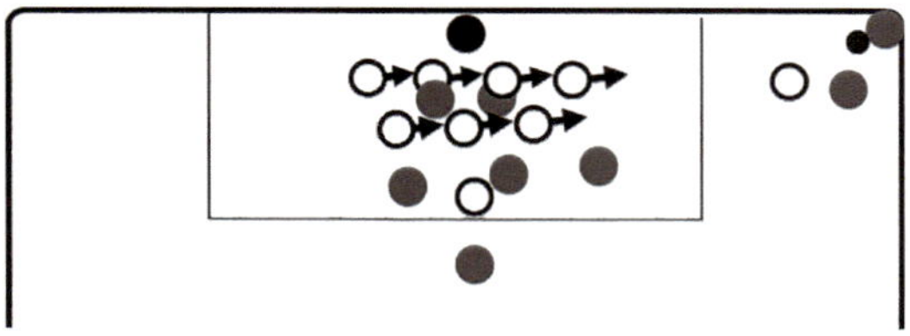

113. Zonenverteidigung läuft ein

Der größte Nachteil der Zonendeckung ist indes ein anderer. Dadurch dass Zonen und keine Gegner gedeckt werden, hat dieser einen dynamischen Vorteil. Die gegnerischen Angreifer können gezielt Tempo aufnehmen, Lücken anlaufen und in diesen mit Wucht zum Kopfball gelangen. Im schlimmsten Fall steht der Zonenverteidiger dann nur in dieser Zone, hat aber kein Tempo in seiner Bewegung. Das birgt im Zweikampf klare Nachteile: Er kann sich nicht so bewusst auf den Zweikampf vorbereiten und vielleicht auch nicht so hoch springen wie der Gegenspieler, der im Sprint auf ihn zuläuft.

Viele Teams umgehen dieses Defizit, indem sie die Zonenverteidigung aus der Bewegung durchführen. Die Spieler postieren sich vor der Ecke wenige Meter weiter hinten, als ihre Zonenstruktur eigentlich besagt – siehe Abbildung 113. Sobald die Ecke getreten wird, laufen sie nach vorne in Richtung des Balls. Somit können sie Dynamik aufnehmen und mit Tempo ins Kopfballduell gelangen. Auch dies erfordert eine sehr gute Absprache zwischen den Spielern. Rückt ein Spieler zu weit oder zu wenig weit nach vorne, reißt dies eine Lücke in die Zonendeckung.

Auch hier sieht man, dass sich die Probleme dieser Deckungsvariante beheben lassen, kombiniert man sie mit der Manndeckung. So kann ein Team bewusst die zwei oder drei kopfballstärksten Spieler in Manndeckung nehmen. Damit kann verhindert werden, dass gerade diese Spieler mit Dynamik die Lücken anlaufen. Das wiederum sorgt aber für Lücken in der Zonendeckung.

Ecken offensiv

Gerade noch hat sich an der Eckfahne ein rigoroser Zweikampf um den Ball abgespielt. Der Linienrichter hebt die Fahne. Eckball. Die Verteidigung stellt sich in ihrer Defensivvariante auf, der Schütze trottet zur Eckfahne. Gedankenversunken starrt er auf den Ball. Kurz vor Ausführung der Ecke hebt er beide Arme. Seine Mitspieler wissen genau, was zu tun ist. Wie automatisiert startet jeder Spieler in den Strafraum.

Solche Szenen sieht man im Profifußball dieser Tage immer öfter. Einstudierte Eckenvarianten gehören zum Repertoire eines jeden Profiteams. Wenn der Eckenschütze seinen linken Arm oder auch nur einen kleinen Finger hebt, folgt eine ganz bestimmte Eckenvariante.

Fußball ist ein komplexer Sport. Selbst bei einer vermeintlich simplen Situation wie dem Eckball gibt es zig verschiedene Wege, die zum Ziel führen. Es ist unmöglich, alle möglichen Eckenvarianten in diesem Buch abzudecken. Anders als bei den defensiven Varianten werde ich an dieser Stelle daher nicht versuchen, systematisch die möglichen Varianten für offensive Ecken zu beleuchten.

Vielmehr geht es mir darum, taktische Mittel aufzuzeigen, die bei unterschiedlichen Eckenvarianten wiederkehren. So gibt es bestimmte taktische Varianten, die besonders gegen Manndeckungen Erfolg versprechen. Andere funktionieren hingegen besonders gegen Zonendeckungen. Viele Teams kombinieren die hier vorgestellten taktischen Mittel. So lassen sich die Erfolgschancen maximieren.

Anlauf nehmen und Laufwege kombinieren

Kaum ein Angreifer stellt sich bei einer Ecke einfach vor das gegnerische Tor und wartet auf den Ball. Er wäre leicht zu verteidigen: Weder kann er Dynamik aufnehmen noch eine freie Zone finden oder seinen Manndecker abhängen. Er stünde einfach herum. Aus diesem Grund starten die Angreifer bei einer Ecke selten an oder im Fünf-Meter-Raum. Gerade dynamische, kopfballstarke Angreifer postieren sich weiter hinten. Sie wollen Tempo aufnehmen und aus der Tiefe in den Strafraum starten.

Die Kombination der Laufwege macht hier die Musik: Wenn sich die Angreifer absprechen und ihre Laufwege abstimmen, können sie Freiräume in der gegnerischen Verteidigung schaffen oder vorhandene Lücken attackieren.

Eine Mannschaft kann dabei entweder versuchen, gleichmäßig die

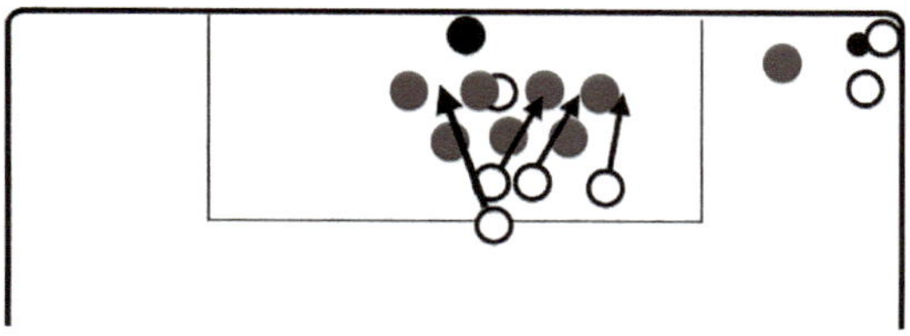

114. *Eckenvariante: Freilaufen an den ersten bzw. zweiten Pfosten*

Räume im Strafraum zu besetzen. So ist sie auf alle Eventualitäten vorbereitet. Gegen eine gutsortierte Defensive fehlt jedoch der Überraschungseffekt. Alternativ können sich Teams daher auch auf einen bestimmten Raum konzentrieren und versuchen, dort eine Überzahl zu kreieren. Nicht immer hat diese Überzahl das Ziel, direkt bedient zu werden. Häufig dient sie auch als Ablenkungsmanöver, um den Gegner in einen Raum zu locken.

Ein simples Beispiel: Drei Spieler einer Mannschaft starten in Richtung des kurzen Pfostens. Sie überladen diesen Raum. Egal ob der Gegner diese drei in einer Manndeckung verfolgt oder in einer Zonendeckung verteidigt: In jedem Fall ziehen diese Spieler die Aufmerksamkeit auf sich. Das könnte ein vierter Angreifer nutzen, um frei in den hinteren Bereich des Strafraums zu einem Torabschluss zu gelangen – siehe Abbildung 114.

Dies ist in der Tat einer der entscheidenden Faktoren einer jeden guten Ecke: Die Angreifer müssen wissen, in welche Räume sie und ihre Mitspieler zu laufen haben. Die meisten Teams attackieren hierbei vor allem den kurzen Pfosten. Hier sind die Chancen besonders hoch, zu einem Torabschluss zu gelangen: Die meisten gegnerischen Verteidiger sowie der gegnerische Torhüter können hier nicht eingreifen. Um diese Bälle auf den ersten Pfosten mit Dynamik zu verwerten, starten die Spieler meist mit hoher Geschwindigkeit aus dem Rückraum. Nur wenn die Laufwege der Spieler zueinander passen, können sie Lücken reißen in die gegnerische Defensive.

Einen Mitspieler freiblocken

Bei einem Eckball tummeln sich fast alle Feldspieler im nicht sonderlich großen Strafraum. Sie stehen sich auf den Füßen – im wahrsten Sinne des Wortes. Angreifende Mannschaften können dies nutzen, um sich Freiräume zu verschaffen. Die klassische Variante hierfür ist das sogenannte Freiblocken. Ein Angreifer blockt hierbei einen gegnerischen Verteidiger so, dass sein Mitspieler frei zum Abschluss kommt. Dies ist besonders gegen eine Manndeckung eine intelligente Variante.

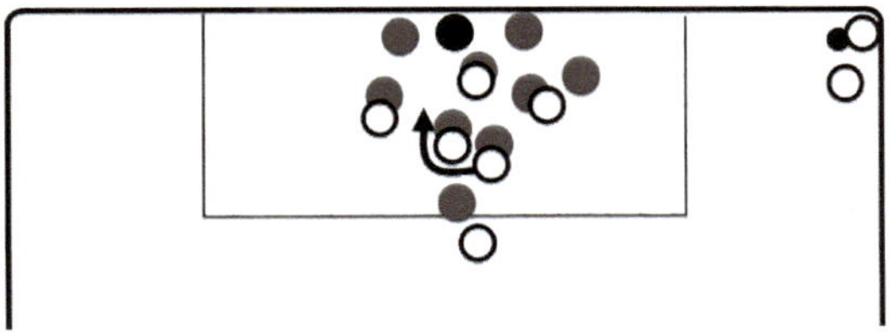

115. *Blocken eines Manndeckers*

Ein Beispiel: Der Gegner verteidigt in einer Manndeckung. Zwei Angreifer stehen nun versetzt zueinander. Sobald der Eckball in den Strafraum fliegt, bleibt ein Angreifer einfach stehen. Der andere läuft im kurzen Abstand an ihm vorbei. Sein Manndecker kann ihm nicht folgen, da der Laufweg durch den zweiten Spieler und dessen Manndecker blockiert wird – siehe Abbildung 115. Häufig blockt nicht nur ein Angreifer den Weg für einen Mitspieler. Mehrere Angreifer postieren sich so nahe beieinander, dass die gegnerischen Manndecker keinen Zugriff erlangen.

Gegen Manndeckungen hat sich in den vergangenen Jahren eine besondere Form des Freiblockens bewährt. Agiert der Gegner in einer Manndeckung, stellen sich die Angreifer häufig auf engstem Raum auf. Manchmal bilden sie eine Kette, die vertikal zum Tor verläuft; manchmal ballen sie sich auch schlicht auf einem Raum. Dadurch dass die Angreifer alle nahe beieinanderstehen, kann der Gegner nicht eng decken und Körperkontakt aufnehmen. Die Angreifer nutzen dieses Momentum, um vor das Tor zu starten und ihre Manndecker abzuschütteln.

England nutzte diese Variante bei der Weltmeisterschaft 2018 mit großem Erfolg. Beim 2:0-Viertelfinalerfolg gegen Schweden erzielten sie auf diese Art das wichtige 1:0. Nach einer Ecke ballten sich die Engländer am Elfmeterpunkt – siehe Abbildung 116. Die schwedischen Manndecker konnten keinen Zugriff erlangen auf die englischen Angreifer. Diese schwärmten in der Folge aus und besetzten den gesamten Strafraum – siehe Abbildung 117. Die Manndecker konnten nicht folgen. Harry Maguire köpfte den Ball freistehend ins Tor. Der englische Boulevard taufte diese Variante «Train of love»: Die Spieler bildeten quasi einen Zug.

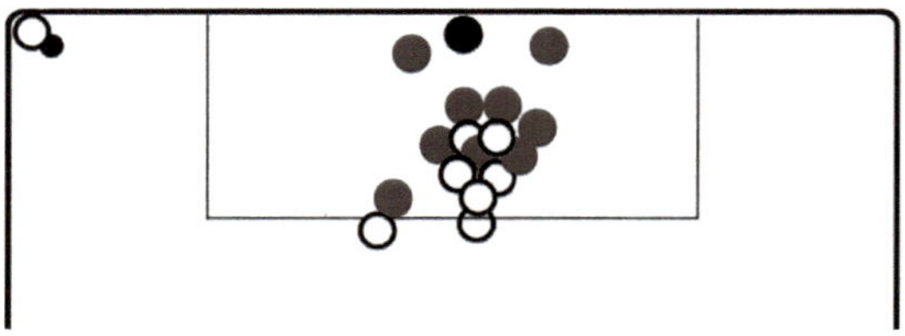

116. *Englands «Train of love» gegen Schweden, Teil eins*

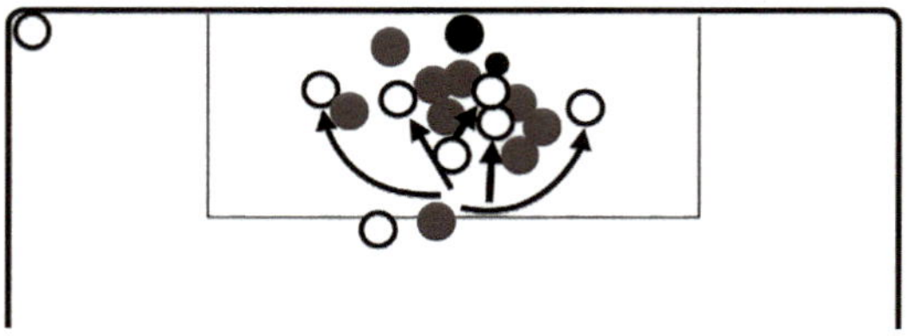

117. *Englands «Train of love» gegen Schweden, Teil zwei*

Zwei-gegen-eins provozieren

Gegen Mischvarianten aus Mann- und Zonendeckung ist es für die angreifende Mannschaft möglich, eine Überzahl zu kreieren. Spieler, die einen Manndecker zugewiesen bekommen, sollen in diesem Fall eine Zwei-gegen-eins-Situation provozieren. Dazu ziehen sie ihren Manndecker in einen Bereich, der bereits von einem Zonendecker gesichert wird.

Entsteht irgendwo auf dem Feld eine Überzahl, entsteht woanders eine Unterzahl. So kann diese Variante genutzt werden, um einen Raum zu öffnen oder einen Mitspieler zu befreien. So könnte sich etwa im Rückraum eine Lücke auftun: Der Manndecker, der soeben in die eigene Abwehr gezogen wurde, könnte am Elfmeterpunkt einen freien Raum hinterlassen. Verteidigt der Gegner in einer Mischung aus Mann- und Zonendeckung, bietet sich dieses taktische Mittel fast immer an.

Zweiter Ball zum Torerfolg

In der Idealvorstellung gelangt eine Mannschaft nach einem Eckball direkt zum Torabschluss. Es kann aber auch interessant sein, genau dies nicht zu versuchen. Gerade gegen eine Zonendeckung setzen daher viele angreifende Teams darauf, den Ball zunächst in eine Zone zu schlagen, die sich entfernt vom Tor befindet. Diese Zone wird meist nicht gedeckt. So kann der Eckball zunächst kurz an das Fünf-Meter-Raum-Eck oder aber auch weit hinter den zweiten Pfosten geschlagen werden. Das Kalkül: Der Gegner verteidigt diese Zone gar nicht bzw. nur mit einem kopfballschwachen Akteur,

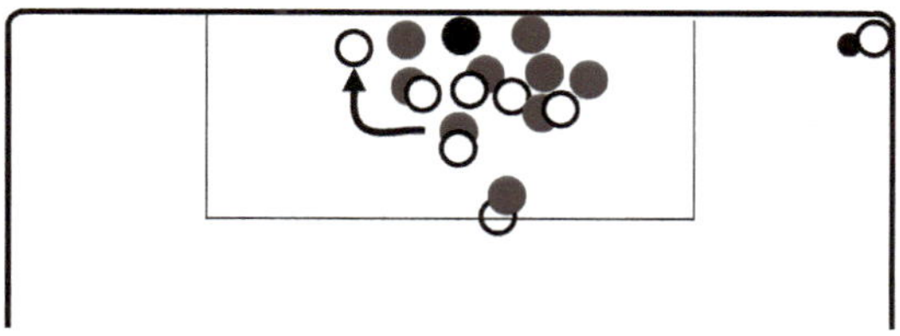

118. Ecke auf den zweiten Pfosten

gegen den sich ein Kopfballduell einfacher gewinnen lässt.

Der Spieler, der den Ball erhält, soll den Ball aufgrund der torentfernten Position nicht direkt auf das Tor bringen. Stattdessen soll er ihn zu einem Mitspieler weiterleiten. Die verteidigende Mannschaft kann hier leicht den Überblick verlieren: Sie fokussiert sich auf den Ball und vernachlässigt die eigene Zone bzw. den Manndecker. So kann der Ball über Umwege zu einem anderen Angreifer gelangen, der ihn ins Tor wuchtet.

Kurze Ecken

Für manchen Fan sind sie das größte Ärgernis im Fußball: Wenn der Schütze den Ball kurz passt, anstatt ihn hoch in den Strafraum zu flanken, setzen viele Zuschauer direkt zum Pfeifkonzert an. In der Tat scheint es zunächst so, als werfe eine angreifende Mannschaft eine gute Chance weg.

Kurze Ecken können jedoch ein mächtiges taktisches Mittel sein. Dadurch dass sich der nächste Gegenspieler mindestens 9,15 Meter vom

Ball entfernt aufhalten muss, kann die angreifende Mannschaft zunächst den Ball sichern. Das kann sie nutzen, um den Ball in den eigenen Reihen laufen zu lassen. Sie kann sich aber auch einfach nur wichtige Sekunden verschaffen, um die Verteidigung des Gegners durcheinanderzubringen.

Gerade gegen eine Zonendeckung sind kurze Ecken ein effektives taktisches Mittel. Der Gegner wird vor eine Entscheidung gezwungen: Soll er in der eigenen Zonendeckung verharren? Oder soll er sich aus der eigenen Deckung lösen? Nicht selten verlieren einzelne Verteidiger die Geduld und rücken vor. Die Angreifer können diesen Moment nutzen, um die Lücken der Zonendeckung zu besetzen.

Kurze Ecken können auch helfen, die Dynamik des Gegners zu drosseln. Denn anders, als wenn die Ecke direkt in den Strafraum geschlagen wird, kann die verteidigende Mannschaft nach einer kurzen Ecke nur schwer den richtigen Zeitpunkt abschätzen, um kollektiv wenige Meter nach vorne zu rücken. Die Zonenverteidigung wird also gezwungen, in den Zonen zu verharren. Wenn die Stürmer erst jetzt in den Strafraum laufen, haben sie einen dynamischen Vorteil.

Kurze Ecken funktionieren gerade gegen Teams mit einer Zonendeckung. Das sollte man bedenken, bevor man im Stadion eine kurze Ecke ausbuht.

Freistöße defensiv

Freistöße sind recht komplex zu analysieren. Während Eckbälle immer von derselben Stelle auf dem Feld ausgeführt werden, kann ein Freistoß an jedem Ort auf dem Fußballfeld vergeben werden. So benötigen die meisten Freistöße keine besondere Art der Verteidigung. Wenn der Gegner in seiner Hälfte einen Freistoß zugesprochen bekommt, wird sich die verteidigende Mannschaft schlicht in ihrer Defensivformation aufstellen; der Freistoß stellt keine direkte Gefahr für das eigene Tor dar, sondern leitet nur eine weitere Spielaufbau-Situation ein. Das Team wird nur darauf achten, die Tiefe optimal abzusichern – schließlich kann es keinen Druck ausüben auf den Spieler am Ball.

Komplizierter verhält es sich, wenn ein Freistoß in der Hälfte der verteidigenden Mannschaft vergeben wird. In diesem Fall besteht eine direkte oder indirekte Gefahr für das eigene Tor. Entsprechend muss sich das defensive Team auf diese Bedrohung vorbereiten.

Auch hier gibt es wieder diverse Unterscheidungen. Ein Freistoß nahe der Eckfahne wird anders verteidigt als ein Freistoß aus zentraler Position. Es gibt hierbei Freistöße, die eine direkte Gefahr für das Tor bedeuten. In diesem Fall kann der Freistoßschütze direkt einen Torschuss abgeben. Indirekte Gefahr verursacht ein Freistoß dann, wenn die angreifende Mannschaft den Ball vor das Tor passen bzw. flanken kann, um anschließend einen Torversuch zu wagen.

Mauer aufstellen

Freistöße sind deshalb eine gute Torgelegenheit, weil der Schütze ungestört den Ball schießen kann. Er wird nicht bedrängt, der Ball hüpft oder rollt nicht, die Gegenspieler müssen 9,15 Meter Abstand halten. Der Schütze kann also genau zielen, und im Idealfall trifft er den Ball sogar richtig. Das erschwert die Aufgabe für den Torhüter: Er muss das gesamte Tor abdecken. Im Zweifel kann der Schuss überall hinfliegen.

Um die Torverteidigung für den Torhüter zu erleichtern, stellt die verteidigende Mannschaft eine Mauer auf. Diese soll eine Seite des Tors abdecken: Der Schütze soll nicht direkt auf diese Seite schießen können. Die Mauer stellt sich also auf der ballnahen Seite auf. Kommt der Freistoß von der linken Seite auf das Tor, steht die Mauer zwischen Torschütze und linker Seite des Tores. Kommt der Freistoß von der rechten Seite, steht die Mauer zwischen Torschütze und rechter Seite des Tores. Einen Sonder-

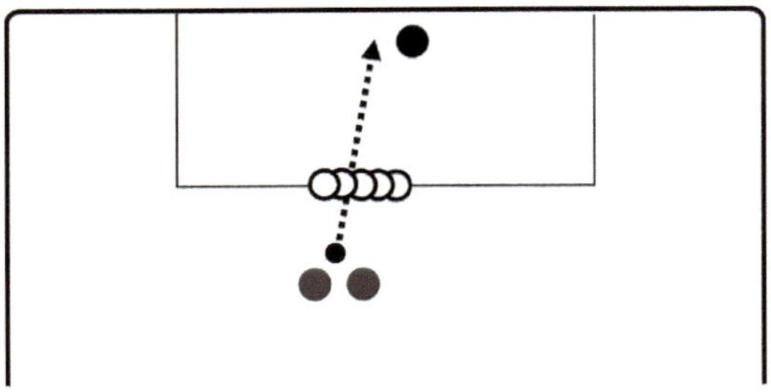

119. Mauer bei einem Freistoß

fall stellen Freistöße aus dem Zentrum dar. Hier deckt die Mauer die «schwache» Seite des Torhüters ab. Springt ein Torhüter lieber von der halblinken Seite seines Tors ab, wird die Mauer die rechte Seite abdecken.

Wie viele Spieler in einer Mauer stehen, hängt von einem einzigen Faktor ab: dem Torhüter. Er bestimmt, wie viele Spieler eine Mauer bilden. Es gilt die Regel: Die Mauer sollte möglichst eine Hälfte des Tores abdecken. Je näher und je zentraler sich der Ball vor dem Tor befindet, umso mehr Spieler werden benötigt. Bei einem Freistoß aus zentraler Position am Strafraumrand können bis zu sechs Spieler die Mauer bilden. Bei einem Freistoß aus dreißig Metern genügt es häufig, einen oder zwei Spieler in der Mauer abzustellen.

Früher lautete die Regel, der äußerste Spieler einer Mauer solle eine direkte Linie mit Ball und Pfosten bilden. Da viele Freistoßschützen jedoch die Kunst beherrschen, den Ball um die Mauer zu zirkeln, steht der äußerste Spieler heute einen bis drei Meter weiter außen. So lässt sich verhindern, dass der Ball um die Mauer auf das Tor gezirkelt werden kann.

Auch wenn ein Freistoß keine direkte Gefahr für das Tor darstellt, kann sich das Aufstellen einer Mauer anbieten. Bei einem Freistoß von der Seite etwa blockiert die Mauer nicht den direkten Weg zum Tor, sondern den Weg in den Strafraum. Dem Gegner soll es erschwert werden, eine Flanke in den Strafraum zu schlagen.

Bei indirekten Freistößen kommt der Mauer eine weitere Aufgabe zu: Sobald der Ball berührt wurde, soll sie kollektiv zum Ball rücken. Je geringer der Abstand zwischen der Mauer und dem Schützen ist, umso kleiner ist dessen Winkel, um auf das Tor zu schießen.

Zonendeckung außerhalb des Strafraums

Wie haben sich bei einem Freistoß die übrigen Verteidiger zu verhalten, die nicht in der Mauer stehen? Sie sollen vor allem die indirekte Bedrohung für das Tor abdecken. Der Gegner wird versuchen, mit mehreren Spielern in den Strafraum zu laufen. Diese Spieler sollen nicht zum Torabschluss gelangen.

Wie schon bei Eckbällen gibt es auch bei Freistößen zwei grobe Möglichkeiten der Verteidigung. Die verteidigende Mannschaft könnte Gegner in Manndeckung nehmen. Das bietet sich vor allem an, wenn der Gegner

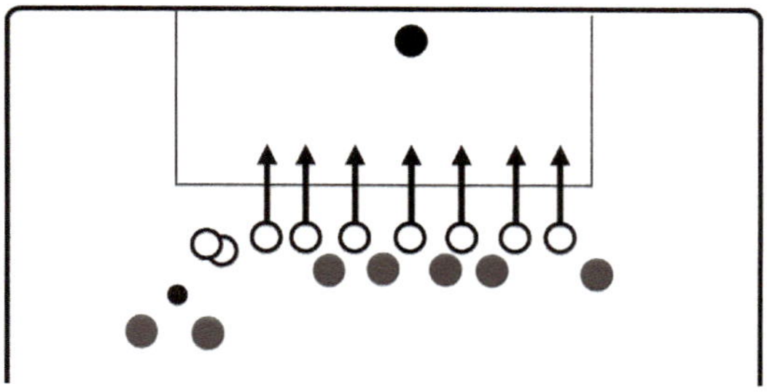

120. Freistoß wird außerhalb des Strafraums verteidigt

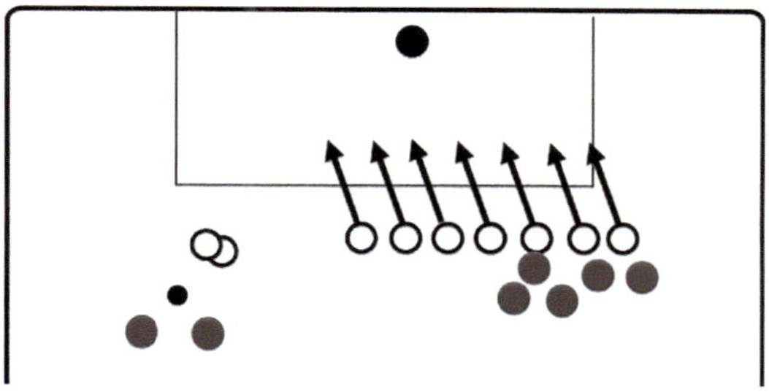

121. Freistoßverteidigung mit Fokus auf den zweiten Pfosten

einen Freistoß neben dem Strafraum hat. Der Ball kommt hier ähnlich wie bei einer Ecke in den Strafraum geflogen.

Wird der Freistoß jedoch aus einer Position vor dem Strafraum ausgeführt, sollten die Verteidiger nicht innerhalb des eigenen Strafraums manndecken. Häufig hören Fußballspieler in diesem Zusammenhang eine goldene Regel: «Sechzehner ist Schluss!» Manche Teams rücken mit ihrer Verteidigungslinie aber noch weiter nach vorne – siehe Abbildung 120. Diese Maßnahme soll den Raum für den Gegner verknappen: Jeder Gegenspieler, der hinter der Verteidigungslinie steht, befindet sich im Abseits. Dem Gegner soll es erschwert werden, im Strafraum an den Ball zu gelangen. Er soll seine Flanke maximal an, aber möglichst nicht in den Strafraum schlagen können. Laufen die Angreifer zu früh ein, befinden sie sich im Abseits.

Der Gegner wird versuchen, einen Ball hinter die hochstehende Abwehrlinie zu schlagen. Die Abwehr muss gemeinsam zurückrücken, um diese Hereingaben verteidigen zu können. Für diese Art der Verteidigung bietet sich eine Zonendeckung an. Würden die Spieler manndecken, könnte der Gegner beim Zurücklaufen leicht einzelne Zonen offenlegen. Stattdessen sollen die Spieler gleichmäßig den Raum besetzen – siehe Abbildung 120. Sie laufen damit ebenso wie die Angreifer in den Strafraum und können Dynamik aufnehmen. Dem Torhüter kommt hierbei die gesonderte Rolle zu, den Raum direkt vor seinem Tor abzudecken.

Wie sich die Spieler in ihrer Zonendeckung aufstellen, hängt ganz ab vom taktischen Schwerpunkt. In Abbildung 120 reihen sich die Spieler gleichmäßig auf. Manche Teams werden bestimmte Räume stärker fokussieren. So kann es sinnvoll sein, besonders viele Spieler dort zu postieren, wo sich der Gegner positioniert. Viele Teams werden bei Freistößen den zweiten Pfosten attackieren; siehe dazu den Abschnitt zu Freistößen offensiv. Die gesamte Abwehrreihe könnte in diese Richtung rücken, um diese Zone zu decken und um die Schnittstellen zwischen den Verteidigern zu verkleinern – siehe Abbildung 121.

Wie bei Eckbällen lässt sich auch bei Freistößen eine Mischform aus Mann- und Zonendeckung realisieren. Die Mehrzahl der Spieler reiht sich in einer Zonendeckung auf. Zusätzlich werden die kopfballstärksten Akteure des Gegners in eine Manndeckung genommen. So lassen sich die größten Gefahrenherde des Gegners doppelt sichern. Wie bei Eckbällen besteht jedoch die Gefahr, in eine Eins-gegen-zwei-Unterzahlsituation zu gelangen.

Zweiten Ball verteidigen

Selbst wenn die verteidigende Mannschaft den Ball klären kann, ist die Gefahr selten gebannt. Auch bei Freistößen geht eine große Gefahr vom zweiten Ball aus. Das liegt nicht zuletzt daran, dass der erste Ball häufig schwer zu nutzen ist: Nicht selten kommt er aus einem schlechten Winkel. Schiebt das verteidigende Team die Abseitslinie weit vor, ist die Entfernung für einen Kopfball auf das Tor zu weit. Gegner versuchen teilweise ganz bewusst, den zweiten Ball zu erobern.

Um diesen zweiten Ball verteidigen zu können, laufen bei vielen Teams nicht alle Zonendecker zurück in den eigenen Strafraum. Einzelne Spieler besetzen die Zonen vor oder direkt an der Strafraumlinie. Sie sollen bei einem Kampf um den zweiten Ball bereitstehen und diesen klären.

Freistöße offensiv

«Das ist ein zu weites Feld, Effi», seufzt Herr von Briest am Ende von Theodor Fontanes Roman *Effi Briest*. Ähnlich könnte ich mich bezüglich Freistößen äußern. Aus offensiver Sicht ist der Freistoß noch viel komplexer als aus defensiver. Abhängig davon, von wo er ausgeführt wird, bieten sich zig verschiedene Varianten an. Teilweise speisen sich die taktischen Mittel aus den Prinzipien, die in anderen Kapiteln vorgestellt wurden. Ein Freistoß aus der eigenen Hälfte etwa kann für einen langen Ball genutzt werden. Die angreifende Mannschaft stellt sich dann nach den Prinzipien auf, die für einen langen Ball gelten.

Daher möchte ich mich in diesem Unterkapitel auf die taktischen Mittel beschränken, die Freistöße von normalen Spielsituationen unterscheiden. Gerade bei Freistößen in der gegnerischen Hälfte bietet es sich an, bestimmte taktische Mittel zu nutzen, um den Gegner zu verwirren oder Lücken auszunutzen.

Mehrere Schützen

Es war ein gewohntes Bild, das sich bei Bayern Münchens 6:0-Sieg gegen Hertha BSC im Frühjahr 2012 abspielte. Toni Kroos und Franck Ribéry postierten sich um den Ball, um einen Freistoß auszuführen. Kaum eine Mannschaft verzichtet darauf, mehrere Freistoßschützen um den Ball zu positionieren. Kroos und Ribéry wählten allerdings eine unorthodoxe Variante, um den Freistoßschützen zu bestimmen: Sie spielten Schere, Stein, Papier.

Das ist nicht nur eine Respektlosigkeit gegenüber dem Gegner, sondern auch aus taktischer Sicht dämlich: Der FC Bayern gab damit einen Vorteil aus der Hand. Stehen mehrere Spieler um den Ball, ist für den Gegner zunächst unklar, wer den Freistoß tritt. Viele Teams stellen aus diesem Grund meist einen Linksfuß und einen Rechtsfuß zum Freistoß ab. Die Flugkurve des Balls verändert sich, je nachdem, wer von beiden den Freistoß tritt. Der Gegner soll darüber im Unklaren gelassen werden.

Die angreifende Mannschaft kann dies für Finten nutzen. Ein Spieler kann den Freistoß antäuschen. Er kann entweder nur kurz anlaufen oder über den Ball sprinten. Im Idealfall reagiert der Gegner darauf: Die Mauer bewegt sich etwas, der Torhüter ebenfalls, die restlichen Spieler starten bereits in den eigenen Strafraum. Im Anschluss tritt jedoch sein Kollege den Freistoß. Er kann beobachten, ob sich eine Lücke in der gegnerischen Defensivformation aufgetan hat.

Blocken und freilaufen

Gerade bei Freistößen vom Flügel aus kommen viele taktische Mittel zum Einsatz, die auch bei Eckbällen Erfolg versprechen. Das ergibt sich aus der ähnlichen Situation, aus der der Ball kommt. Freistöße nahe der Eckfahne verteidigen Teams so, als wären es Eckbälle. Das offensive Team wird logischerweise die Mittel nutzen, die gegen eine Mann- bzw. eine Zonendeckung Räume öffnen.

Aber auch bei Freistößen aus anderer Position bieten sich ähnliche taktische Mittel an wie bei Eckbällen. So etwa das Blocken von Gegenspielern: Angreifer können den Laufweg für den gegnerischen Verteidiger versperren. Sie starten nach dem Freistoß nicht mit Vollgeschwindigkeit in den Strafraum, sondern verbleiben in ihrer Position. Der Gegenspieler muss erst um sie herumlaufen. Alternativ können Spieler auch von Anfang an im Abseits lauern. Das verwirrt nicht nur den Gegner, sondern schafft auch die Möglichkeit, einen Block zu stellen.

Die zweite wichtige Facette bei Freistößen ist das Freilaufen. Mit ihren Laufwegen können angreifende Teams den Gegner manipulieren. Eine häufig gesehene Variante: Mehrere Spieler starten in Richtung des ersten Pfostens. Sie sollen die gegnerische Verteidigung nach vorne locken. Der Ball fliegt jedoch in Richtung des zweiten Pfostens. Hier kommt ein Spieler frei zum Abschluss.

Manche Teams nutzen bei Freistößen das wellenförmige Einlaufen. Dieses taktische Mittel kam im Kapitel zum Umschaltspiel nach Ballgewinnen vor. Einer oder mehrere Spieler lauern hierbei im Hintergrund. Sie laufen versetzt zu den Spielern in der vordersten Linie ein. Sie beobachten, welche Räume frei werden, und reagieren entsprechend darauf. So lassen sich Lücken in der gegnerischen Defensivformation identifizieren und ausnutzen.

An den zweiten Pfosten zielen

Eckstöße sind statistisch gesehen erfolgreicher, wenn der Ball an den ersten Pfosten fliegt. Bei Freistößen gilt das umgekehrte Prinzip: Sie haben eine höhere Erfolgswahrscheinlichkeit, wenn der Ball an den zweiten Pfosten fliegt. Dies gilt insbesondere für Freistöße aus dem Halbraum oder aus dem Flügelbereich.

Woher rührt dieser Unterschied? Dazu muss man sich die Ausgangslage anschauen. Die meisten Teams verteidigen Freistöße außerhalb des eigenen Strafraums. Dazu reihen sie sich in einer Linie auf. Erst wenn der Schütze den Ball tritt, weichen sie zurück. Der Gegner soll nicht bereits im eigenen Strafraum auf den Freistoß lauern können.

Das Problem ergibt sich aus dem Sichtfeld der Spieler: Die Spieler werden ihren Blick zunächst auf den Ball gerichtet haben. Dieser kommt von schräg vorne. Der zweite Pfosten befindet sich hinter ihnen im toten Winkel. Viele Verteidiger können diesen Raum also nicht direkt einsehen. Für den Torhüter ist er wiederum weit vom eigenen Kasten entfernt. Er kann die Bälle nicht abfangen. Viele angreifende Teams werden versuchen, dies zu ihrem Vorteil zu nutzen. Eine gutgespielte Flanke auf den zweiten Pfosten kann somit zur Gefahr werden.

Einwürfe defensiv

Einwürfe sind Louis van Gaals persönliches «Ceterum censeo». Praktisch jedes Interview nutzt der frühere Bayern-Coach, um seine Abneigung gegen Einwürfe zu äußern. Am liebsten sähe der Niederländer den Einwurf abgeschafft. Er sei kein echter Vorteil für das angreifende Team. Der Gegner werde dafür belohnt, den Ball ins Seitenaus zu spielen. In der Tat: Verteidiger werden häufig angewiesen, den Ball im Zweifelsfall ins Seitenaus zu spielen, wenn sie unter Druck stehen. Ein Einwurf ist im Vergleich zu einem Eckstoß oder einem Ballverlust die kleinere Gefahr.

Woran liegt das? Einwürfe sind die unnatürlichste Situation im Fußball. Sie sind die einzige Situation, bei der ein Feldspieler den Ball in die Hand nehmen darf. Gleichzeitig kann er den Ball nicht so weit werfen, wie er ihn schießen würde. Dies beschränkt seine Optionen genauso wie die Position des Einwurfs: Da er an der Seitenlinie stattfindet, kann der Ball nur in einem 180° großen Winkel geworfen werden.

Das alles begünstigt die verteidigende Mannschaft. Sie wissen, dass der Ball nur in eine kleine Zone gespielt werden kann. Zugleich besitzen sie auf dem Feld eine Überzahl – der einwerfende Spieler befindet sich schließlich außerhalb des Spielfeldes. Dass der Ball in einer hohen Kurve eingeworfen werden muss und nicht eingerollt werden darf, erleichtert ihnen zusätzlich die Arbeit: Der Spieler, der den Einwurf erhält, kann den Ball nicht so leicht kontrollieren. Es ist also keine Überraschung, dass verteidigende Teams Einwürfe häufig zum Anlass nehmen, zum Pressing überzugehen.

Wie stellt die verteidigende Mannschaft dies an? Ihr Ziel muss es sein, um den Ball eine Überzahl herzustellen. Die gesamte Mannschaft rückt dazu innerhalb der Defensivformation auf die Ballseite. Der Raum um den einwerfenden Spieler wird besonders eng besetzt. Die verteidigende Mannschaft weiß, dass die Handlungsoptionen des Gegners beschränkt sind. Eine direkte Flanke auf die gegenüberliegende Seite ist etwa nicht möglich. Kompaktheit ist bei Einwürfen also gefordert.

Die meisten Teams setzen bei Einwürfen auf eine mannorientierte Verteidigung. Die Optionen für den Einwerfer sind beschränkt. Er kann nur einen Mitspieler in Ballnähe anspielen. Der Spieler, der den Ball erhält, soll schon beim ersten Kontakt gestört werden. Er soll das Spiel nicht nach vorne fortsetzen können. Stellt man dies optimal an, kann man den Spieler, der den Ball erhält, isolieren.

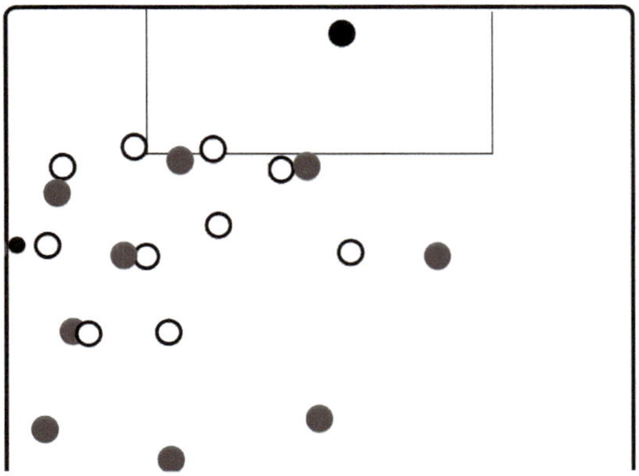

122. *Hohe Kompaktheit und Mannorientierung bei Einwurf*

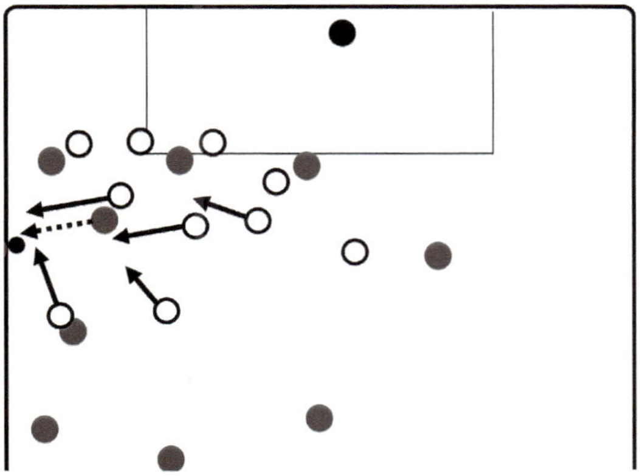

123. *Pressing nach einem Einwurf*

Manche Teams nutzen dafür sogar Pressingfallen: Sie decken absichtlich einen Gegenspieler nicht, um einen Einwurf zu ihm zu provozieren. In der Folge ziehen sie sich um ihn zusammen und decken ihn ab.

In dieser mannorientierten Variante gibt es nur eine wesentliche Frage: Wie soll die verteidigende Mannschaft den Einwerfer aus dem Spiel nehmen? Die häufigste Einwurfvariante ist ein simpler Doppelpass: Der Einwerfer wirft den Ball zu einem Mitspieler, der befördert ihn mit einem Kontakt zurück zum Einwerfer. Das ist aufgrund des schwer zu kontrollierenden Einwurfs häufig die einzige Möglichkeit für den angespielten Akteur, den Ball weiterzuverarbeiten.

Die meisten verteidigenden Teams wollen exakt diesen Ball provozieren. Der Einwerfer wird daher noch nicht aktiv gedeckt. Vielmehr wird er in dem Moment von einem Verteidiger angelaufen, wenn der Ball zu ihm zurückkehrt. Es ist, schematisch betrachtet, also eine Pressingfalle: Der Pass auf den Einwerfer wird provoziert und in der Folge attackiert. Dadurch, dass die verteidigende Mannschaft sich bereits zuvor um den Ball zusammenzieht, befindet sie sich nun in einer guten Pressingsituation: Sie hat eine Überzahl in Ballnähe, und die Handlungsoptionen des Gegners sind beschränkt. Erst wenn er die Zone um den Einwurf mit einer Spielverlagerung oder einem Rückpass verlässt, kehrt die verteidigende Mannschaft in ihre reguläre Defensivformation zurück.

Abbildung 122 zeigt ein Beispiel: Der Gegner wird zu einem Einwurf nach vorne verleitet. Der Manndecker des angeworfenen Spielers läuft jedoch sofort vorbei. Er will den einwerfenden Spieler zusammen mit einem Teamkollegen pressen. Die restlichen Spieler ziehen sich um den Ball zusammen.

Einwürfe offensiv

Die Ausgangssituation für den Einwerfer ist kompliziert. Der Gegner hat sich um den Ball zusammengezogen und deckt alle Anspielstationen ab. Dennoch muss er den Ball nun ins Feld zurückwerfen – irgendwie.

Ältere Fußballer dürften von ihren Trainern noch eine goldene Regel gelernt haben: «Der Einwurf sollte stets nach vorne geworfen werden.» Die Logik dahinter: Wenn man den Ball nach einem Einwurf schon verliert, dann möglichst weit vom eigenen Tor entfernt. Diese Regel ist aber längst nicht mehr in Stein gemeißelt: Angreifende Teams versuchen vielmehr, das Beste aus einem Einwurf zu machen.

Die simpelste Variante wurde eben bereits vorgestellt: Ein Doppelpass zwischen Einwerfer und einem Mitspieler eröffnet die Möglichkeit, den Ball in den eigenen Reihen zu halten. Entscheidend ist die Anschlussaktion: Der Einwerfer, der den Ball zurückerhält, muss in der Regel sofort reagieren. Er muss sich bereits nach dem ausgeführten Einwurf zum Ball bewegen. Im Idealfall kann er den Ball mit dem ersten Kontakt aus der Zone wegspielen, in der er sich befindet.

In der Folge gibt es die Möglichkeit, die kompakte Verteidigung des Gegners für sich zu nutzen. Es gilt das alte Motto: Hat ein Team auf einer Seite eine Überzahl, muss es in einem anderen Bereich eine Unterzahl haben. So bietet es sich an, nach einem Einwurf direkt das Spiel zu verlagern. Damit wird der Gegner gezwungen, sich auf die andere Seite zu verschieben; der Vorteil der Überzahl im ballnahen Bereich ist dahin. Der einfachere Weg ist es meist, den Ball nach hinten zu spielen. Nur wenige Teams decken die Rückpasswege aggressiv ab. Nicht selten wird im Anschluss an einen Einwurf der Rückpass geprobt und das Spiel neu aufgebaut.

Einen Sonderfall gibt es noch: Nach Einwürfen gilt die Abseitsregel nicht. Das bietet die Chance, den Gegner in die Tiefe zu drücken: Angreifer können sich im Raum hinter der Abwehr positionieren – siehe Abbildung 124. Die Abwehrkette wird gezwungen, sich zurückzuziehen, um einen Einwurf

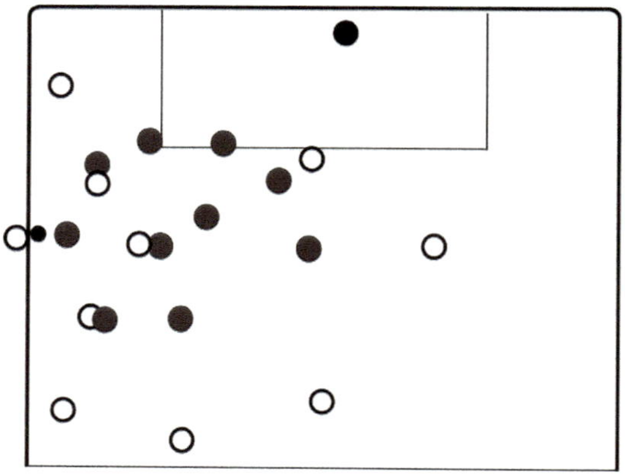

124. Bei Einwürfen gilt die Abseitsregel nicht

hinter die Abwehr zu verhindern. Das kann sich das einwerfende Team zunutze machen: Ein Spieler attackiert die Tiefe und drückt die Abwehr zurück, ein weiterer Akteur positioniert sich im frei gewordenen Raum. Tatsächlich sieht man solche eingeübten Laufwege in der Praxis häufig.

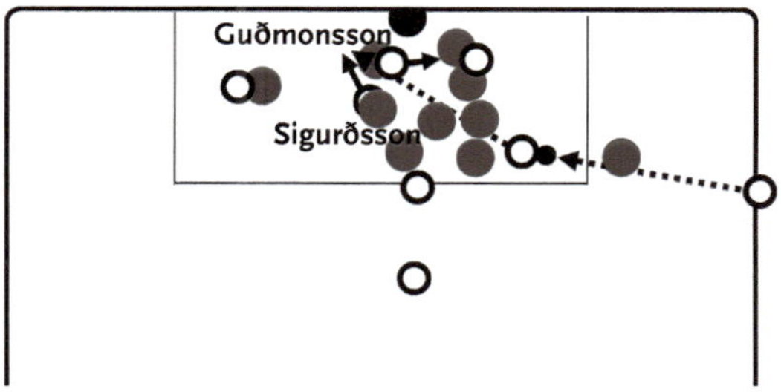

125. Islands Tor nach Einwurf gegen England

Lange Einwürfe

Es war die größte Überraschung der Europameisterschaft 2016. Im Achtelfinale traf das Mutterland des Fußballs England auf Island – und verlor. Die Isländer setzten sich mit einem 2:1 durch. Ihre Anhänger feierten es mit ihrem bekannten Jubel, dem von der neuseeländischen Rugby-Nationalmannschaft inspirierten «Hu!».

Den Sieg verdankten sie nicht nur ihrer kompakten Defensive. Island gehört zu den wenigen Fußballteams der Welt, die Einwürfe als Chance wahrnehmen – als Chance auf einen Torerfolg. Einwürfe in Strafraumnähe werfen sie konsequent in den Strafraum; je weiter, desto besser.

Gegen England errangen sie in der siebten Minute einen Einwurf in Strafraumnähe. Aron Gunnarsson warf den Ball in den Strafraum, wo Innenverteidiger Kári Árnason den Ball verlängerte. Am zweiten Pfosten gelangte Ragnar Sigurðsson im Anschluss frei zum Schuss. Das war kein Zufall: Sein Mitspieler Jóhann Berg Guðmonsson hatte zuvor mit einem Lauf die gegnerischen Verteidiger an den ersten Pfosten gelockt. Der Raum am zweiten Pfosten war vollkommen frei.

Island hat den Einwurf wie einen Eckball ausgeführt: Kollektiv liefen sie in den Strafraum ein. Sie lockten den Gegner in einen Raum, um einen Gegenspieler zu befreien – siehe Abbildung 125.

In der Tat ist dies eine Möglichkeit, Einwürfe in der gegnerischen Hälfte effektiv zu nutzen: Über das Freiblocken und Raumöffnen lässt sich die gegnerische Abwehr auseinanderziehen. Der Vorteil: Anders als bei einer Ecke stellen sich die verteidigenden Teams häufig nicht auf einen langen Einwurf ein. Im Idealfall hat die angreifende Mannschaft also auch noch einen gewissen Überraschungseffekt auf ihrer Seite. Nicht erst seit Islands Erfolgen nutzen viele Teams den Einwurf in der gegnerischen Hälfte gezielt, um vor das Tor zu gelangen.

Abstöße und Anstöße

Wie viel ungenutztes Potenzial Standardsituationen bieten, zeigt sich vor allem in den «vergessenen Standards». In den vergangenen Jahren gab es gewitzte Trainer, die selbst Anstöße als Chance sahen, ihrer Mannschaft einen Vorteil zu verschaffen.

In diesem Buch nehmen Abstöße und Anstöße nur eine untergeordnete Rolle ein. Das liegt nicht zuletzt daran, dass sie große Parallelen vorweisen zu normalen Spielaufbausituationen. Die meisten Teams stellen sich dort so auf, wie sie dies in der Phase des gegnerischen bzw. eigenen Ballbesitzes tun. Trotzdem gibt es bestimmte taktische Mittel, die sich in diesen Situationen nutzen lassen.

Abstöße

Bei Abstößen gibt es für den ausführenden Spieler zwei Möglichkeiten: Er kann den Ball kurz zu einem Mitspieler passen. Es folgt eine reguläre Spielaufbausituation, wie sie zigmal in einem Spiel vorkommt. Das Team möchte den Ball nach vorne passen und Raumgewinn erzielen. Entsprechend stellt sich die ausführende Mannschaft in ihrer Ballbesitzformation auf. Entscheidend sind die taktischen Prinzipien, die im Kapitel zum eigenen Ballbesitz vorgestellt wurden. Die Mannschaft möchte dabei vor allem im ballnahen Bereich Anspielstationen schaffen. Der Gegner soll die Spielaufbausituationen nicht pressen können.

Gegner können genau das versuchen. Wenn sie merken, der Gegner führt einen Abstoß kurz aus, können sie vorrücken und ein kollektives Pressing wagen. Manche Teams nutzen einen Abstoß auf den Außenverteidiger etwa als Pressingsignal. Es gibt Teams, die stellen die Anspielstationen des Gegners beim Abstoß mannorientiert zu. Jeder Verteidiger orientiert sich dazu an einem Gegenspieler. Dem Gegner soll es nicht erlaubt werden, das Spiel am eigenen Strafraum zu eröffnen. Er soll den Ball lang schlagen – einen Ball, der nicht so leicht zu kontrollieren ist.

Zur Saison 2019/20 wurde die Abstoßregel geändert. Das Herausspielen aus dem eigenen Strafraum wurde erleichtert. Bis dato musste der Ball beim Abstoß den eigenen Strafraum verlassen. Das ist nun nicht mehr notwendig. Der Gegner darf jedoch den eigenen Strafraum nicht betreten. Das erleichtert bei einem kurz ausgeführten Abstoß den ersten Pass: Der Gegner kann die Anspielstation im eigenen Strafraum nicht zustellen. Das Zustellen des Abstoßes wird damit erschwert, das Herausspielen von hinten erleichtert. Viele Teams nutzen diese neugewonnene Freiheit: Der Anteil der kurz ausgeführten Abstöße hat sich erhöht. Es gibt aber immer noch Teams, die kurz ausgeführte Abstöße rigoros pressen. Sie laufen den Spieler, der den ersten Pass erhält, im Vollgas an. Die Anspielstationen außerhalb des Strafraums werden zugestellt.

Alternativ kann die ballführende Mannschaft den Abstoß auch lang

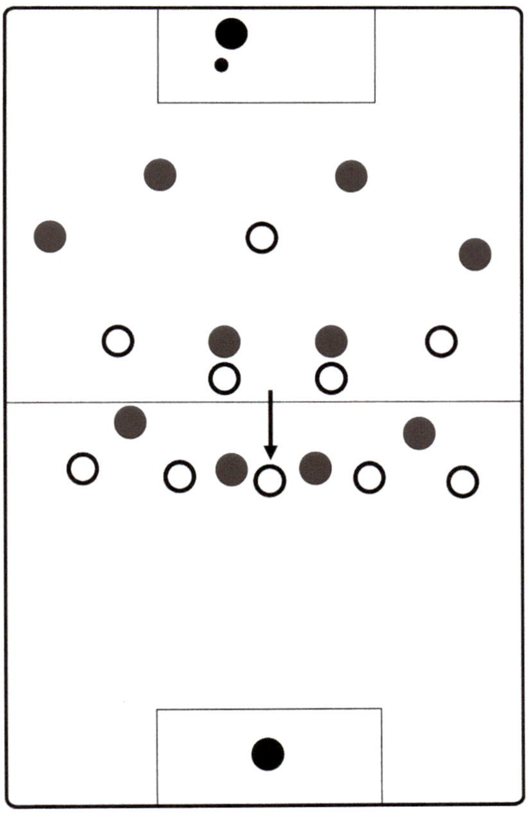

126. Mittelfeldspieler stockt letzte Linie bei Abstoß auf

ausführen. Hier kommt es vor allem darauf an, den Kampf um den zweiten Ball aufzunehmen. Die Zonen um den ersten Ball müssen besetzt sein, um den Ballbesitz nicht sofort wieder herzuschenken. Die verteidigende Mannschaft wiederum wird sich auf den langen Ball einstellen, sobald der Gegner vorrückt. Um lange Bälle besser verteidigen zu können, lässt sich bei der verteidigenden Mannschaft häufig ein Spieler aus dem Mittelfeld in die Abwehrkette fallen. Als zusätzlicher Verteidiger in der Kette soll er helfen, nach dem langen Ball ein Abwehrdreieck zu bilden. Er rückt dann vor und presst den ersten Ball, während seine Mitspieler die Tiefe absichern.

Anstoß

Der Anstoß ist auf den ersten Blick eine simple Situation. Die Mannschaft, die den Ball hat, wird sich in ihrer Offensivformation aufstellen. Die Spieler werden nach dem Anstoß möglichst schnell versuchen, in ihre Offensivpositionen zu gelangen. Spieler etwa, die in der letzten Linie Breite erzeugen sollen, sprinten nach dem Anstoß nach vorne an die gegnerische Angriffslinie. Die angreifende Mannschaft wird den Ball in den eigenen Reihen halten, bis sie einen Angriff aus dem Spielaufbau einleiten kann.

Die verteidigende Mannschaft hat das gegenteilige Ziel: Sie möchte möglichst schnell in die eigene Defensivformation vorrücken. Die Spieler werden sich schon beim Anstoß so aufstellen, dass sie möglichst kompakt agieren können. Es ist auch möglich, den Anstoß als Pressingsignal zu nutzen: Die vordersten Spieler laufen durch und gehen zum Pressing über. Der Gegner soll zu einem Fehler gezwungen werden.

Manche Teams nutzen den Abstoß nicht als Einleitung einer Spielaufbausituation. Sie möchten nicht in ihre Positionsspielordnung rücken. Stattdessen wollen sie den Abstoß selbst nutzen, um eine Torchance zu kreieren. Eine Variante lautet, den Abstoß lang auszuführen. Die Angreifer reihen sich vor dem Anstoß an der Mittellinie auf. Wurde der Anstoß ausgeführt, sprinten sie sofort weit in die gegnerische Hälfte. Es folgt ein langer Ball. Die Mannschaft möchte den zweiten Ball nutzen und möglichst schnell zum Abschluss kommen. Es ist eine brachiale Art, Raumgewinn zu erzeugen. Der Gegner wird sich etwas tiefer aufstellen, um diesen langen Ball optimal verteidigen zu können.

Eine recht kuriose Anstoß-Variante wendete Olympique Marseille in der Europa-League-Saison 2017/18 an. Sie schlugen den Anstoß in Richtung der gegnerischen Eckfahne, direkt ins Seitenaus. Der Gegner erhielt einen Einwurf nahe dem gegnerischen Strafraum. Diesen Einwurf presste

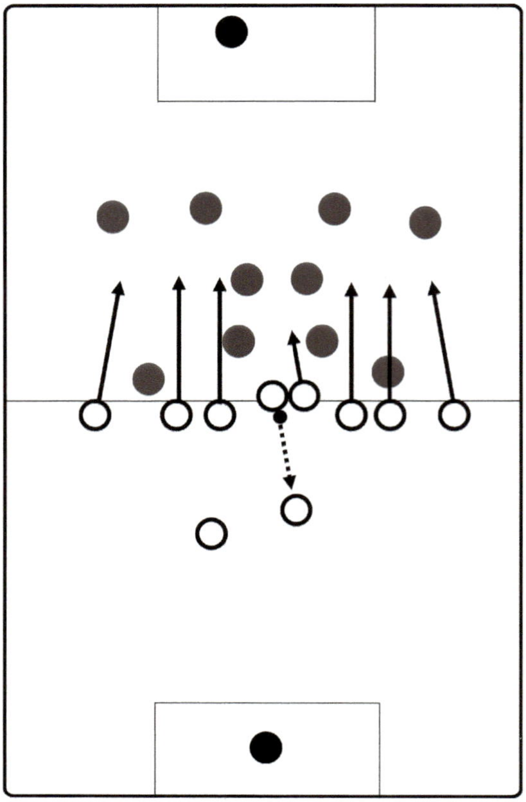

127. Aufstellung für langen Abstoß

Marseille in der Folge. Das Kalkül: Einen gegnerischen Einwurf zu pressen, ist erfolgversprechender, als aus dem Anstoß eine Ballbesitzphase zu starten. Dieser Gedanke mag auf den ersten Blick seltsam erscheinen. Der Gedanke dahinter: Anstöße und Einwürfe sind Standardsituationen, die sich nur schwer zum Vorteil der angreifenden Mannschaft nutzen lassen.

Schluss

Fußball ist ein einfacher Sport. Diese Binsenweisheit leitet das Buch ein, und sie soll zugleich den Abschluss bilden. Dies mag merkwürdig erscheinen nach all den Definitionen und Begrifflichkeiten. Taktik verkompliziert den Fußball auf den ersten Blick. Anstatt sich einfach irgendwie auf dem Feld aufzustellen und dem Ball hinterherzujagen, gilt es, Prinzipien und taktische Mittel anzuwenden – so viele, dass man sie sich kaum alle merken kann. Sie, liebe Leserinnen und Leser, haben vermutlich die Hälfte nach dem Lesen bereits wieder vergessen. Keine Sorge: Mir geht es nicht anders. Auch ich verliere mich oft in der endlosen Wüste an taktischen Ideen und Konzepten.

Die eingangs zitierte Mahnung des Weltmeistertrainers Sepp Herberger steht aus diesem Grund programmatisch für dieses Buch. «Männer, wenn ihr das einfache Spiel beherrscht, dann seid ihr Weltklasse. Aber das ist sehr schwer.» Man bedenke nur, wie schwer es ist, eine der ältesten Weisheiten des Fußballs zu befolgen: Ball und Gegner laufen zu lassen. Der Gegner wird alles dafür tun, das zu verhindern. Er wird Räume verengen, Zugriff suchen, Zweikämpfe provozieren. Wer sich einfach irgendwie auf dem Feld aufstellt, hat gegen eine gut organisierte Defensive keine Chance. Doch es ist schwer, sich offensiv so zu positionieren, dass der Ball rollt und der Gegner nur hinterherläuft. Häufig genügt ein Fehler, sei er technischer oder taktischer Natur, und schon ist der Ball verloren. Aber wenn alles funktioniert, ist dieser Fußball so einfach wie spektakulär: Pass reiht sich an Pass, der Ball läuft, und der Gegner kann nur zuschauen. Es ist Fußball in seiner einfachsten, reinsten Form. Das Einfache und das Komplizierte bedingen sich gegenseitig.

Den größten Fehlschluss, den man aus diesem Buch ziehen könnte, wäre der Glaube, dass das perfekte Spiel planbar sei. Herberger hat in seinem Zitat nicht mit Fans oder Journalisten gesprochen, er hat nicht gegenüber Trainern oder Managern referiert. Er sprach zu den Spielern. Nur sie können das einfache Spiel umsetzen. Pathetisch gesagt: Fußball gehört den Spielern. All die taktischen Mittel dienen nur indirekt dazu, ein Fußballspiel zu gewinnen. In erster Linie sollen sie den Spielern helfen. Denn ohne sie sind all die Konzepte nichts wert. So wie es keine zwei exakt gleichen Fußballspieler gibt, so gibt es auch keine exakt gleichen Spielsysteme. Taktik dient den Spielern. Nicht umgekehrt.

Aus ebendemselben Grund ist kein Konzept in diesem Buch in Stein gemeißelt. Fußball befindet sich im stetigen Wandel. Was mit der aktuellen Generation an Fußballspielern funktioniert, kann mit der nächsten Generation bereits fehlschlagen. Und wenn ein taktisches Mittel den Spielern auf dem Feld nicht weiterhilft, ist es wertlos. Dieses Buch soll keinen Dogmatismus lehren, sondern das genaue Gegenteil: Fußball findet immer im Kontext statt. Die Spieler, der Gegner, der Platz, das Publikum: All das und viel mehr muss beachtet werden bei der Suche nach der richtigen Taktik.

Trainer Marcelo Bielsa brachte es einst auf den Punkt. Seine Arbeit hat große Trainer wie Pep Guardiola, Diego Simeone oder Mauricio Pochettino beeinflusst. Auf die Frage, wieso er nie in der höchsten Riege der Trainer ankam, antwortete er: «Eine der größten Stärken eines Trainers sollte seine Flexibilität sein. In anderen Worten: Er sollte sich nicht in seine eigenen Ideen verlieben. Ich kann keine Kompromisse eingehen, was meine Ideen betrifft – und das ist keine Stärke, sondern eine Schwäche.»

Aus diesem Grund kann ich gut damit leben, wenn Sie auch nach dem Lesen dieses Buchs sagen: «Taktik ist überbewertet.» Vielleicht ist sie das auch. Fußball ist weder eine Raketenwissenschaft noch eine Religion. Was richtig und was falsch ist, entscheidet das Ergebnis.

Verbessertes Phasen-Modell

Fußballtaktik ist die Ordnung des Chaos. Als der Fußball erfunden wurde, sah die Taktik wie folgt aus: Sämtliche Feldspieler jagten dem Ball hinterher. Passfolgen? Gab es nicht. Der Spieler am Ball war König. Er versuchte ihn ins Tor zu dribbeln. Erst nach und nach machten sich Trainer darüber Gedanken, auf welche Arten man das Tor besser angreift bzw. schützt. Die Geschichte der Fußballtaktik ist auch eine Geschichte der Bändigung des Chaos. Heute wird genau choreographiert, wie sich die Spieler aufzustellen haben. Und doch hat der Fußball sein chaotisches Element behalten. Wie oft passiert es schließlich, dass die Mannschaft mit dem Mehr an Tormöglichkeiten ein Spiel verliert? Die beste Taktik schützt einen nicht vor einem blöden Fehlpass in der neunzigsten Minute, der zum Ausgleichstreffer führt.

Mein Versuch, Struktur in dieses Chaos zu bringen, erfolgte mit Hilfe von Louis van Gaals Vier-Phasen-Modell. Ich habe das Fußballspiel als ständige Abfolge vierer Phasen beschrieben: gegnerischer Ballbesitz, Umschaltmoment nach Ballgewinn,

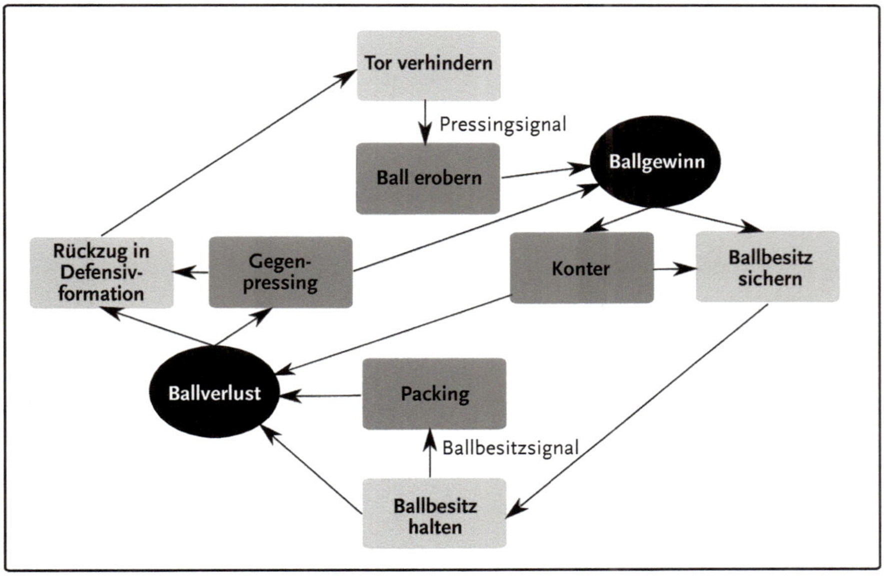

128. Erweitertes Vier-Phasen-Modell

eigener Ballbesitz sowie Umschaltmoment nach Ballverlust. Zugleich habe ich in den Kapiteln Spannungsfelder innerhalb der einzelnen Phasen aufgezeigt. Beim gegnerischen Ballbesitz besteht ein Spannungsfeld zwischen Torverhinderung und Balleroberung. Nach dem Ballgewinn kann ein Team kontern oder den Ballbesitz sichern. Im Ballbesitzspiel hält die angreifende Mannschaft den Ball – oder sie attackiert das gegnerische Tor. Nach einem Ballverlust muss die Entscheidung getroffen werden, ob ein kollektives Gegenpressing gewagt werden kann oder ob sich die Spieler in die eigene Defensivformation zurückziehen sollen.

Mit Hilfe dieser Spannungsfelder habe ich das Vier-Phasen-Modell erweitert – siehe Abbildung 128. Die Abbildung hilft, die Struktur des Buchs besser zu verstehen. Vielleicht hilft sie sogar, die Struktur eines Fußballspiels besser zu verstehen.

Quo vadis?

Was lässt sich nun mit diesem ganzen Taktikwissen anfangen? Wenn Sie ein Fußballfan sind, können Sie versuchen, das nächste Spiel Ihrer Lieblingsmannschaft zu analysieren. Wie stellt sie sich bei gegnerischem Ballbesitz auf, wie bei eigenem? Auf welche Art kassiert sie ihre Gegentore, auf welche Art schießt sie ihre Tore?

Vielleicht sind Sie aber auch Trainer.

Mit manchen Ideen in diesem Buch mögen Sie übereinstimmen, mit manchen nicht. Wie lassen sich die taktischen Mittel und Prinzipien in der Praxis umsetzen? Wie könnte man die Ideen weiterentwickeln? Und wie den Spielern vermitteln? Diese Fragen könnten Sie umtreiben. Als Spieler wiederum dürften Sie sich fragen: Was bedeuten all diese Konzepte für mich auf dem Feld? Was gilt es auf meiner Position zu beachten? Was fordert mein Trainer warum von mir?

Abschließend möchte ich Sie erneut warnen: All die Konzepte und taktischen Mittel, all die Ideen und Strategien, all die kleinen und großen Gehirnfürze können morgen schon wieder obsolet sein. Nach dem Spiel ist vor dem Spiel. Nach dem Buch ist vor der nächsten taktischen Evolution. Der Fußball sah vor zwanzig Jahren gänzlich anders aus, als er es heute tut. Vielleicht sind manche Konzepte schon wieder überholt, wenn Sie dieses Buch lesen. Manche Dinge sind jedoch auch zeitlos. So etwa der alte Leitsatz des *kicker*s, den ich Ihnen zum Abschluss erneut ans Herz legen möchte: «Liebe Leser, habt Misstrauen zu euren Sportkritikern! Seht euch die Spiele selbst an.»

Danksagung

Dieses Buch war kein Schnellschuss. Zehn Jahre lang habe ich Fußballspiele geschaut und analysiert, habe Bücher gelesen und mich mit Leuten unterhalten, die mehr von Fußball verstehen als ich. All die Jahre als Blogger, Taktikanalyst und Journalist haben mir das Wissen vermittelt, das sich in diesem Buch wiederfindet.

Viele Ideen und Konzepte basieren auf der Arbeit, die von schlaueren Köpfen als mir geleistet wurde. Besonders beeinflusst haben mich die Ideen, die Martin Rafelt, René Maric und Tim Rieke entworfen haben. Sie sind in mein Denken eingeflossen, teils über ihre Artikel für Spielverlagerung.de, teils über die zahlreichen Gespräche, die wir geführt haben. Ein Großteil dieses Buchs basiert auf ihren Theorien. Vielen Dank, dass ihr eure Konzepte mit mir geteilt habt.

In den vergangenen Jahren hat der Austausch mit Freunden und Kollegen meinen Blick auf den Fußball geschärft. An dieser Stelle möchte ich ausholen, um den entscheidenden Menschen Danke zu sagen. Mit der Spielverlagerung-Crew habe ich mir mehr als eine Nacht um die Ohren geschlagen, um mich über Fußball auszutauschen. Hervorheben möchte ich abermals Martin Rafelt, René Maric und Tim Rieke, aber auch Constantin Eckner, Eduard Schmidt sowie Philipp Pelka. Oliver Fritsch, Christoph Biermann und Danial Montazeri haben mir geholfen, mich als Autor weiterzuentwickeln. Ralph Gunesch hat mir den Blick des Fußballprofis eingetrichtert, und Alex Feuerherdt hat mir gezeigt, wie eng Fußballregeln und Taktik miteinander verknüpft sind. Für das Vertrauen möchte ich mich bedanken bei der *Bohndesliga*-Crew rund um Nils Bomhoff, Etienne Gardé, Gunnar Krupp und Mark Lehmann, dem *11Freunde*-Online-Team, bei Michael Witt und Lars Wallrodt, Timo Strömer, Kevin und «Scholle» von der Rautenperle, Daniel Raecke, Lukas Rilke und Jörn Meyn, Lutz Wöckener und Lars Gartenschläger sowie Matthias Friebe.

Ein gesonderter Dank gebührt dem Rasenfunk-Mastermind Max-Jacob Ost. Mit niemandem rede ich lieber über Fußball als mit dir. Du kannst mich gerne wieder und wieder in die Schlusskonferenz einladen.

Wie all meine Bücher wäre auch dieses nie entstanden ohne die Unterstützung meiner Lektorin Johanna Langmaack. Dieses Mal muss ich mich besonders bedanken für dein Urvertrauen in mich. Du hast zu keiner Zeit gezögert, als ich die Idee vorschlug. Ein großer Dank gebührt Julia Suchorski, die nie nervös geworden ist, selbst als die Deadline bereits überschritten war. Ich hoffe, ich konnte dein Vertrauen zurückzahlen.

Martin Rafelt macht den Danksagungs-Hattrick voll. Er stand mir in jeder Phase der Entstehung bei. Seine Ratschläge und Hinweise prägen dieses Buch inhaltlich wie konzeptuell. Einen riesigen Dank dafür. Kaufen Sie, liebe Leserinnen und Leser, sein Buch *Vollgasfußball*!

Und zu guter Letzt an meinen Sohn Maximilian: Bleib so, wie du bist. Ich liebe dich.

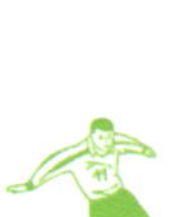

Infokästen

abkippender Sechser 110
Abseitsfalle 58
Absicherung 56
Abwehrdreieck 40
Abwehrkette 34
Abwehrpressing 46
Angreifer 21
Angriffspressing 46
Anlaufen 52
Antizipationstorhüter 59
Aufdrehen 100
Breite 30
Deckungsschatten 31
Doppelsechs 72
falsche Neun 114
Formation 15
Gegenkonter 150
Gegenpressing 175f.
Halbraum 102
Hinterlaufen 109
Kompaktheit 36
Konterangriff 149
kurzer Pfosten 203
langer Pfosten 203
Mannorientierung 26
Mittelfeldpressing 46
Pass-Klatsch-Kombination 127
Positionsspiel 91
Pressing 22
Pressingfalle 51
Pressingresistenz 124f.
Pressingsignal 48
Raumorientierung 26
Raumverknappung 36
Reaktionstorhüter 59
Referenzpunkte eines Verteidigers 26
Restverteidigung 60/105
Rückwärtspressing 193
Schnittstellen/Schnittstellenpass 37
Spiegelformation 81
Spielverlagerung 132
Stellen 22
Tiefe 30
Überladen 129
Verschieben 32
Verteidiger 21
Vorderlaufen 109
wellenförmiges Einlaufen 169
Zocken 164
zweiter Ball 65
Zwischenlinienraum 39

Weitere Titel

Der Abstieg

Der Schlüssel zum Spiel

Die Weltmeister von Bern

Die Zeit der Strategen

Vom Libero zur Doppelsechs

Was Teams erfolgreich macht